U0926622

洞悉人生百味　明了世事人情

舌尖上跳舞

宴会社交攻略

文迪◎编著

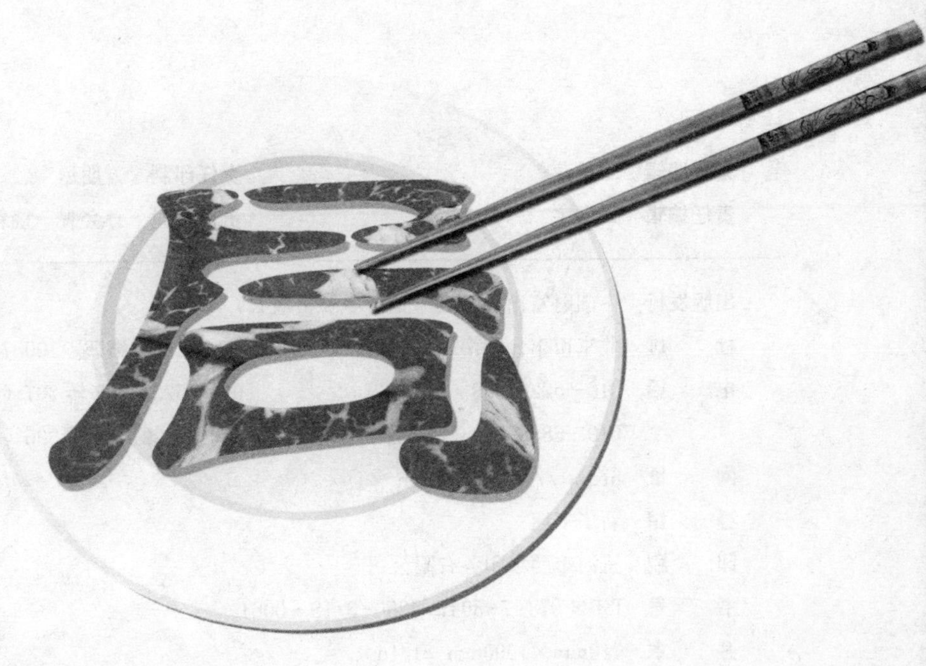

中国财富出版社

图书在版编目（CIP）数据

舌尖上跳舞：宴会社交攻略/文迪编著. —北京：中国财富出版社，2012.8
ISBN 978-7-5047-4350-3

Ⅰ.①舌…　Ⅱ.①文…　Ⅲ.①西式菜肴—礼仪 ②中式菜肴—礼仪
Ⅳ.①TS971 ②K891.26 ③K892.26

中国版本图书馆 CIP 数据核字（2012）第 145950 号

策划编辑　王秋萍　　**责任印制**　方朋远
责任编辑　宋　宇　　**责任校对**　孙会香　饶莉莉

出版发行　中国财富出版社（原中国物资出版社）
社　　址　北京市丰台区南四环西路 188 号 5 区 20 楼　**邮政编码**　100070
电　　话　010—52227568（发行部）　010—52227588 转 307（总编室）
　　　　　　010—68589540（读者服务部）　010—52227588 转 305（质检部）
网　　址　http: //www.clph.cn
经　　销　新华书店
印　　刷　三河市西华印务有限公司
书　　号　ISBN 978-7-5047-4350-3/TS・0061
开　　本　710mm×1000mm　1/16
印　　张　19.25　　**版　　次**　2012 年 8 月第 1 版
字　　数　345 千字　　**印　　次**　2012 年 8 月第 1 次印刷
印　　数　0001—9000 册　　**定　　价**　36.00 元

前言

自古以来，“吃饭应酬”在中国就不仅仅是为满足人们果腹的生理需求，它还承担着更为重要的社交需求，成功地筹办一场宴会往往令人费尽心思，邀请客人、安排酒菜、座位排序、举杯劝酒、沟通交流……都讲究甚多。这一过程涉及了营养学、礼仪学、经济学、心理学、人脉学，等等，其难度可想而知。很多人说这就像“走钢丝绳”，不过我觉得称之为“舌尖上跳舞”似乎更加合适。

最近，一部纪录片《舌尖上的中国》引发了全社会的追捧和赞誉，它与以往美食纪录片最大的不同，就在于让观众感受到食物给我们生活带来的仪式、伦理、趣味等方面的文化特质。因此，对于中国人而言，吃饭除了果腹的基本功能外，更是一种舌尖上的游戏。

要想玩好这样一场游戏，达到舌尖上跳舞的状态，并非易事。中国饮食文化博大精深，数以万计的中式菜肴就足以令人瞠目，更何况在全球经济一体化的形式下，鉴于西餐讲究营养搭配、低热量、重氛围、讲情调等特质，中西餐融合已经成为一个必然的发展趋势。

中餐可选之菜肴如此之多，这就给宴会的组织者出了一个大难题，那就是如何选择、搭配，看人下菜碟。选择好了，自然宾主尽欢，反之就可能功亏一篑。一般来说，要因人、因时、因地、因景而制宜，要学会随机应变，就像舞池中要懂得随着音乐的节奏翩翩起舞一样。

有人说，与西餐相比，中式宴会不讲究礼仪，此言大谬。中国人认为，酒席上是最讲究礼仪的地方，它最能体现一个人素质与修养之所在，也是应酬交际的绝佳平台。那些宴会达人们往往衣冠楚楚、风度翩翩、长袖善舞，流连于酒桌饭场之间，与各色人等谈笑风生、互诉衷肠、交流经验、沟通有无，其目的不外乎是借助这个平台寻找和发现机会，觅得贵人相助，舞出自己的人生辉煌。

易中天老师说过，中国人喜欢请客吃饭，并不是因为中国人好吃，而是中国文化的思想内核——群体意识使然。看一个人经常混迹于何类宴会，几乎便可以洞悉其兴趣、爱好、财富、身份、地位。在中国，宴会社交圈子代表了一个人的社会身份认同体系。

在中国，请客吃饭是极其重要的一件事情，无论是求人办事、商务谈判、社会交流，还是婚丧嫁娶、朋友相会、亲人团聚，都离不开宴会的影子。可以说，凡有人处，皆有宴会！在大多数国人的眼里，宴会上推杯换盏、觥筹交错中搞定双方的交易才是解决问题的正道。于是，在中国，99%的事情在饭桌上开始、饭桌上解决，最后又回到饭桌。

宴会中，为了广交朋友，快速缩短宾主之间的距离，消除误解摩擦，扩大自己的视野和社交圈子，我们的一言一行、一颦一笑，也务必要像跳舞一样精确而优雅，既要合乎礼仪，又要有助于实现自己的意图。

本书通过古往今来发生在酒桌宴席中的故事，全面阐述了在宴会社交中需要注重的策略、礼仪和技巧，教你如何在“舌尖上跳舞”。助你在举手投足间尽显绅士风度和淑女风范；在谈笑间洞悉世事人情；在推杯换盏间获得进入社会主流圈子的通行证，最终实现自己的人生价值。

文　迪

2012年5月

目录

第一章

历史上几个最有中国特色的宴席

有人说：

“宴席可以改变历史，筷子可以涂改史书。”

这话颇为精辟。

现在就让我们一起回顾一下历史上的几场经典宴席，

借以重温古人的智慧，

或许还能体味出一些宴席里的玄妙之所在。

最果决的宴席：专诸刺吴王

公元前515年，公子光邀请吴王僚吃太湖烤鱼，专诸为了逃脱吴王的层层检查，将一把上面刻着鱼肠纹路的利剑藏在了鱼肚子里，从而将吴王刺杀。这就是史上有名的专诸刺吴王，太湖烤鱼也因此而得名：“鱼藏剑”。

古今中外，宫廷夺位总是伴随着刀光剑影和阴谋诡计，常言道“最是无情帝王家”，说的就是这个。杀人夺位也是古今中外历史上常见的事情，只是可惜了太湖鱼，无端背上了这个杀气腾腾的名字。

宴席背景

公子光的父亲是吴王诸樊。诸樊有三个弟弟：余祭，夷昧，季礼。诸樊知道季礼贤明，便有意将王位传给季礼，所以就没有立太子，遗命王位兄终弟及。他以为这样最后就能传位给季礼。

没想到的是，季礼果然贤明，有古仁人之风。周景王十八年（公元前527），吴王夷昧死，轮到季礼了，结果季礼宁可逃走也不愿意当国君，所以群臣立夷昧的孩子僚做了国君。公子光大为不满：“按兄弟排，应该是季礼当国君，按父子排，我才是真正的嫡嗣，我应该做国君。”于是暗中打算夺位。

点评：

“没有规矩，不成方圆”。季礼看上去贤明，骨子里却是迂腐、懦弱，就算是自己不愿意当国君，也要指定好继承人再走啊！他一走，“兄终弟及”的规矩被打破了，也就埋下了动乱的伏笔。

楚国大将伍子胥文武双全，有谋略、胆识过人，因父兄被楚王枉杀，逃到吴国，想借吴国之兵报仇。

伍子胥去见吴王僚，跟他说攻打楚国的益处。公子光说：“伍子胥的爸爸、哥哥都是被楚王杀死的，他说要攻打楚国是为了报私仇，不符合吴国的利益。”吴王于是取消了攻打楚国的打算。

伍子胥自然很失望，于是有了联合公子光挑动吴国内乱的想法。

点评：

伍子胥报仇心切，吴王僚否决了他的提议，他心中不满可以理解。但挑动吴国内乱，并且要和反对出兵的公子光合作，实在是有些不可思议，难怪最终落得个身首异处的下场。

宴席准备

专诸，吴国堂邑人，屠户出身。长得目深口大，虎背熊腰，英武有力，是当地有名的孝子、义士。伍子胥知道专诸有本领，也知道公子光要刺杀吴王僚，于是把专诸介绍给公子光。公子光得到了专诸，给了他很高的礼遇。

九年后，楚平王死了。春天时吴王僚想要利用楚国办丧事的机会，命令自己的两个弟弟公子盖馀、烛庸领兵围困楚国的灊，同时让住在延陵的季礼去晋国，来观察各个诸侯的动向。不料，楚国发兵断了吴军的归路，吴军陷入了进退两难的境地。

点评：

得到专诸，公子光终于有了杀人的利器，礼遇专诸的目的也不外乎是让专诸心甘情愿地去行刺、送死。所谓“礼下于人必有所求”，现在也是一样，如果有人莫名其妙地对你好，千万记得要小心。

杀手有了，接下来就是等待机会了，毕竟刺杀国君不是开玩笑的事情，难度大且不说，就是成功了也面临着对方势力的疯狂报复，一不小心就会弄出个玉石俱焚的下场。现在机会终于来了。

公子光说：“现在这么好的机会不可以错过！如果不争取的话，什么都得不到！而且我是真正的嫡嗣，应该立为国君，就算是季礼回来，也不会废掉我。”

专诸说：“僚可以杀掉了。他的母亲老了，孩子很弱小，两个弟弟还都在被楚军围困。现在的形势吴国外被楚国围困，内没有可以独当一面的大臣，没有人能奈何我们。”

公子光郑重地点头说：“我公子光的身体，也就是您的身体，您身后的事都由我负责了。”

点评：

两人仔细地分析了国内外的形势，终于决定要出手了。吴王僚此时正是最虚弱的时候，主要帮手在外带兵，暂时无法回援；国内势力正处于青黄不接之时。此时出手，正是狭缝中求生存，果断、决绝。

公子光也适时地表明了照顾专诸的后人，断了专诸的后顾之忧。此时提及专诸的家人也许还有一些威胁的意思在里面，不过这是只可意会，不可言传的事。

专诸多方搜集有关吴王的行踪、生活习惯、嗜好等各方面的情报资料，从这些资料中他获知吴王僚平素有爱吃烤鱼的习惯。为了实现刺杀计划，专诸特地去太湖向当地名师学习烤鱼的烹调工艺。几个月后，专诸学到了一门好手艺。他所做的烤鱼，人人品尝后都说美味无穷。回家后，经过充分酝酿和准备，专诸亲自制作了一条造型独特、味道鲜美的烤鱼，又在鱼腹内藏进一把锋利的匕首。

点评：

详细的资料和周密的计划，再加上得力的执行者，是否成功就要看天意了。专诸为此也是煞费苦心，不愧是中国历史上五大刺客之一。

宴席进行时

公元前515年4月，公子光先在地下室埋伏甲士，然后设宴招待吴王。

吴王僚让甲士披甲坐于道路两旁，一直排列到大门口。大门、台阶、里门、坐席上，到处都是吴王僚的亲兵。亲兵手持短剑，卫护在吴王僚两旁。端菜的人要在门外先脱光衣服，换穿别的衣服，才能进门。进门后要膝行而入，并被持剑的亲兵用剑夹着，剑尖都快要碰到身上了。

一切布置好以后，公子光假装脚痛，躲进地下室。专诸把匕首放在鱼肚子里，然后进入殿内，在上菜时抽出匕首猛刺吴王僚，将其杀死，守在两旁的吴王亲兵的短剑也交叉穿进专诸的胸膛。

点评：

看来吴王也不傻，知道公子光或有异心，防范也足够严密了，可惜“道高一尺，魔高一丈”，吴王僚最终还是死在了这个充满杀机的宴席上了。

宴席后，辉煌

吴王僚死后，公子光继位，即吴王阖闾。

阖闾九年（公元前506年），吴王阖闾率师会蔡、唐之师伐楚，柏举之战，五战五捷，大败楚军，吴军大获全胜，仅10天即进入楚国国都郢，创造了春秋时期攻占大国都城的先例。楚昭王惊慌出逃，后在秦国的帮助下才重返国都。

点评：

宴席结束了，公子光也变成了吴王阖闾，虽然他是踩着自己兄弟的鲜血上位的，常为后人诟病，但周密的计划、果决的实施以及辉煌的成就还是令人叹为观止。

从公元前527年准备到公元前515年实施，长达12年的准备，这可能是中国历史上准备时间最久的一场宴席了。后人对这场宴席的评价始终存在争议，但无论如何，这是一场成功的宴席，这是一场残忍的宴席，更是一场果决的宴席。

最挑拨的宴席：二桃杀三士

在政治家眼中，一切都是可以利用的，所以，本应其乐融融的宴席也往往成为他们表演的舞台。《晏子春秋》中记载了“二桃杀三士”的故事，晏婴精心策划的这起诛杀，创造了人类诛杀史上的奇迹。用两个桃子就杀掉三个顶级武士，兵不血刃，不费吹灰之力，而且不落人话柄，真是极尽挑拨之能事。

宴席背景

齐景公有三个勇士，他们是公孙捷、田开疆、古冶子，号称“齐国三杰”。

这三个人个个勇武异常，立下了很大功劳，也深受齐景公的宠爱，但他们却恃功自傲。当时齐国的田氏势力越来越大，直接威胁着国君的统治。而田开疆正属于田氏宗族，相国晏婴担心“三杰”危害国家，所以屡谏景公除掉“三杰”，然而景公爱惜勇士，又担心引起国家动荡，所以没有表态，不过晏婴却下定了决心。

点评：

功高震主已是不该，勾结权臣更是国之大患，“三杰”也的确有取死之道，但田开疆身属田氏，为自己家族着想也是理所当然。晏婴于公是为了国家的安危，于私则是晏氏与田氏两个家族的角力，策划杀掉“三杰”也无可厚非。作为国君，景公的不表态也就是表态，是默许，这也是作为上位者应有的表现。

其实，三方都没有错，其中的矛盾和分歧只不过是由各自的立场决定的，也就是常说的“屁股决定脑袋”。对此，也只能叹一声，世事无常，造化弄人罢了！

宴席进行时

鲁昭公访问齐国，齐景公设宴款待。鲁国由叔孙诺执礼仪，齐国由晏婴执礼仪，君臣四人坐在堂上，“三杰”佩剑立于堂下。晏子见状心生一计，决定趁机除掉这三个心腹之患，而“三杰”则茫然不知。

点评：

这场宴席基本没有准备阶段，完全是晏婴临机决断，设计玩弄“三杰”于股掌之中，其才智确实令人佩服。另外，此次宴席，堂上4人，堂下3人，人数较少，容易控制，这也是晏婴计策得以成功的原因之一。

酒至半酣时，晏婴提议：“园中桃子已经熟了，摘几个请二位国君尝尝鲜吧？”齐景公大悦，传令派人去摘。晏婴忙说：“金桃很难得，还是臣亲自去吧。”一会儿的工夫，晏婴带着园吏，端着玉盘献上了6个桃子。众人一看，盘子里的6个桃子，个个硕大新鲜，桃红似火，香气扑鼻，令人垂涎。景公问：“就这几个吗？”晏婴说：“剩下的没太熟，所以只摘了6个。”

点评：

谁说中国古人不懂数学？一共7个人，偏偏摘了6个桃子，除去堂上4人之外，给剩下的3人仅留下2个桃子，这个数字是晏婴精心安排的，也是著名的“抽屉原理”在现实中的一次伟大应用。

如果把两个桃子看做两个抽屉，然后把三名勇士放进去，至少有两名勇士在同一个抽屉里，则有两人必须合吃一个桃子。假如勇士们不肯忍受同吃一个桃子的羞辱，那么悲剧就无法避免了。

晏婴恭恭敬敬地献给鲁昭公和齐景公一人一个桃子。景公说：“这桃子实在难得，叔孙大夫天下闻名，当吃一个。”叔孙诺谦让道：“我哪里赶得上晏相国呢？这个桃子应该他吃。”齐景公见二人争执不下，便说道：“既然二位谦让，那就每人饮酒一杯，食桃一个吧!”两位大臣谢过齐景公，把桃吃了。

点评：

波澜不惊，晏婴完成了自己的计划，6个桃子中的4个成功地被分食了。剩下2个桃子留给“三杰”兄弟，现在只差临门一脚了。

这时，盘中还剩两个桃子。晏婴说：“请君王传令群臣，谁的功劳大，谁就吃桃，如何？”景公同意，于是传令下去。公孙捷率先走了过来说：“一次我随国君打猎，突然从林中蹿出一头猛虎，是我冲上去，用尽平生之力将虎打死，救了国君。如此大功，还不应该吃个金桃吗？”晏婴说：“冒死救主，功比泰山，可赐酒一杯，桃一个。”公孙捷饮酒食桃，站在一旁，十分得意。

古冶子见状，喝道：“打死一只老虎有什么稀奇！当年我送国君过黄河时，一只大鼋兴风作浪，把国君的马拖到急流之中。是我跳进河中，舍命杀死了大鼋，保住了国君的性命。像这样的功劳，该不该吃个桃子？”景公说：“要不是将军，我的命早就没了。这是盖世奇功，理应吃桃。”晏婴忙把剩下的一个桃子送给了古冶子。

田开疆眼看桃子分完了，急得大叫：“当年我奉命讨伐徐国，出生入死，斩其名将，俘虏徐兵5000余人，吓得徐国国君俯首称臣，就连邻近的郯国和莒国也望风归附。如此大功，难道就不能吃个桃子吗？”晏婴忙说：“田将军的功劳当然高出公孙捷和古冶子二位，然而桃子已经没有了，只好等桃子熟了再请您尝了，您还是先喝酒吧。”

点评：

“三杰”毕竟是粗鲁武人，毫无防备地上当了，当然晏婴和景公的煽风点火更是起了关键的作用。“三杰”的功劳难道他们二位不清楚吗，张口就是什么功比泰山、盖世奇功，而且不等三人表功结束就把桃子分了下去，分明就是没有打算给田开疆活路。轮到田开疆的时候，晏婴又故意以反语刺激他，这种屈辱实在令田开疆难以忍受。

田开疆气乎乎地说：“打虎、杀鼋有什么了不起。我南征北战，出生入死，反而吃不到桃子，受到这样的羞辱，我还有什么面目站在朝廷之上呢？”说罢，就挥剑自刎了。公孙捷大惊，也拔出剑来，说道：“我因小功而吃桃，田将军功大反而吃不到，我还有什么脸面活在世上？”说罢也自杀了。古冶子见状也沉不住气了，大喊道：“我们三人结为兄弟，同生共死，如今他二人已死，我如苟活，于心何安？”说完，也拔剑自刎了。

点评：

晏婴和景公成功了，他们成功地解除了“三杰”的威胁，解除了田氏的最大武力，虽然他们成功得有些卑鄙。“三杰”失败了，败在了虚荣和义气，败在了不识人心，尽管败得十分慷慨。每每读到此处，总是会想，如若“三杰”能有韩信的一分本事，结果也就不会是这样了吧！

宴席结束，收场

鲁昭公目瞪口呆，半天才站起身来，说道：“我听说这三位将军都有万夫莫当之勇，可惜为了一个桃子都死了。”齐景公长叹了一声，沉默不语；晏婴却不慌不忙地说：“他们都是有勇无谋的匹夫，少几个这样的人也没什么了不起，各位不必介意，还是继续饮酒吧！”

点评：

为内讧而自毁长城的事情绝对不止这一次，但当着外人的面做出这样的事情，而且做得如此理直气壮，冠冕堂皇，可能唯此一宗了。

这则故事，本是夸耀晏婴的谋略，但是最打动人的却是三位武士的慷慨悲歌，他们宁愿用血洗刷耻辱，用生命维护尊严，也绝不苟且偷生的行为使看似有些荒谬的死亡变得异常悲壮。

“一朝中阴谋，二桃杀三士！谁能为此者？相国齐晏子。”这是诸葛孔明《梁父吟》中的诗句，诗中给二桃杀三士下了明确的结论，这不是什么铲奸除恶，无非是权臣们争斗的阴谋诡计罢了。不过，就事论事，宴席中晏婴的表现精彩绝伦，挑拨“三杰”的计划和手法极为微妙，很难想象仅仅是临时起意，无愧于千古名局的称号。

最隐忍的宴席：鸿门宴

公元前206年于秦朝都城咸阳郊外的鸿门举行了一场宴会，参与者包括当时两支抗秦义军的领袖项羽和刘邦，以及二人各自的属下。宴席上，项羽一方杀机毕露，而刘邦一方巧妙周旋，最终平安离去。这就是史上最著名的宴席之一——鸿门宴。

鸿门宴对当时的天下大势产生了极其重要的影响，被史学界认为是间接促成项羽败亡以及刘邦胜利的重要因素。楚汉双方在宴席上的精彩表演令人赞叹不已，算得上是中国式宴席的典范，对现在的商务宴请、公务宴会也有十分有益的指导作用。

宴席背景

秦末，陈胜起义后，各地云起响应，其中就包括了项梁、项羽叔侄和刘邦。

公元前207年，项梁战死，怀王派项羽去救援被秦军围困的赵国，派刘邦领兵攻打函谷关。临行时，怀王与诸将约定，谁先入关，便封其为关中王。

于是，刘邦与项羽各自率部攻打秦朝，刘邦虽兵力不及项羽，但面对的敌人较弱，所以率先攻下咸阳，逼迫秦王子婴投降。而项羽则先在巨鹿大败秦军之后才进入咸阳，比刘邦晚了一步，失去了封王的机会。

刘邦的左司马曹无伤派人在项羽面前说刘邦与当地父老约法三章，废除暴秦苛法，并打算在关中称王。项羽，十分愤怒，准备发兵攻打刘邦。此时项羽驻军于新丰鸿门，总军力40万人，而刘邦则在霸上屯兵10万。

点评：

按照事先的约定，刘邦先入关，自然应该封王。可项羽实力更强，又岂能屈居人下，当然对刘邦欲除之而后快，刘邦当然不会甘心引颈就戮，故而一场龙争虎斗在所难免。

其实，这件事无所谓对错，双方各有自己的道理，就像俾斯麦说的：“真理就在大炮射程之内”，最后就看谁的拳头大了。

宴席准备

项羽的叔父项伯，一向同刘邦的手下张良交好，就连夜私下去见张良，劝他离开刘邦。张良十分忠义，把事情转告了刘邦。刘邦自知力量不及项羽，不敢和项羽硬拼，只好以儿女亲事为理由收买了项伯，并约定明天去项羽军中请罪，并请项伯帮助说和。

范增劝告项羽说：“刘邦原来贪财好色，现在却约法三章、痛改前非，说明他的志向不小。你一定要赶快攻打，不要失去机会。”得知刘邦要来的消息，范增又向项羽建议，在宴席上找机会杀掉刘邦，不过项羽却有些犹豫。

点评：

双方各有一个叛徒，曹无伤和项伯，分别向对方泄露了己方的绝密消息，也算是打了个平手。可以试想，假若两人缺少了任何一个，历史就不会这样发生了。可见，宴席中消息的重要性，如何保守己方的秘密，打探对方的消息，对宴席的成败有重要的意义。

刘邦已经下定决心，要“软磨”项羽了；而项羽对刘邦该“杀”还是该“放”犹豫不决。由此不难看出二人的差距，一个是政客，一个是武夫，其政治智慧高下可判。

宴席进行时

刘邦到了鸿门，向项羽谢罪说：“我们合力攻秦，将军在黄河以北作战，我在黄河以南，但是我自己也没有料到能先进入关中。现在有小人的谣言，使您和我发生误会。”项羽说：“这是沛公的左司马曹无伤说的，不如此，我怎么会这样？”

点评：

刘邦不愧是位老练的政治家，下定决心后表现得十分到位，主动放下身段，对项羽道歉，给足了项羽面子，让项羽难以借题发挥。而项羽的表现就很差了，说什么不好，偏偏提起曹无伤，这无疑是要了曹无伤的命。对投效自己的人如此轻易地出卖，这也是项羽最后沦为孤家寡人的原因之一吧！

宴席上，范增多次向项羽使眼色，再三举起他佩戴的玉玦暗示，项羽都没有反应。于是范增安排项庄上前舞剑助兴，想趁机把刘邦杀死，可项伯也拔剑起舞，用身体掩护了刘邦，让项庄无法刺杀。

点评：

“当断不断，反受其乱”，项羽虽号称勇武，却有妇人之仁。这是杀刘邦的最好机会，项羽却碍于自己的那点儿所谓的“自尊心”，轻而易举地放弃了，实在是可惜。至于什么“项庄舞剑，意在沛公”之类的事情，不过是范增的无奈之举而已。

危急之下，张良通知了樊哙，于是樊哙带剑持盾，冲入军门，怒视项羽。项羽估计有些心虚，得知了是樊哙后，就给樊哙赏酒赐肉。樊哙吃喝之后，项羽又问：“还能喝酒吗？”樊哙说：“我死都不怕，一杯酒有什么可推辞的？”又趁机说了许多刘邦的好话，也讲了许多道理。项羽听了无话可说，只好赐座。

让樊哙一闹，宴席上的杀机也就减退了不少，刘邦也趁机遁逃了。刘邦走后，还特意安排了张良进去道歉，说："刘邦不胜酒力，无法当面告辞。让我奉上白璧一双，敬献给大王；玉斗一双，献给大将军。"刘邦回到军中，立刻杀掉了曹无伤。

点评：

刘邦临走还摆足了姿态，不忘送礼致歉，好言安抚项羽，其隐忍狡诈可见一斑；张良的智慧和忠义也令人赞叹；项羽的优柔寡断同样不出意料；倒是樊哙的表现令人眼前一亮，不过估计有些话应该是张良教的才更为合理。不过，最可怜的就是那位无识人之明的曹无伤了，白白丢了性命。

宴席后，争霸

鸿门宴就此结束了，项羽错过了杀刘邦的大好时机，又经过了一连串的战略失误之后，最终落得个兵败自杀的下场，而刘邦则最终坐拥天下，建立了大汉王朝。

点评：

作为中国历史上最著名的一场宴席，项羽的失败生动形象地阐述了什么是优柔寡断；而刘邦的成功也充分说明了"成大事者，不拘小节"，以及胜利总是青睐有准备的人的道理。

假如项羽在鸿门宴上立场坚定，坚决地杀死刘邦，假如刘邦表现得不像宴会上那么低调、隐忍，也就不会有后来的大汉王朝了。当然，历史不是"穿越剧"，容不下那么多的假如，不过每每翻起这段历史的时候，仍然不免为之欷歔不已。

最霸气的宴席：青梅煮酒

三国时，曹操为了试探刘备，以青梅绽开为由，煮酒邀刘备宴饮，宴席上议论天下英雄。当曹操说"天下英雄，唯使君与操耳"时，刘备闻之大惊失箸。恰逢雷雨大作，刘以胆小、怕雷掩饰而使曹操释疑，并请求征剿袁术，借以脱身。

这就是“青梅煮酒论英雄”的来源，也是史上最著名的宴席之一。宴席的规模很小，只有曹操和刘备两人，宴席的性质也在某种意义上与“鸿门宴”接近，不过与鸿门宴上项羽近乎小丑的表现不一样，曹操的霸气外露和刘备的低调隐忍更令人心折。

宴席背景

曹操在白门楼勒杀吕布后，带着刘关张三人回到许昌。此时，曹操挟天子以令诸侯，势力强大，刘备自知势单力薄，不敢与之抗衡，只好假意在后园种菜，韬光养晦。

曹操听说刘备是中山靖王之后，当今天子的皇叔，对刘备产生了戒备之心，又有谋臣劝说曹操最好杀掉刘备，免得刘备日后做大。曹操嘴上说：“实在吾掌握之内，吾何惧哉？”但是心中还有所顾虑。

点评：

刘备与祖先刘邦一样，都不是甘居人下之人，奈何时运不济，只能暂行韬晦之策，希望可以瞒过曹操，另觅发展壮大的机会。而曹操何等人物，哪是那么容易可以骗过的，对刘备之仁义，关羽、张飞的勇猛，不可能没有顾虑，只是没有证据不方便下手而已。

宴席准备

一日，关羽、张飞不在，刘备正在后园浇菜。许褚、张辽带了数十个人到菜园里对刘备说：“丞相有命，请使君去一下。”刘备惊问：“有什么要紧事？”许褚说：“不知道，只是让我来请。”刘备只得随二人去见曹操。

点评：

显然，对这场宴席，曹操是早有预谋的。特意挑选了关羽和张飞不在的时候发出邀请，不明说邀请的原因，派去请客的又是手下的两员大将，就是不给刘备任何拒绝的机会。这样故意给刘备施加压力，估计曹操也希望刘备惊慌之下能露出马脚，给自己出手的机会吧！而刘备自然清楚个中三味，心中固然紧张，但也只能强作镇定。

宴席进行时

双方一见面，曹操就笑着说："你在家做大事啊！"吓得刘备面如土色。曹操又解释说："你学习园艺不容易啊！"刘备这才放心，回答说："没事消遣罢了。"曹操说："刚才看见树枝上梅子青青，忽然想起去年去征讨张绣时，望梅止渴的往事。现在看见这梅子，觉得不可不赏，所以邀请使君前来饮酒。"

点评：

曹操刚开始就先声夺人，对刘备进行试探，好在刘备应对还算得体。曹操见没有机会，只好岔开话题，说出了请刘备过来的原因。宴席这个东西，不管你真实的目的何在，总得有一个冠冕堂皇的理由，很少会有例外的。

酒至半酣，忽然乌云滚滚，聚雨将至。随从遥指天外的龙挂，曹操与刘备凭栏观之。曹操说："使君知道龙的变化吗？"刘备说："愿闻其详。"曹操说："龙能大能小，能升能隐；大则兴云吐雾，小则隐介藏形；升则飞腾于宇宙之间，隐则潜伏于波涛之内。方今春深，龙乘时变化，犹人得志而纵横四海。龙之为物，可比世之英雄。玄德经常在外游历，一定知道当世的英雄，请说说看。"

点评：

借外面的景色引起英雄这个话题，既可以抒发自己的胸怀，又能成功引起客人的兴趣，曹操的宴会交流之术颇为不凡，值得我们学习、借鉴。

刘备说："我见识浅薄，怎么知道谁是英雄呢？"曹操说："不要太谦虚了。"刘备说："我得到陛下的恩宠和庇护，得以在朝为官。天下的英雄，实在是没有见到过啊！"曹操说："就算没有见到过，那也听说过吧。"

点评：

宴会交流，弱势的一方最好不要随便发表意见，随声附和就好了。就算必须要发表意见，一般也要先谦让、客气一下。刘备的应对恰到好处，也可以说他是宴会交流的高手。

刘备先后提及了淮南袁术、河北袁绍、荆州刘表、江南孙策、益州刘璋，以及张绣、张鲁、韩遂，但都被曹操否定。刘备无奈：“除此之外，我实在是不知道了呀！”曹操说：“英雄，应该是胸怀大志，腹有良谋，有包藏宇宙之机，吞吐天地之志的人。”刘备问：“那谁能被称为英雄呢？”曹操说：“现今天下的英雄，只有使君和我两人而已！”刘备听到这句话，吃了一惊，手里拿的筷子掉在地上。

点评：

刘备的回答很巧妙，点尽了天下英雄，却偏偏不提席上的两人，不提自己自然是谨遵韬晦之道，不提曹操，却是比较暧昧了。一方面，在宴席上夸人最好不要太露骨，那样会给人拍马屁的印象；另一方面，估计刘备也有些小心思，不愿意承认曹操这个他心里最担心的对手。

相比刘备，曹操的霸气实在是令人心折，不仅坦然承认自己的胸怀和志向，也毫不留情地戳穿了刘备的小心思。你韬光养晦的做法我已经了然了，还是别和我耍小聪明了，还是乖乖地给我卖命吧！

这时恰好雷声大作。刘备从容地低头捡起筷子说：“因为打雷被吓到了，才会这样。”曹操笑着说：“大丈夫也怕打雷吗？”刘备说：“圣人听到刮风打雷也会变脸色，何况我呢？”将掉了筷子的缘故轻轻地掩饰了过去。

点评：

此时的刘备陷入了两难的选择，或是忠心辅佐曹操，或是承认自己的远大志向，不过这都是刘备所不愿意的。好在他有急智，又有老天相助，才得以蒙混过关。不过，演员的身份已经被戳破，戏是不能再演下去了。

宴席后，脱险

刘备虽然平安脱险，但也知道曹操对自己疑心很重，自己再留在许昌十分危险，于是借征剿袁术的机会，带领自己的部下离开了许昌。

点评：

这场宴席，从一开始就是件不公平的事情，一方实力强大，准备充分；而另一方不仅实力弱小，又是仓促应战，前景不容乐观。宴席中虽然只有两个人，数十句话，但其中凶险丝毫不比“鸿门宴”来得差。宴席的两位主角，一位霸气四射，一位胸有乾坤，都是盖世的英雄，“青梅煮酒”可谓是史上最有霸气的宴席了。

最阴险的宴席：群英会

三国时，曹操与周瑜在三江口对峙，双方互有顾忌，相持不下，曹操派蒋干去招降周瑜。而周瑜将计就计，在接待宴会上迷惑了蒋干，利用蒋干传递给曹操错误的消息，成功地除去了曹操的大将蔡瑁、张允。

这就是《三国演义》中著名的宴席，“群英会蒋干中计”的故事梗概。宴席中的人物都是历史上真实存在的，可是宴席的过程却是罗贯中先生杜撰的。不过，鉴于小说中对此次宴席的描写极为传神，人物刻画入木三分，宴席情节跌宕起伏，所以还是很有学习价值的。

宴席背景

曹操率兵东进，孙权派都督周瑜出兵抵抗。周瑜在接到曹操的战书后，为了表白抵抗的决心，看都不看就立即毁书斩使。于是引发了曹操与东吴在三江口的初次交战。由于曹军属于北方军种，不擅长水战，所以周瑜打了胜仗。

不过周瑜行事谨慎，连夜暗窥曹营。发现曹操水军虽然士兵的战力不足，但在指挥上还是比较得当的，进而知道了曹军的指挥官是从刘表手下归降曹操的蔡瑁、张允。周瑜觉得，这两人“深得水军之妙”，是自己破曹的主要障碍，就产生了除此二人的打算。

无独有偶，曹操首战失利后也意识到了周瑜的厉害，于是产生了招降周瑜的心思，恰好麾下谋士蒋干自告奋勇要去劝降周瑜，曹操答应了。

点评：

究其本质，古往今来的战争其实都差不多。为了某种利益，双方紧锣密鼓，两军对峙，这是打仗的第一步；为了以最小的代价赢得胜利，其中的某一方或者双方往往会有谈判解决的愿望，这是第二步；谈判不成就只好兵戎相见了，先打打看，这是战争的第三步；如果军事上没有把握解决，那么，阴谋诡计则是最后一步了，而宴会往往是这些阴谋诡计得以施展和表演的舞台。

宴席准备

周瑜正在帐中议事，听说蒋干来了，笑着对诸将说：“说客来了！”对众将小声安排对策之后，才整理衣冠，带领数百人，盛装迎接蒋干。

见面打招呼后，周瑜说：“老同学辛苦了，你是来为曹操做说客的吧？”蒋干说：“好久没见，特来叙旧，为什么怀疑我做说客？”周瑜笑着说：“吾虽不及师旷之聪，但是也可以闻弦歌而知雅意。”蒋干假意恼怒，说：“你要是这样说，那我就走了。”周瑜笑着挽住蒋干的手臂说：“我只是担心罢了，既然不是这样，就不要着急走了。”

点评：

这是一场双方都有充分准备的宴席，大家对彼此的心理和目的都一清二楚，能否达成目标，就看各自的表演了。相比之下，占据了主场的周瑜显得更加聪明些，一见面就给了蒋干一个下马威，封住了蒋干的口，使蒋干完全处于被动地位。

宴席进行时

周瑜大设宴席，款待蒋干。宴席上，周瑜对在座众人说：“蒋干是我的好友，虽然是从江北过来的，但却不是曹操的说客，你们不要有疑心。”然后把佩剑交给太史慈，让他做监酒，谁要提起战事就可以立即斩首。

点评：

再次对蒋干下“封口令”，让蒋干苦不堪言，那边对曹操说出了大话，这里却满肚子的道理讲不出来，着实难为他了。其实，类似的情形我们在宴席上也时常会遇到，当你求人办事的时候，客人却满口的只谈风月，的确很令人郁闷。

饮至半酣，周瑜拉着蒋干的手，观看了自己的士兵和给养，大肆吹嘘了一通，表明了自己必胜的信心。然后又进帐继续豪饮，席间故意装出酒醉狂放之状。宴席一直持续到深夜才结束，周瑜说：“很久没有见子翼了，今晚我们抵足而眠。”

点评：

周瑜陪蒋干参观军营和备战情况，并向蒋干叙说了自己同孙权的亲密关系以及抗曹的坚定态度，一来是为了显示他与蒋干的友谊非比寻常，为后面的蒋干盗书制造机会；二来彻底断了蒋干劝降立功的希望。急于立功的蒋干劝降无望又不想空手而归，自然就堕入了周瑜的圈套。

装醉，应酬的常用手段之一，目的是为了给自己后面的一些不合理的言行做掩护。蒋干不是傻子，如果周瑜不醉，蒋干是不会相信后面的所见所闻的。

宴席后，计成

进帐后，周瑜和衣卧倒，呕吐狼藉。可是蒋干如何睡得着？二更后，蒋干偷偷观看周瑜的文书，发现有一封蔡瑁、张允的降书，又从周瑜的“梦话”中听说了周瑜要杀曹操的“计划”，于是信以为真，趁周瑜醒来之前盗书离去。

返回曹营后，蒋干把蔡瑁、张允的降书给了曹操，又说了去周营的见闻，曹操信以为真，大怒，下令斩杀了蔡瑁、张允。虽然稍后曹操就反应过来是中了周瑜的计策，可是错已铸成，也无可奈何了。

点评：

如果没有宴席上周瑜的完美表演，蒋干未必会相信周瑜装醉；如果没有宴席上周瑜对蒋干的几度“封口”，蒋干也未必会如此急功近利地盗书离去。所以，虽然周瑜的计策是施展在宴席之后，但宴席的作用却是不可忽视的。

这场宴席虽然被周瑜自诩为群英会，可惜的是，宴席上出现的种种行为，大多都是比较下作的手段。装疯卖傻、隔墙有耳、借刀杀人、鸡鸣狗盗，几乎没有一项是君子所为，这个群英会有些名不副实。细细想来，双方在宴席前后都是各展奇谋，钩心斗角，行的都是些杀人不见血的阴毒招数，令人不寒而栗。所以，把这出群英会称之为最阴险的宴席也不算过分。

最巧妙的宴席：杯酒释兵权

公元961年，赵匡胤安排了一次宴席，召集禁军将领石守信、王审琦等武将饮酒。酒席上赵匡胤唉声叹气不停，众人问明白了才得知皇帝是担心他们手握重兵日后会造反。他们只好告老还乡以享天年，并多积金帛田宅以遗子孙，他们的兵权从此被彻底解除了。这就是史料记载的“杯酒释兵权”。

赵匡胤的杯酒释兵权在历史上已经被文人墨客讨论过不知道多少次了，是大智慧还是大败笔至今还在争论不休，但不可否认的是，这是历史上一个重要事件，也是一场著名的宴席。仔细分析事件发生的前因后果，不难发现其中的巧妙之处。

宴席背景

赵匡胤是一位了不起的开国皇帝，他统一了中国，结束了五代十国纷繁复杂的局面。但当时毕竟是一个动荡的年代，他登基不到半年，就有两个节度使起兵反宋。赵匡胤亲自出征，费了很大劲儿，才把他们平定。为了这件事，皇帝心里总不大踏实。

点评：

江山初定后，赵匡胤要考虑的问题主要有两个：一是如何重建中央集权的专制统治，使唐末以来长期存在的藩镇跋扈局面不再继续出现；二是如何使赵宋王朝长期巩固下去，不再成为五代之后的第六个短命王朝。为了达成这一目标，皇帝出人意料地选择了在宴席上解决问题。

宴席准备

赵匡胤单独找赵普谈话，问赵普："自从唐朝末年以来，换了五个朝代，没完没了地打仗，不知道死了多少老百姓，这到底是什么原因？"赵普说："原因很简单。国家混乱，毛病就出在藩镇权力太大。如果把兵权集中到朝廷，天下自然太平无事了。"赵匡胤连连点头，赞赏赵普说得好。

点评：

赵匡胤为什么选择和赵普商量？首先因为赵普是文臣之首，赵普发出的声音代表了文臣阶级；其次是因为赵普足够聪明，他知道赵匡胤的用意，再加上他自己的立场，也就心甘情愿地充当皇帝打击武将的"枪"了。

赵匡胤雄才大略，这样简单的道理他自己想不到吗？显然不是。他找人商量，一是因为他需要盟友，打击武将必须要有文臣的支持，否则极易弄巧成拙，若是一不小心文臣武将齐声反对，也许大宋王朝刚刚开始就灭亡了；二是可以有意识地造成文臣和武将之间的对立，便于他的统治。

后来，赵普又对宋太祖说："禁军大将石守信、王审琦两人，兵权太大，还是把他们调离禁军为好。"宋太祖说："你放心，这两人是我的老朋友，不会反对我。"

赵普又说："我并不担心他们叛变。但是据我看，这两个人没有统帅的才能，管不住下面的将士。有朝一日，下面的人闹起事来，只怕他们也身不由己呀！"宋太祖敲敲自己的额角说："亏得你提醒。"

点评：

赵匡胤要避嫌，鸟尽弓藏的事情即使要做，也不能由自己提起，若是由赵普提起，自己则"从善如流"，名声就会好听许多。

这也就是杯酒释兵权的宴前准备了。通过这番对话，君臣两人明确了要重文轻武才能长治久安的立国之策，虽然其中也不乏偏颇之处，但放到当时的历史环境中，从他们两人的立场出发，无疑是正确的。

宴席进行时

过了几天，宋太祖在宫里举行宴会，请石守信、王审琦等几位老将喝酒(此时是公元961年)。酒过几巡，宋太祖命令在旁侍候的太监退出。

点评：

常人喝了酒之后通常会比较兴奋，比较冲动，讲义气，酒过几巡再开始谈正事对赵匡胤下面的行动比较有利。而命令太监退出，则是因为有太监在旁边的时候，不论是赵匡胤自己还是几位武将都可能因为面子而不方便说话，太监退下后的相对平等的私人空间有助于谈判的完成。

宋太祖端起一杯酒，先请大家干了杯，然后说："我要不是有你们帮助，也不会有现在这个地位。但是你们哪知道，做皇帝也有很大难处，还不如做个节度使自在。不瞒各位说，这一年来，我就没有睡过一夜安稳觉。"

点评：

首先表示感恩，抬高对方的位置，让别人不好意思拒绝自己接下来的想法，是很高明的做法；然后是诉苦，使用了悲情路线，这在谈判中也很常见，但对于皇帝来说却很不容易，这也是为什么他要太监退下的原因。

石守信等人听了十分惊讶，连忙问这是什么缘故。宋太祖说："这还不明白？皇帝这个位子，谁不眼红呀？"

石守信等听出话音来了，大家着了慌，跪在地上说："陛下为什么说这样的话？现在天下已经安定了，谁还敢对陛下三心二意？"

宋太祖摇摇头说："对你们几位我还信不过？只怕你们的部下将士当中，有人贪图富贵，把黄袍披在你们身上。你们想不干，能行吗？"

点评：

以自己黄袍加身为例，用真实的案例来讲明道理，再配合前面的悲情路线，软硬兼施，不由得武将们不就范。

石守信等听到这里，感到大祸临头，连连磕头，含着眼泪说："我们都是粗人，没想到这一点，请陛下指引一条出路。"

宋太祖说："我替你们着想，你们不如把兵权交出来，到地方上去做个闲官，买点田产房屋，给子孙留点家业，快快活活度个晚年。我和你们结为亲家，彼此毫无猜疑，不是更好吗？"

石守信等齐声说："陛下替我们想得太周到啦！"

点评：

施恩，利益交换，摆明了只要你们交兵权，我就保你们富贵的思想。在一定程度上抵消了武将们的因为失去兵权带来的失落，降低了被反戈一击的风险。小付出而大收获，不失为明智的做法。

宴席后，实施

酒席一散，大家各自回家。第二天上朝，每人都递上一份奏章，说自己年老多病，请求辞职。宋太祖马上照准，收回他们的兵权，赏给他们一大笔财物，打发他们到各地去做节度使。这也开启了宋朝数百年重文轻武的国家体制。

点评：

做事要有始有终，有承诺就要兑现。酒桌上答应的事情也一定要做到，否则下次谁能信你？各位武将也算是聪明，主动请辞是最好的下场，让别人撵走就不那么好受了。

纵观这场盛宴，我们能感悟到什么呢？

首先，赵匡胤有明确的目标，那就是解除武将的兵权，并为了这个目标做了周密而细致的准备。如：选择了合适的盟友，创造了合适的场合和气氛等。

其次，赵匡胤选择了一条温和的路线，他没有像前世李世民那样大度，也没有像后世朱元璋那样残暴，但效果却在二人之上。

最后，这次宴席虽然给宋朝埋下了隐患，诸如文强武弱，难以抵御强敌入侵，为武将打开了腐败的保护伞等，但毕竟实现了皇帝的意图，维护了大宋的内部安定繁荣，终宋一世没有出现军阀内乱。可以说，杯酒释兵权虽然从战略上讲略有瑕疵，但从战术上来说几乎是完美无缺的。

最残忍的宴席：火烧功臣楼

和赵匡胤一样，朱元璋登基做了皇帝之后，同样担心那些与他出生入死打天下的兄弟们恃功夺权，于是建造了一座功臣楼。功臣楼建成后，他摆下宴席邀诸位功臣前来赴宴，暗地里却派人火烧功臣楼，将功臣们一网打尽，永绝后患。

这就是传说中的朱元璋火烧功臣楼的故事，尽管史学家们早就证实这应该是后世说书人的杜撰，但这个故事对朱元璋的性格刻画是大家乐于认同的，所以也就一直流传了下来。火烧功臣楼也就成了古代最有名的宴席之一。

宴席背景

和任何一位开国皇帝遇到的烦恼一样，打江山时发愁能人不够，坐江山时又担心能人太多，朱元璋也是一样。朱元璋是中国历史上唯一的一位平民皇帝，他出身卑微，年轻时当过乞丐、做过和尚，所以相比那些出身高贵的皇帝，他做事更加狠辣一些，对于功臣，他选择了“杀”。

点评：

25岁时赤手空拳参加起义军，40岁就坐拥天下当了开国皇帝，朱元璋整个发迹的过程一共只用了15年时间，算得上是一位极具传奇色彩的皇帝了。但草根出身的他，年幼时见惯了下层百姓的疾苦，即使做了皇帝也很难改掉对贪官污吏的憎恶，所以杯酒释兵权那样以金钱换取太平的雅事他是做不来的。

另外，从性格上分析，朱元璋是真刀真枪地从最底层战场上杀出来的皇帝，比起出身高贵的李世民或者赵匡胤更加果决，杀伐决断更不在话下，所以采用杀人的手段解决问题对于朱元璋是没有太多顾虑的。

宴席准备

下定决心后，朱元璋下令在南京鼓楼岗的山坡上建造了一座功臣楼，听到这个消息，开国功臣们无不深受感动，齐口称赞太祖皇帝英明。只有军师刘伯温忧心忡忡，看出了什么，来到皇宫求见朱元璋请辞。朱元璋再三挽留不得，便取出许多金银送给刘伯温，亲自送出宫外。

刘伯温来到徐达府上，向他辞行。临别，刘伯温握着徐达的手嘱咐："徐兄，小弟走了。有一句话你要记住：功臣楼庆宴之日，你要紧随皇上，寸步不可离开。"徐达一时不明白，想问个究竟。刘伯温说："照此行事，日后便知。"

点评：

刘伯温很聪明，看出了皇帝的想法，选择了功成身退，这本是保命的良策，可惜还是管不住自己的嘴，对挚友徐达泄露了天机，难怪后来也死于非命。我们在职场上也一样，一定要管好自己的嘴，多嘴的人大多没有什么好下场。

宴席进行时

功臣楼建成了，朱元璋邀请所有功臣前来赴宴。这一天，日头刚落，功臣楼里一片笙歌，灯烛辉煌。赴宴的功臣们互相恭喜、道贺，好不热闹。唯有徐达心里记着刘伯温的临别赠言，哪有心思与众人寒暄。

他举目望望楼顶，雕梁画栋，纵横相连；低头看看地面，方石成格，平滑如镜。忽然，他把耳朵紧贴墙壁，用手对墙敲了几下，觉得声音"咚咚"发空，一下子就明白了许多。这时，只听一声喝道："皇上驾到！"百官肃立，躬身行礼。朱元璋走进大厅，笑容满面，君臣续礼之后，酒宴开始了。

徐达平日酒量不小，今天却不敢多喝，一直盯着朱元璋的一举一动。酒正吃到兴头，朱元璋忽然站起身来，向门外走去。徐达连忙起身随后跟上。朱元璋回头一看，见是徐达，便问："丞相为何离席？"徐达说："特来保驾。"朱元璋说："不必不必，丞相请回。"

点评：

事情发展到现在，杀局已成，无可阻挡，徐达就算已经识破天机，生死也只在皇帝的一念之间了，硬来是肯定不行的。我们在参加宴席时，也一定要弄清自己的角色，不能像这些功臣们一样，身处死局而不自知。

徐达哀求说：“皇上真的一个也不留吗？”朱元璋暗暗一惊，明白了自己的计划已被徐达识破，一时沉默不语。徐达又说：“皇上如果执意，臣不敢违命，恳望日后妻儿老母得以照抚。”说毕，转身欲回。朱元璋忙说：“丞相随我来。”

他俩刚走出几百步，“轰隆”一声巨响，功臣楼火光冲天，瓦飞砖腾，满楼功臣全部葬身火海。

点评：

宴席谈心之悲情牌，这是十分常见的，其核心思想是在正常途径无法达成目的的时候，和对方谈感情、谈处境，力求博得对方的怜悯和体谅，是置之死地而后生的一种手段。徐达就是这样做的，显然，他暂时成功了。

职场上，功高震主的道理一定要明白，兔死狗烹也是常有的事情。所以，与领导相处的时候，如何掌握交往的“度”，是必须要认真研究的，做人、做事也要尽量低调，不要因为有功而肆无忌惮。

宴席后，灭口

徐达死里逃生，心有余悸。回到家里，整日茶饭不思，没有多久，忧郁成疾，背上还生了背疽。一天，宫中内侍给徐达送来皇帝赏赐的食盒。徐达从病床上挣扎起来磕头谢恩，然后打开食盒，一只蒸鹅呈现在眼前。据说背疽最忌吃蒸鹅，但君命难违，徐达流着泪当着内侍的面吃下了蒸鹅，不几日便死去了。而刘伯温，据说也是被朱元璋授意胡惟庸给毒死了。

点评：

背疽未必吃蒸鹅必死，但皇帝的意思不可违逆，徐达也只能体面地“被”死去了。对于获悉自己秘密，又有威胁的徐达，朱元璋是很难饶恕的，功臣楼上只是一时的不忍，以及略有忌惮而已。至于主动泄密的刘伯温，朱元璋自然也不会放过。

一般来说，职场上知道了领导太多的事情并不是什么好事，尤其是隐私的东西。万一知道了也千万不要乱说，否则，还是有多远跑多远吧！虽然罪不至死，但打入冷宫，不受重用总是在所难免的。

朱元璋以庆功宴为名，放松了功臣们的警惕，轻松地除去了心腹大患，从而确保了自己政权的稳定。与赵匡胤的杯酒释兵权相比，虽然更加残忍，但实用性更强，效果更好，明朝早期的军事力量也比宋朝来得好些，也没有宋朝那么多的贪官、权贵。

最奢华的宴席：千叟宴

康熙五十二年三月，康熙皇帝在阳春园举行了第一次千人大宴，宴请从天下来京师为自己祝寿的老人。康熙帝席赋《千叟宴》诗一首，千叟宴之名由此得来。千叟宴始于康熙，盛于乾隆时期，是清宫中与宴者最多的盛大御宴。

有清一代，千叟宴一共举办过4次，其中最有名的一次，莫过于1796年正月初四，庆祝乾隆皇帝在位60年，嘉庆皇帝登基而举办的那一次了。这一次，也是千叟宴之绝响。

宴席背景

乾隆皇帝自幼就在宫内学习、走动，深得祖父康熙的宠爱，康熙皇帝的雄才大略也为他树立了榜样。他继位后，继续推行祖父与父亲的治国方略，自认文治武功都有建树。

乾隆皇帝一生吟诗著文，常以天下文人领袖自居；他把自己10次重要战争胜利称为“十全武功”。到了乾隆后期，大清国势强盛，人口众多，乾隆引以为傲，常以“十全老人”自称。

当时，乾隆已是一位85岁高龄的老人，为了不逾越祖父在位61年的纪录，他决定将皇位禅让给第十五子颙琰，也就是后来的嘉庆皇帝，自己转身当上了太上皇，但事实上仍然继续把持朝政。不过，嘉庆虽然只是名义上的皇帝，但不管怎么说，新君即位总得有些动作，于是就有了这次千叟宴。

点评：

乾隆帝的文治武功历史上的评价其实并不算太好，很多人都说，乾隆的厉害，其实源于两点，其一是他活得够长，是中国历史上活得最长的皇帝；其二是他有个好爷爷和好父亲，爷爷把能打的仗基本打完了，父亲也尽心竭力，把国库弄得足够充实了。

乾隆很喜欢写诗，据说他一生写诗近4万首，《全唐诗》里所有诗人的诗加起来，也没有他一个人写得多，可惜没有一首是脍炙人口的。乾隆的十全武功，包括两平准噶尔、平定大小和卓之乱、两次金川之役、平台湾林爽文起义、缅甸之役、安南之役及两次抗击廓尔喀之役，其中大多是小规模冲突，甚至还有失败的战例。

宴席准备

皇家气派自与民间大不相同，不但有御厨精心制作的免费满汉全席，皇家贡品酒水也都悉数登场，场面也异常的庄严、宏大。皇极殿檐下，陈设着中和韶乐；宁寿门内，陈设着丹陛大乐。殿内，陈设王公、一二品大臣席位；殿下则布设朝鲜等藩属国使臣席位；与宴千叟的席位设在殿外阶下。

此时，由于乾隆已是86岁的老人，60岁的老人与他已有26岁的年龄差距，对于他来说算是小字辈了，所以特殊规定，此次参宴老人的年龄由60岁改为70岁以上。

点评：

皇帝请客，气派自然是要有的。何况已经渐入人生终点乾隆皇帝本来的目的就是要彰显自己一生的辉煌，要宣扬自己的文治武功。现代的国宴以及重要的商务宴请也是一样，吃得如何尚且不说，排场和规矩自然是要讲究的，非如此不能显示实力、不能衬托气氛之隆重。

宴席进行时

宴会开始，在嘉庆皇帝的小心侍奉下，在中和韶乐声中，太上皇乾隆坐上皇极殿宝座。嘉庆帝则亲率3056名银须白发的耄耆老人三呼万岁，为太上皇祝寿。面对此情此景，太上皇乾隆心满意足，他一生的辉煌，在今天达到了顶点！

在宴会的过程中，平时严厉的太上皇充满了温情，他特召王公一品大臣与宴会中九十岁以上的老叟到御座前，亲赐御酒；又命自己的皇子、皇孙、皇曾孙、皇玄孙等，给殿内王公大臣行酒；皇宫侍卫负责给殿外的与宴者行酒。

当时106岁老人熊国沛和100岁老人邱成龙也参加了这一次千叟宴，乾隆称他们为“百岁寿民”“升平人瑞”，赏六品顶戴，90岁以上老人梁廷裕等赏给七品顶戴，以示太上皇的养老敬老之意。宴席结束后，与宴人员即席赋诗，这一次宴会后结集的诗作共有3497首。

点评：

皇帝为太上皇祝寿，皇子皇孙亲自侍奉、斟酒；皇亲贵族，满朝文武，3000多名高寿老人参宴，这种盛况很难被复制了。论及宴席的奢华隆重，这次千叟宴是中国历史上极为罕见的一次。这场浩大宴席，被当时的文人称作“恩隆礼洽，为万古未有之举”。

宴席后，谢幕

千叟宴结束后，乾隆帝以太上皇身份继续执掌朝政3年，直到他驾崩。但从表面上看，这次宴会宣告了乾隆时代的结束，中国历史上的“康乾盛世”也在千叟宴的喧嚣声中画上了句号。

点评：

虽然宴席在中国历史上的地位十分重要，但一场宴席宣告了一个时代的结束，这也是中国历史上极为罕有的。

可惜的是，千叟宴虽然实现了乾隆皇帝的愿望，彰显了国力、国威以及他自己的文治武功，不过千叟宴的奢华也在某种意义上助长了当时社会上的奢靡之风，大清朝的国力也从嘉庆帝开始走上了下坡路。

第二章

请客吃饭，职场的必修课

中国的饮食文化历史悠久而又博大精深，
其中的故事感人肺腑，
蕴涵的奥妙也数不胜数，
逐渐形成了一套复杂而有趣的餐饮礼仪和社交规则。
这些礼仪和规则又与西方的一些东西慢慢融合，
使得请客吃饭逐渐演化成一门学问。
掌握好这门学问，
你就可以在社交场上呼风唤雨。
可以说，
请客吃饭这门学问，
已经成为当今职场的一门重要的必修课。

宴席，又见宴席

所有人都知道吃饭重要，都知道“人是铁，饭是钢，一顿不吃饿得慌”的道理。而聪明的人都知道吃饭不仅仅是填饱肚子的事，它也是求人办事、拓展人脉的重要手段之一。

钱钟书先生曾写道：“吃饭有许多社交的功用，譬如联络感情、谈生意经等。社交的吃饭种类虽然复杂，性质极为简单。把饭给有饭吃的人吃，那是请饭；自己有饭可吃而去吃人家的饭，那是赏面子。交际的微妙不外乎此。”

擅长交际的人经常可以凭借一顿饭、数杯酒，使原本不认识、不熟悉的人成为莫逆，成为知己。于是乎，事情办了，朋友交了，路子通了，皆大欢喜了。不明白的人看了以后，迷惑者有之，猜疑者有之，忌妒者亦有之。细细探听才知道，原来这就是社交宴请的威力。

其实，社交宴请从来都是中国人最不可或缺的首选交际方式。中国宴席的历史甚至可以追溯到新石器时代。中国历代的兴衰成败似乎都与宴席密切相关，见诸于《二十四史》之中的著名宴席更是不可胜数。前面提到过的“二桃杀三士”“鸿门宴”“青梅煮酒论英雄”“杯酒释兵权”“火烧功臣楼”等历史名局都充分证明了古人的社交智慧和宴席在中国历史中的地位。

宴席在中国实在是承担了太多的功能，从来没有哪个国家如中国这般，几乎整部历史与政治都能与宴席联系起来。不过，也正因如此，这些令人叹为观止的宴席才有了留名青史的机会。

到这里为止，我们对宴席应该已经有了一个概念。其实，所谓宴席，也就是通过某些精心的策划，把简单的吃饭逐渐演化成局，进而达到某些目的，正所谓是社交宴会之妙，不在于“宴会”而尽在于“社交”。

有些朋友一定会问，宴会我组织和参加的也不少了，可是为什么总是办不成事情呢？为什么别的朋友一顿饭就可以搞定的事情我却往往要三五顿还不一定能办好呢？为什么客也请了，饭也吃了，关系反而远了呢？其中的原因可能有很多，大都是细节问题，这里也不能逐一探讨，但相信仔细研读本书应该能给您带来一些启示。

首先，要强调的一点就是宴会的目的性。宴会本身并不是关键，关键的是宴会背后隐藏着欲望的表达。也就是说，通过这场宴会你想达成什么样的目的。也只有明确了这个目的，才可以由这个目的来展开设局，在饭桌上紧紧围绕这个目的，环环相扣，步步紧逼，进而实现目的。没有目的的宴会不是宴会，不过是简单的请客吃饭罢了。

其次，就是要遵守宴会的规则。很多人都知道，请客吃饭要讲究礼仪，像在哪里请，穿什么衣服，点什么菜，喝什么酒等都是有一定之规的，也许就是你不小心违背了这些规则才导致你频频功败垂成的。

最后，不可不说的是，还要了解那些隐身在暗处的规矩。比如宴会中穿衣吃饭的细节，喝酒说话的忌讳，交流沟通分寸的掌握，如何博取别人的好感，如何合理地利用心理战术实现自己的目的等，这些可以称之为“宴会社交攻略”。

综上所述，我们又可以得出宴会的进一步概念：所谓宴会，是有着强烈目的性的，因饭而成局的一种活动，这种活动具备了诸多显性和隐形的规则。

社交宴会是拓展人脉的法宝

《灵枢·九针论》：“人之所以成生者，血脉也。”《活人书》卷三：“血脉者，营养百骸，滋润五脏者也。”说的就是人体四通八达、错综复杂的血脉网络，这也是人的生命赖以存在的基础。

在人类社会中，同样也存在一个类似血脉的系统，我们称之为人脉。根据辞典里的说法，人脉的解释为“经由人际关系而形成的人际脉络”。如果说血脉是人的生理生命支持系统的话，那么人脉则是人的社会生命支持系统。

没有血脉的支持，人的生理生命无法维持；同样的道理，没有人脉的支撑，人的社会生命也就终结了。既然人脉是如此的重要，那么我们应该如何经营和拓展人脉关系和构建属于自己的人脉网络呢？在这一过程中社交宴会又会起到什么样的作用呢？

中国历史上善于用社交宴会维护和拓展自己人脉的名人有很多，还是让我们先看几个例子吧！

孟尝君以“好客养士”“好善乐施”而名闻天下。孟尝君善于用人，广招贤士，门下“客无所择”“诸侯宾客及亡人有罪者”皆善遇之。为了最大限度地招揽人才，不惜“舍业厚遇之”，因而“倾天下之士”，门下食客达三千余人，可谓人才济济。

秦昭王听说孟尝君贤能，两次派人到齐邀请之。第一次因为著名门客苏代的劝止，没有成行。第二次才到了秦国，秦昭王立即任命孟尝君为相国。

点评：

孟尝君以三千食客而名动天下，甚至达到“倾天下之士”的程度，轻易就成为秦国的相国，可以想象他的人脉之广。这不能不说与孟尝君平时的善于待人、广交朋友有密切关系。那么他的人脉到底从何而来呢？宴会，当然是宴会。养活三千人能不请人吃饭吗？只不过这是一种广义的“大宴会”而已。

作为孟尝君最重用的门客之一，苏代也多次为孟尝君出谋划策，为孟尝君如鱼得水的周旋于秦、赵、魏、齐等国之间立下了汗马功劳。这自然也是少不了宴会之力。

孟尝君礼待门客不分三六九等，曾把“鸡鸣”“狗盗”之徒也收于门下。但在危急时刻，“能为狗盗”者潜入秦国的宫藏中，偷得“狐白裘”，把它献给了秦王宠妾。该宠妾便向秦昭王美言，昭王便释放了孟尝君。孟尝君获释后，立即乘快车逃走，更换了出境证件，改了姓名逃出城关。夜半时分到了函谷关，关键时刻，又有一位“能为鸡鸣”的下等门客，及时学鸡叫引得众鸡“齐鸣”，从而逃出函谷关，使秦国追兵无功而返。

还有一个最有名的冯谖的故事，冯谖以怪人面目出现，孟尝君三番五次满足他却不嫌弃他。在后来的薛国买义、狡兔三窟、出使秦国等系列事件中，冯谖为孟尝君都立下了汗马功劳。

点评：

孟尝君满足“鸡鸣”“狗盗”和冯谖之流的其实很简单，无非是几顿饭食和必要的尊重而已，收获的不仅是事业，更重要的还有生命，这不能不说是社交宴会的胜利，人脉的胜利。

关羽被迫降曹后，曹操厚待关羽，上马金下马银，三日一小宴，五日一大宴，赠赤兔宝马，赐锦绣衣袍，送绝色美女，后造印封侯，受到的厚恩优待无以复加，作为一个降将在如此短时间内受此优待不仅在曹营是空前绝后，古今中外也是少有的。

关羽当然也有所回报，他为曹操斩颜良诛文丑，做了不少大事。可惜在得知刘备的下落后，他毅然离开曹操，挂印封金，过五关，斩六将，千里单骑寻找故主。曹操也算大度，不但没有杀害关羽，反而赠送战袍、给他路费。

点评：

曹操也是用宴会来试图收买和感化关羽，也试图把关羽纳入到自己的麾下，成为自己的人脉网络中的一分子，可惜他遇到的是义字当头的关羽。但他真的失败了吗？也没有，想想华容道上关羽的表现就清楚了。

华容道上关羽的立场当然是忠于刘备，但内心又对曹操抱有一丝好感。不要小看了这一点点好感，在现代的商务谈判中，竞争对手的一丝好感可能就会成为压垮骆驼的最后一根稻草，也许可以助你取得全面的胜利。

中国是一个重人情的大国，聚会是中国人最普通的社交方式之一。这个传统几千年来从未改变过，几千年后的今天，据零点公司的调查显示，“社交宴会”仍是中国人最为普及的社交方式。通过吃饭可以帮你融入新的环境，人们通过吃饭来感谢和激励别人，通过吃饭可以帮助捅破交往双方最后那层纸，最重要的还是通过宴会可以有效地拓展和维护你的人脉关系。

斯坦福研究中心曾经发表过一份调查报告指出：一个人赚的钱，12.5%来自知识，87.5%来自关系。在好莱坞也流行一句话：“一个人能否成功，不在于你知道什么（What you know），而是在于你认识谁（Who you know）。”

知识不是一天就可以学完的，宴会不是一天就可以吃完的，人脉网络也不是一天就可以搭建完毕的，当我们通过一次次的宴会，结交一个个的新朋老友，一次次地把他或者她变为自己人脉之树上的一抹绿叶，当这种点滴的积累逐渐成型，长成一棵参天大树后，你就像卡耐基训练区负责人黑幼龙说的那样，“获得了一张人通往财富、成功的入门票”。

从经济学的角度看宴席

宴会的反对者往往认为，生意就是简单的交易，要想攫取更多的利益，控制成本是必不可少的，降低了成本利益自然会增加，于是乎，宴会作为一项比较大的支出就自然被控制甚至被取消了。

其实，人与人之间的关系不可能不涉及利益，但并不代表所有的事情都可以用得失来衡量。仅仅从成本的角度出发看待宴席，看待人与人之间的沟通和交流是有失偏颇的，正确的方法应该是从经济学的角度来衡量。

据经济学家分析，请客宴席可以划分为五种基本类型，不同类型的宴席，从经济学角度看，既有一些相同的特点，也有一些不同的方面。

求人办事的宴席

这类宴席大致可以分两种情况：一种是办事前的宴席；另一种是办事成功后的宴席，商务活动中的一些涉及合同谈判的宴席也包含在其中。

办事前宴席体现的经济学特点主要有：

1．信息功能

由于信息不对称现象的客观存在，双方都希望在交谈中交换各种信息并互相沟通，双方在信息交流的过程中一般总是会倾向于披露对自己有利的信息，以力求实现效用的最大化。

求人者总是希望办事人有足够的积极性去办事，办事人总是希望有足够的动力去办事。这其中可能涉及一些经济往来，但宴席在其中也起到很大的缓冲和润滑作用。从经济学的角度来说，这体现了事实上的委托与代理的关系。

2．计划功能

双方在交流信息的过程中也在规划着进一步的打算，这种计划可能随着获得信息的变化而随时改变。

3．投资功能

对于求人办事者而言，宴席相当于支付了一笔前期风险投资。至于投资是否获利，则取决于双方在宴席上的表现，以及宴会后的运作。

4．签约功能

求人办事的人在宴席上一般总会对办事人有一定的承诺，而承诺可以看做是签订合同的付款条款。当然，这种签约形式一般是隐性的而不是显性的，更多体现了一种只可意会不可言传的特点。

办事成功后宴席经济学特点主要有：

1．总结功能

事情办成之后，也表示一个投资项目循环周期的结束。这时大家聚到一块交流经验和分析得失，本身就是一个总结的过程，这也有利于双方在以后的办事过程中更进一步的提高效率和减少误差。

2．分享功能

在宴席上，大家举杯换盏，共同分享着成功的喜悦和胜利的果实。这种分享，有利于团队的团结和稳定，消除某些潜在的不利因素。

3．兑现功能

事情办成后，当然需要兑现当初的承诺。承诺是必须要兑现的，否则不仅下次不好办事，这次已经办成的事情也容易出现变化。当然，实际兑现地点不一定就在酒桌上，一般视情况而定。

夸富、庆祝类的聚会

这类聚会很常见，职务和职称升迁后庆祝的聚会，合同签订后的公司内部，发放奖金、中奖后的聚会等，都属于此种类型的聚会。这类宴会和办事成功宴会的区别就在于是否仅有办事者的出现。

这类聚会对于请人者和被请者有着不同的经济意义。

对于请人者的经济意义：

其主要的成本是：物质上的支出和时间上的支出。

其主要的收益是：精神上的收益和可预期的未来收益增加。

一般来说，不论是否认同请人者，即使是出于礼貌，被请者总是要对请人者进行一番恭维，这种恭维就是一种精神收益。

另外，一个人有了收获，拿出一部分与大家分享，对别人也是一种心理上的体贴和安慰，这也就增加了别人在一些环节上帮助自己的可能性。同时，礼尚往来，自己有好事时请别人客，也增加了在别人有好事时请自己的可能性。还有，由于请客也增加了自己与别人的交往，从而也就丰富了自己的人脉网络，这也就意味着增加未来收益的可能性的增大。

对于被请者的经济意义：

其主要的成本是：时间上的支出以及可能的礼品礼金上的支出。

其主要的收益是：精神上愉悦和物质方面的可能收益。

因为当一个人在某些方面得了好处时，由于忌妒的存在，其他人在内心深处总会有一种不舒服的感觉，但当这个人能拿出一部分与自己分享时，不舒服的感觉就会有所减轻甚至消除，这就是一种精神上的收益。

同时，聚会中的沟通和交流也增加了每个人的社会资本，从而也增大了被请者未来收益增大的可能性。

节假日类的聚会

这里也分两种情况：一种是在公众节日的聚会，如在春节、中秋、圣诞等一般节日的请客聚会；还有一种在是个人节日的聚会，这种情况主要有生日、婚礼等类型的聚会。

公众节日的聚会，其主要的经济意义有：

1．休闲性

公众节日大多是国家法定的假日，所以也是大家休息的日子。所以在公众节日的请客更多体现了一种消费休闲的特点。

2．交换性

节日聚会是参与宴席的人在感情方面的交流的需要，同时也含有信息方面的交换。宴席上，双方在推杯换盏间往往会对各自所在圈子中的一些事情互相介绍；互通有无，各取所需。

个人节日的宴席，其主要的经济功能有：

1．告知功能

通过给这类宴席，可告知别人自己个人生活和工作等方面的消息，这也为大家进一步的交往提供了一个基本参照信息。

2．交流和再分配功能

通过宴席，朋友们进一步交流了信息，加深了感情。同时，个人节日往往伴随一些送礼行为，这也可以看做是一种财富的再分配。

感情交流类宴席

主要包括一般的同学和同事以及亲朋好友的聚会，家宴也属于其中，其主要特点就是感情交流和信息交流。

从经济学来讲，此类宴席的目的主要有两个方面：一是满足个人感情交流的需要；二是通过交流以获取更多的信息。

接待类宴席

诸如一些家庭对来访客人的接待，以及普通的商务合作伙伴之间的接待等都属此类。主要的经济意义是满足礼节性需要和救济性需要。

1．礼节性的需要

这体现了一种社会运行对资源分配的约定俗成。主要原因是：因为每一个人都有可能成为别人招待的对象。己所不欲，勿施于人。自己既然希望别人招待自己，当然也就没有理由不招待别人。

2．救济的功能

由于每个人都有可能成为别人救济的对象，所以这也是社会客观需要的一种自动均衡。

看了这五种宴席从经济学的角度分析，不难体会到宴席能带来的巨大好处。通过宴席可以实现多方面的信息共享，可以给我们带来精神上的愉悦，也可以带来物质利益的收获。

经济学上讲，小额的投入，特别是小额的持续投入往往可以带来巨大的收益，宴席也是如此。宴席经济学，未必是仅仅吃一顿饭就要马上彰显经济效益，而是因为宴席是感情的纽带，是一些针锋相对的问题之间的缓冲剂和润滑剂，是当今社会广泛存在的一些人情生意的载体，是人与人之间的感情投资。宴席安排了，人脉有了，生意扩大了，财源自然就来了。

吃饭事小，出局事大

英国首相艾登曾用三道菜当国宴招待过周恩来总理，比尔·盖茨也以三道菜款待中国国家主席胡锦涛，两个三道菜都真实地呈现了东西方餐桌政治和宴请社交观念的差异，也引发了国人对宴会社交的热议。

中国式的宴会最显著的特点是，菜固然一定要丰盛，但“局”更加重要，要知道“吃饭事小，出局事大”。那么，初入职场的你，或者初涉“饭”局的你，怎么做才能不出局呢？下面的几个故事或者对你有帮助。

应对不当，直接出局

五名考生参加了某公司销售经理岗位的求职面试。正当所有人准备离开时，招聘者忽然发出了宴会邀请：“大家都别走啊，等会儿我们一起吃个饭，增进一下了解。”随后，通过面试的五名考生受邀入“局”。

点评：

收到这样的邀请，一般有经验的人都会有所警觉。首先，还没有正式入职，公司不会无缘无故请你吃饭，不管怎么说，这样的宴会都显得有些诡异；其次，招聘还没有结束，结束之前的任何细节都可以看做是公司的考验。

晚上宴请开始，大家依次入座。菜不错，单位领导很热情，五名考生望着偌大的包厢，有些不知所措。

一位叫小林的面试考生，挑了靠近包厢门的座位坐了下去：“这里是上菜的位置，今天我给大家服务啊！”“那我就挨着你坐吧，帮各位斟酒倒茶的活儿我也可以做的。”另一位叫小张的考生也赶紧表态。

点评：

小林加五分，有眼色，会说话，清楚自己的定位，同等的条件下更能让领导高看一眼。小张也不错，至少加四分，说话得体，被人抢占先机后能够巧妙化解尴尬。

上菜了，很丰盛，五名考生大多闷头吃菜，也不太愿意喝酒。“第一次吃饭如果喝多了，留下不好的印象，工作肯定没希望的。”一名应聘者小刘悄悄告诉同伴。

考生小林却有些“外向”，等领导讲完话后，首先跟在座各位打了招呼，接着向大家介绍自己。看见场面有些清冷，小林还给大家说个笑话。小张也在旁边应声附和，并且抽空跟领导敬了几杯酒。

点评：

应聘的是销售岗位，一般来说外向型性格是比较合适的，小林和小张再次也得到了加分。而小刘基本上出局了，不仅是不喝酒，说话不得体，就是喜欢在下面开小会也不是一种好习惯，尤其是有领导在座的时候。

饭后，招聘单位负责人告诉五名应聘者，刚才设下的宴会，也是面试的一部分，惊讶很快写在了每个人的脸上。招聘负责人表示，小林被录取了，小张被试用了，而其他三位均被淘汰。

该单位负责人说，其实第一轮面试，了解五位考生大致情况后，发现他们的水平不相上下。当时恰好临近晚饭时间，于是有了通过宴会进一步考查考生的想法。没想到这样的方法，真的找到了需要的人。

点评：

应试者小林虽然饭桌上的表现仍有些稚嫩，但他一直在努力地调动气氛，希望打开沉闷的局面，这样的意识很好。而小张的表现虽然不如小林，但他很敏锐，能够及时发现自己的不足之处，并且做出了改进的努力，也很有培养前途。

当然，社交宴请只能作为辅助考查，设宴会只能作为面试的一种补充手段，如果仅凭宴会表现，决定是否出局，并不合适。案例中的前提条件就是五位考生水平相当。

只吃不请，逐渐出局

小王大学毕业后进入了一家颇具规模的公司，工作也很努力，同事们都比较喜欢他。公司同事的聚会不少，每次大家都叫着他参加，在聚会上小王表现得一直比较得体，是公司聚会中的“开心果”。

小王也提起过要请同事吃饭，同事们知道小王家境不好，婉言谢绝了。渐渐地小王也就心安理得了，工作也一如既往的努力，只是应酬却渐渐少了。一年后，小王升职失败，黯然离开了公司。

点评：

小王的出局很可惜，他的能力不错，只是客观条件差些，又没有看明白社交宴会的一些潜规则。若是当初坚持一下，哪怕只是少请几次，档次稍差一点儿，也不会落得这般下场。

其实，人人心里都有一本账，我请了谁，谁请了我，都清清楚楚，再豁达的人都是如此。光吃请而不回请，不管客观情况如何，别人都会觉得亏了，都会感觉你吝啬而不可交，慢慢地，你也就自然出局了。

久请不到，悄悄出局

老周已经四十多岁了，原来在单位混得不错，朋友也很多，应酬不断，自我感觉也很好。两年前，老周得了病，医嘱要少喝酒，老周痛定思痛，又怕管不了自己的嘴，于是决定不再应酬了。

刚开始的时候，宴会邀请仍然不断，老周一一谢绝了，逐渐邀请少了，再往后，朋友间的联系也渐渐少了。前几天，老周要办些事，想请朋友吃顿饭，商量商量，朋友们也都谢绝了。事情没有办成，老周突然发现，不知不觉间，自己出局了。

点评：

拒绝别人的宴会邀请是一件很失礼的事情，无论你有什么理由，长期拒绝更是一件不可饶恕的行为。感情的事情，伤害起来很容易，修补却很难。

人，是一种很奇怪的动物，记性和忘性都很好。像老周这样，两年不参加别人的聚会，以前的好很容易被忘记，而两年来拒绝出席聚会的行为却很容易被记住。所以，事到临头再想邀请别人出席聚会是基本不可能的。

在中国，宴请无处不在，结婚有宴请，升学有宴请，办事有宴请，开会有宴请，打球有宴请，朋友有宴请，亲人有宴请，同事有宴请，领导有宴请……一场宴请，既能是亲朋老友之间的沟通交流，也能是同学同事的举杯共饮，更可以是生意对手间的交锋谈判。所谓人脉，所谓圈子，所谓社会关系，所谓资源，全都绕不开宴请。

有些应酬是不可不去的，因为缺少了这些应酬就缺少了升官发财的机会；有些应酬是不能不去的，是因为组织者掌握着自己的生杀予夺之权，完全是被迫的；有些应酬是不得不去的，比如岳父岳母的寿宴，比如和女朋友的情人节晚餐，都是绝对不能缺席的。即使你心里有一万个不愿意，但千万不能表露出来。

其实，应酬的事情说难也难，说易也易。应酬是个小社会，这里有组织，有派系，有巴结，有结交，有承诺，有阴谋。如果你能从容的驾驭它，你就会在这个人情社会里如鱼得水，否则就将面临“被”出局的危险。

边吃边谈，谈出好未来

《论语·乡党》里有一句话叫做“食不语，寝不言”，说的是吃饭的时候最好不要说话，以免影响到消化；睡前唠叨不绝会使思绪兴奋，不得安宁，因而影响入睡。流传到后世就变成“食不言，寝不语”了，其实意思并没有什么变化。

这句话也许对养生很有好处，与西餐的意境也比较近似，但放到中国式宴会里就谬以千里了，你看过哪个中餐馆不是人声鼎沸的？看看下面一位职业经理人的工作总结吧！

刚刚参加工作时，我负责的是售后服务，一年后，由于表现比较好，公司让我转岗成了销售人员。可是岗位换了，我的思想却没有换。

由于售后服务是收费的，业内约定俗成，有些工作量是属于给客户帮忙性质的，可算可不算，所以客户为了少花钱多办事，一般都要请我吃饭的。一来二去，我和客户的关系也还不错。

刚刚成了销售经理，仗着以前的关系我也比较顺利地完成了几单合同，可慢慢的，情况开始变得不一样了，老关系的客户也开始和我打官腔了，什么“研究研究”“等等看”“过几天再说”之类的话不绝于耳。

点评：

凭面子和老关系做事没有错，面子也确实值钱，但面子值多少钱大家心里有数，欠你的人情还清了，也自然就公事公办了。要知道，面子和关系是要不断维护的。

我开始意识到现在应该是我来请客户了，可刚刚工作一年的我，还有女朋友和家里的负担，哪里有多少钱，就连刚刚到账的一点儿提成奖金也早就被我花得干干净净了。公司能给报销的也只有那么一点点，怎么请啊？

接下来和客户谈的时候我开始半真半假地和客户说，合同签下来我能拿多少奖金（其实是提成，我没敢说），到时候一定好好感谢客户的帮助等，可还是没有效果。

点评：

意识到错误了，有改进，是好现象，但做得还是有问题，这年头，画饼的人多了，如果你不是还有那么点儿关系在，人家听都懒得听你的。如果刚开始的时候借着老关系还没有淡的时候说，应该还有些效果。

怎么办？我一咬牙，从公司借了2万元的备用金，开始做客户关系。吃饭，喝酒，仅仅第一个客户一顿就吃了我1000多，我的心都在滴血啊！这回总行了吧！我安慰自己，舍不得孩子套不着狼啊。

可第二天到他办公室继续谈的时候，他还是支支吾吾，顾左右而言他。我就奇怪了，还没到位？又咬咬牙，再请。这次，趁他喝得迷迷糊糊的时候（后来想想，应该是他故意的），终于弄清楚了，原来我的前任每次都给他提一个点的提成。

盘算了一下，我决定，照付。这下好了，一切解决了，大家皆大欢喜了，几年后我也顺利地成为了公司的销售总监。

点评：

醒悟得还算及时，行动也算果断，虽然多付出了点儿学费，但瑕不掩瑜。

从这个故事我们可以总结出几条经验：

第一，关系可以办事，但关系总有用尽的那一天，最好的关系就是结成利益共同体。

第二，边吃边谈比先谈后吃和先吃后谈的效果都要好些。

第三，做事有时候就是那么简单，一点聪慧，一点坚持，一些付出，也许你就成功了。

刚刚说了，边吃边谈效果更好，可这是为什么呢？

首先，先谈后吃往往给人一种公事公办的感觉，谈判的双方没有经历“酒精”的考验，没有在心理上形成一种熟悉的感觉就直接进入商务谈判过程，自然就会竭力为自己所在的利益团体谋求最大的好处，也就更不容易达成协议。

其次，先吃后谈让被请吃者有一种被收买或者是对方另有阴谋的感觉。“光请我吃饭，生意怎么不谈了？”“他是不是还有其他的想法？”于是往往不能吃喝尽兴，不尽兴自然不能加深感情，感情不加深当然结果也不会太好。

最后再来探讨一下边吃边谈。

1. 边吃边谈的气氛比较轻松随意，酒桌不像谈判桌，不需要严肃地探讨合同文本，不需要精确地计算得失，比较容易在大方向上达成一致，方向确定后细节就相对容易了。

2. 宴会中谈事情，尤其是谈生意，在遇到双方都比较坚持的问题时容易回避，有时候只要碰杯酒就把话题转开了，不至于有冷场的尴尬局面。

3. 正式的商务谈判时计较的都是双方单位的利益，而宴会里比较容易就个人利益达成一致，这也足以影响商务谈判的结果。

4. 三五杯酒下肚后，人通常会比较兴奋，兴奋状态下的人再接受几句适度的恭维后更容易对同桌的人产生好感，在这种好感的支配下人们往往会轻视一些利益，尤其是不属于自己的利益。

当然，边吃边谈也不是万应灵药，宴会也不能解决所有问题。但酒桌上谈谈天，聊聊地，吹吹牛，侃侃山，翻手为云覆手为雨，轻松搞定对手，岂不快哉？闲暇时，邀三五好友，品茶饮酒，论家国大事，聊风土人情，谈笑间，信息轻松入耳，岂不乐乎？

宴会里的几种人，你是哪种

前文曾经说过，应酬是个小社会。应酬里有组织，有派系，有结交，有承诺，有阴谋，有真心话与大冒险，不一而足。那么，初涉“社交场”的你应该从什么角度来了解应酬，进而驾驭应酬呢？

我想，还是人，只要分清楚了应酬里形形色色的人以及他们在应酬里代表的角色和利益，你对应酬也就洞若观火了。

应酬里究竟有哪些人呢？有人说，一场应酬，设局人、陪客、花瓶众角色一个都不能少。虽然不全面，但也差不多了。一般来说，可以分成四大类：设局者、执行者、主客、陪客。

设局者

设局者是一场宴会的总导演，也是这场宴会的最大利益谋求者。他应该是宴会中各色人等中最诡异的一个了，因为他并不一定出现在宴会上。有的时候由设局者直接发起宴会，这时的设局者和执行者就合并成一个人了，他也一定会出现在宴会中，也比较容易分辨。

更多的时候，设局者由于和主客不一定很熟悉，就会委托其他人发起宴会，这时候的设局者就不是那么容易分辨了，需要你仔细察言观色才能弄清楚。不过设局者往往存在一些共同的特点，通常只要把握住这几点，设局者就呼之欲出了。

1. 只与主客频频举杯，对其他人一带而过。
2. 主动发起话题，并与主客和执行者展开谈论。
3. 谈论的话题往往是主客最熟悉的。

还有一种情况，就是设局者并不出现在宴会上，这种情况的发生一般都是由于设局者和主客之间不熟悉，或者不方便出面而委托给其他人代为处理，而这个其他人通常就是执行者。

执行者

执行者经常被称为局托儿，这是宴会中相当重要的一个角色。这个人往往就是给你电话邀请你参加宴会的人，他与设局者和主客之间都比较熟悉，在宴会中一般是最能活跃气氛的人，在宴会外往往起到中介的作用。

执行者的特征比较明显，比较容易分辨，具体归纳如下：

1. 与大多数局中人比较熟悉，擅长活跃气氛。
2. 具有一定身份，但通常不高于主客。
3. 与主客关系很好，能说得上话。
4. 在设局者不出现的时候，能够代替设局者。

执行者往往是社会上比较吃得开的那种人，他八面玲珑，长袖善舞，人脉关系通常比较好。如果有机会能和这种人处好关系，还是比较值得的。

主客

主客虽然是客人，有时也叫局主，可能是因为通常主客都是局中身份最高的人吧。主客就是那位可以给设局者带来最大利益的人，也是设局者所“设计”的人。主客是宴会中特征最明显的人，主要特点如下：

1. 坐在最上首的“主席”位。
2. 是所有话题的中心，不论是点菜还是喝酒都以他的意志为转移。
3. 一般都是设局者和执行者最为恭维的人。

主客是席间最位高权重的人，有一定的办事能力，对某些事情有决定权，在宴会中地位独特。但在某些特殊的时刻，主客也可能成为火力攻击的对象，这时候也许就是你出人头地的机会了。

陪客

陪客的概念最为复杂，除了上面的三种人之外，基本上都可以划到陪客的范畴里去。陪客主要可以分为局精和局奴两种。

所谓局精，其实就是局托儿的托儿，是执行者的小弟，受执行者安排和调遣。他们经常出没于各类性质不同的宴会之中，熟悉宴会的各种潜规则，擅长插科打诨，能恰到好处地处理宴会的节奏。有时候我们也把女性的局精称作花瓶。

局奴，有时也叫马仔，一般是设局者的亲信，干的多是跑腿的活儿，是整个宴会最辛苦的人了。一般从预订酒店就开始工作了，陪客喝酒也是他必不可少的任务，饭后埋单结账，安排车辆送行等也是当仁不让。

当然，上面提到的角色不一定每一个都一定出现，也不一定只有一个。在一些小规模的宴会里，也可能出现合二为一甚至合三为一的情况，但合并的只是出场人物，各个角色的作用却是不可替代的。

看到这里，相信你已经对宴会中的各色人等有了大致的了解。那么，出席宴会前请对自己做个明确的定位吧，遵守宴会中默认的规则，不要因为一时的疏忽做出喧宾夺主的事情来，否则你就离出局不远了。

宴请客人不得不说的几件事

透过宴会，我们可以看到饮食之道里的政治利益、社会关系、人际规则和文化滋味。一圈食客围着圆桌，一边大快朵颐，一边段子飘飘，一边打情骂俏，一边推杯换盏，一边谈公道私，一边各自打算……这种景象真有点像是现代版的《韩熙载夜宴图》。

但宴会真的像看上去那么轻松惬意吗？饭真的是那么容易吃的吗？宴会内外是否还有些什么隐晦的东西需要了解的呢？说对了，还真的有些东西是你奔波于宴会间必须要了解的，这些东西，可以称之为“宴会社交攻略”。

宴会社交攻略之一，聚会轮流请。

有一个现象不知道你是否注意过，像红白喜事，生儿嫁女的宴会农村比城市多，裸婚一族大都发生在城市，农村里基本上看不到。中国的宴会比外国（主要指西方）多，即使是住在外国的中国人。

为什么呢？难道是农村比城市有钱，中国比外国有钱吗？显然不是。有人就提出过一个有趣的观点：

> 中国的人群流动性差，大部分人一辈子都不会离开家乡。因此，一个人请客的时候完全可以预期到被请的人日后也会请他，所以请客不吃亏，不过是大家轮流着来罢了。而在西方，交通和商业文明的发达使人的流动性大大加强了，一个人请了别人的客，也许这辈子都再也遇不到他了。所以，为了大家都不吃亏，就采取共同分担的方法了。说白了，外国人是一次性的AA制，而中国人则是拉长了时间的AA制。

点评：

观点很有意思，也有一定道理，虽然也未必就一定正确。笔者不是经济学家，对这个观点是否正确也不是很感兴趣。但至少有一点是确定无疑的，那就是不论是什么人，请别人吃过饭后都希望别人回请，否则就会感觉不舒服。所谓聚会轮流请也就是这个道理。

如果你只是参加别人的宴席，而自己却从来不请别人，或者很少请别人，那么你就会慢慢发现，自己的宴席越来越少。原因很简单，因为人人心里都有一本账，付出和收益要成正比罢了。

宴会社交攻略二，吃饭要办事。

李老板的公司最近出了些麻烦，需要资金周转。按理说，这也不是什么太难办的事情，凭李老板的人脉，借点儿钱也就是几分钟的事情。可出乎意料的是，周围的朋友都纷纷表示爱莫能助。李老板十分纳闷，几经打听之下才明白事情的原委。

前些日子，某公司的王老板请李老板吃饭，席间提出了合作的要求，李老板当时酒意正浓，也没有多想，就答应了。可是过后细想，又觉得自己有些吃亏，可说出去的话也不好收回，于是就拖了下来。王老板几番催促之下没有结果，觉得李老板骗了他，就在圈子里大肆宣扬李老板不守承诺。结果就是圈子里的人都不敢再和李老板有经济往来了。

点评：

其实，类似的故事每天都在发生，双方的行为也都无可厚非，王老板请人吃饭办事是商场常态，宴会上双方达成协议也是应有之义，宴会后有人后悔也并不少见。为什么会闹到这般结果呢？这就是我这里要提的，吃饭要办事。

宴会之所以是局，就是因为有着强烈的目的性，西方的谚语“天下没有免费的午餐”也是这个道理。吃了人家的，喝了人家的，总要帮人办事吧？答应的事情，总要兑现吧？事情没有办成，总要有解释吧？解释没有，必要的人情总是要还的，再不济也要有一点儿感恩之心。要是这些都没有，有的也只能是报应了。

要知道，有些“潜规则”是高压线，触碰不得的，触碰了就会伤及别人的利益或者颜面。世界上没有谁是真正好欺负的，得罪了人，哪怕你家财万贯或是位高权重，也终有墙倒众人推的时候。

宴会社交攻略三，信息交换要对等。

小王今年30多岁，大学毕业做了公务员，现在当上了科长，日子混得优哉游哉，工作也如鱼得水，领导评价也不错。这两年，小王的应酬很多，同事、同学、亲戚、朋友都叫他，当然还有领导。

小王很聪明，知道言多必失的道理，宴席上很注意克制自己，从不谈及单位上的事情，倾听这个美德倒是被他发挥得淋漓尽致。觥筹交错间小王得到了好多信息，其中不少对自己的工作还很有帮助。

日子还是一天天的过去，宴席还是一顿顿吃完，可小王敏感地发现，周围的朋友越来越少的提起他感兴趣的话题了，他得到的有用的消息也越来越少了。

点评：

知道倾听，知道守密，很不错，可惜有些过了。人与人之间的沟通和交流是双向的，没有人愿意对着一台录音机聊天，一言不发的徐庶在曹营应该也没有什么朋友吧？

其实信息交流也可以说是商品交换的一种特殊形式，也要遵循商品交换的基本原则，等价交换。换句话说，别人提供有多少价值的信息给你，你也要差不多的回馈，总是没有回馈，谁还愿意继续和你交易呢？

信息交换对等的原则并不是要你当个大嘴巴，原则性的、机密的信息当然不能随意泄露，总有些可以说的吧？单位的消息不方便说，从别人那里得到的信息是不是也有些可以说的呢？这年头，大家都是话说三分，你一分也不说太过分了。

况且，信息的分享就像幸福的分享一样，你和朋友每人拿出一份，每人就多得一份，这样的好事何乐而不为呢？

宴会社交攻略四，白吃饭要感恩。

有个同学，上学时成绩不好，和同学的关系也很差，毕业十几年都没有消息。去年突然又回到大家的视野里，一亮相就频频请同学吃饭，一聊才知道是发财了。

渐渐地，同学间的话题里就经常出现了他，同学聚会也自然而然地叫上了他，他过去不好的形象好像也被淡忘了，那些还坚持说他坏话的人也被渐渐疏远了。

点评：

这个故事是不是有些世故了呢？也是，也不是。几顿饭就被人收买了，实在有些不好意思。但仔细想想，谁还能缺那几顿饭呢？其实，真正消除了对他以往恶念的，正是那颗感恩的心。

“吃人嘴短，拿人手短”，吃了人家的饭，还不用给人做事，除了必要的回请，那也只能说句谢谢了。那些被无意间疏远的同学，也只是因为他们缺少的那份感恩之心了。

本节简单介绍了社交宴会的四种基本攻略，其实类似的潜规则还有很多，如点菜、饮酒、交流技巧、埋单等。限于篇幅，这些内容放到后续章节中再继续探讨。

第三章

这几种宴席，你一定要参加

“自笑平生为口忙，
朝朝事业总荒唐。
许多世上辛酸味，
都在车尘马足旁。”
这是清末吾庐孺的《京华慷慨竹枝词·宴会》，
同样也道出了当代人对应酬的无奈。
人们在享受宴席的同时，
也往往在“被”宴席。
在这个方寸之地上轮番上演的“局”，
让太多的人疲于奔命。
在很多人眼里，
应酬吃饭是一件苦差事，
但有些应酬，
还真的一定要参加。

打造属于你自己的宴会社交“圈子”

“关系有远近，人情有厚薄”，宴会的目的不是通过吃吃喝喝来结交酒肉朋友，而是通过不同的宴会来梳理人脉关系，打造属于自己的宴会“圈子”。餐桌是应酬交际的重要媒介，更是广交朋友的好地方，它不仅能快速缩短宾主之间的距离，有助于消除误解摩擦，而且可以扩大视野和圈子。在你需要的时候，可以通过不同的圈子顺利地找到解决问题的办法。

在一个人的社交宴会上，往往可以看出他的社交圈子。有些人应酬不少，但圈子里的人往往都是同事、同行，这样的圈子就显得窄了，一旦遇到超出圈子之外的事情就不好处理了。有人会问，我的宴会社交圈子里应该包括哪些人呢？

这个问题仁者见仁智者见智，一般来说，有几种朋友是必须要交的，圈子里有了这些人，不仅你自己的生活得到了便利，也更能让周围的朋友高看一眼。

1．医生

你一定要结识几个有着丰富临床经验的医生，专家级别的更好，因为他们的意见和建议关系着你的生命健康。

现在的医院是什么样子的大家都很清楚，基本上是有什么检查就做什么检查，什么药贵就用什么药。多花了钱不要紧，浪费了时间也不要紧，耽误了病情可不是小事。有一位值得信赖的医生朋友，得了小病不用去医院，得了大病有人关照，相当于一家老小上了一份“另类”的医疗保险，省时、省钱、省心，何乐而不为呢？

2．律师

看到律师这两个字，或多或少的会与犯罪联想到一起。其实不然，现代的律师和古代的讼师还是有区别的，这个古老而陈旧的观念已经过时了。

生活中，每个人都会或多或少地碰到有关财产、民事侵权、房地产、合同、劳动关系、公司、税务等一系列的问题，即便现在你还没有被这些事情所困扰，也不意味着以后不会。律师朋友关键时刻的一句点拨，往往会使你获益良多的。所以，你身边的确是需要一位律师朋友的。

3．教师

近些年来，教师的收入和社会地位都大幅度提高，再也不是以前说的“穷教书匠”了。

当今社会，独生子女居多，每家每户都把自己的孩子当成宝，望子成龙、望女成凤的思想多多少少都会有，子女的教育问题往往成为家长心头的“老大难”。圈子里有几位教师朋友就显得越发的重要了，他们在孩子的入学、升学、补习等方面都会起到重要的作用。

尤其是孩子的班任老师，对孩子的成长会起到至关重要的作用，如果可能，尽量把他（她）也纳入自己的圈子里吧!

4．公务员

生活里几乎每一件事你都需要当地公务人员的帮助，如：防盗报警，邻里纠纷，减低税赋，子女就学，房屋产权，户口迁移等。很多令你焦头烂额的事情，在他们的眼里却如同吃饭睡觉一般简单。

在你的身边是否有几个公务员朋友呢？如果没有的话，从今天开始就要尽量找机会去结识他们了。尤其是你所在社区的居委会成员，所在片区的警察，所在城市的交警等，都应该把他们纳入到你的人脉体系中。其实不难，也许需要的只是简单的一顿饭而已。

5．保险专家

国人对保险从业人员往往有一种特殊的偏见，觉得他们都是些骗子。其实，随着外资保险逐步进入中国，保险行业的风气已经改变了许多。

平时闲聊的时候往往提起，现在国人的生活缺乏安全感，生老病死的压力太大，平平安安还好，一旦出了点儿问题就麻烦了。有些时候，结识一位优秀的保险专家，很多问题就解决了。

所以，不要再把卖保险的人拒之门外了。其实，他们在从你身上挣到钱的同时，也为你的生活送去了更多的便利和安全，他们也是你生活中不可或缺的一分子。

6．银行工作人员

难道你没有发觉，银行已在你的生命中起到了越来越重要的作用？你的投资理财都需要银行，车贷、房贷也离不开这个现代商业社会最重要的角色。民间借贷引起的纠纷越来越多，相比而言，银行还是最安全的。有了银行，当你的资金运作出现问题时，你知道该打电话给谁。

7．就业顾问，猎头

除非需要一份工作，大部分的人不会和职业介绍所的人主动攀谈。其实，这是错误的，重要的不是你现在怎样，而是你未来会怎样。即使你现在工作非常稳定，你也不妨与他们建立良好的关系，在口渴之前先掘井永远是正确的。

下次当猎头公司打电话来时，不管你多么满意目前的工作，都不要立刻挂断电话，聊聊天，吃顿饭，认识一下，也许不远的将来，他真的会给你带来一些惊喜。

一个人的应酬很多，通常意味着几个潜台词：他是有很多朋友的人，他是重要的人，他是受欢迎的人，他是事业有成的人。同样的道理，没人带你玩，是一种比失业、失恋和失明更令人恐惧的事，这意味着你成了社会的弃儿，圈子外边的人。

对于自己圈子里的人，人们总会抱有一种莫名的好感。一旦对方有自己力所能及的需要，往往会伸手相助，这时候好感也就转化为一种力量，这种力量的外在体现通常来说就是利益和价值。

开始的时候，或许你还不知道如何打造你自己的圈子，没关系，试着用你的心去接纳身边的每一个你需要的人吧，或许，某一天他们就会成为你圈子中的一员了。当然，由于人与人之间是有着各类的差异的，所以，接纳每一个人不是要你去不分轻重地一视同仁。在你的人生中，总会有一些人是不可或缺的，这也是你那棵人脉大树不可忽视的营养成分。

在现实中，大家都在为生活而奔波，每个人都有自己的工作和圈子，很多老朋友都渐渐疏远了，无形中你已经损失了一笔巨大的财富。打个电话，邀请老朋友出来吃个饭，聊聊天，花不了多少时间和金钱，不仅加深了朋友之间的友谊，还能共享一下彼此的圈子，得到的远比付出的更多。

朋友宴席，友情的升华

每个人的身边都会有几位真心相对、不管遭遇什么情况都不离不弃、一路支持的朋友，这可以说是人生最值得珍惜的财富。这种朋友不一定英明神武，不一定位高权重，也不一定家财万贯，他们共同的属性是珍惜并且乐于维护和你的友情，与你以诚相待。

朋友是用来互相帮助的，朋友关系是需要维护的，新朋固然要交，老友切切不可淡忘。有专家说：“其实，真正的朋友在于平时的沟通联络，而不在于请客吃饭。”说的有些道理，但借用一句笑谈驳之：“应酬不是万能的，没有应酬是万万不能的。”

古人云：“君子之交淡如水”，此话的确不错，但茫茫人世，君子又有几何呢？算起来，还是俗人、凡人居多吧！既然都是凡人，那么“淡如水”估计是做不到了，不妨还是“醇如酒”吧！

古今朋友聚会，笔者最推崇的当属王羲之的兰亭会了。

永和九年，岁在癸丑，暮春之初，会于会稽山阴之兰亭，修禊事也。群贤毕至，少长咸集。此地有崇山峻岭，茂林修竹；又有清流激湍，映带左右，引以为流觞曲水，列坐其次。虽无丝竹管弦之盛，一觞一咏，亦足以畅叙幽情。

是日也，天朗气清，惠风和畅，仰观宇宙之大，俯察品类之盛，所以游目骋怀，足以极视听之娱，信可乐也。

夫人之相与，俯仰一世，或取诸怀抱，晤言一室之内；或因寄所托，放浪形骸之外。虽取舍万殊，静躁不同，当其欣于所遇，暂得于己，快然自足，不知老之将至。及其所之既倦，情随事迁，感慨系之矣。向之所欣，俯仰之间，已为陈迹，犹不能不以之兴怀。况修短随化，终期于尽。古人云：“死生亦大矣。”岂不痛哉！

每览昔人兴感之由，若合一契，未尝不临文嗟悼，不能喻之于怀。固知一死生为虚诞，齐彭殇为妄作。后之视今，亦犹今之视昔。悲夫！故列叙时人，录其所述，虽世殊事异，所以兴怀，其致一也。后之览者，亦将有感于斯文。

聚会时间：永和九年，正值癸丑，暮春三月上旬的巳日。

聚会地点：会稽郡山阴县的兰亭。

参与人员：此地德高望重者无不到会，老少济济一堂。

聚会环境：有崇山峻岭环抱，林木繁茂，竹篁幽密。又有清澈湍急的溪流，如同青罗带一般映衬在左右，引溪水为曲水流觞，列坐其侧，即使没有管弦合奏的盛况，只是饮酒赋诗，也足以令人畅叙胸怀。

天气情况：这一天，晴明爽朗，和风习习。

所做之事：饮酒赋诗，彼此亲近交往。

聚会有感：仰首可以观览浩大的宇宙，俯身可以考察众多的物类，纵目游赏，胸襟大开，极尽耳目视听的欢娱，真可以说是人生的一大乐事。感悟了死生之事。

这应该是一场朋友聚会的典范了，和煦的春日，邀众多好友，找一个依山傍水的美景，饮酒赋诗，谈天说地，少了些钩心斗角，多了点欣然自足，加深了朋友间的感情，也留下一段文坛佳话。

决定宴会档次往往是所要托付之事，越重要的事情，宴会档次也就越高。而非功利性的朋友聚会，反而会选择小馆子，甚至家宴，因为这样更加随意。朋友聚餐一般都是为了图热闹，增加情谊，并不是为了吃，而是为了心情，因为和朋友吃饭才特别。不过，朋友聚会虽好，还是有几点需要注意的：

1. 朋友邀请尽量要去，朋友的面子一定要给。
2. 有要事无法出席要提前通知，并尽量找时候弥补。
3. 喝酒到位即可，没必要在朋友面前装海量。
4. 在朋友面前，摘掉你的面具，千万不要打官腔。
5. 聚会上尽量不要吹牛，牛皮税很贵，还容易伤感情。

什么是朋友呢？普希金说：“不论是多情的诗句，漂亮的文章，还是闲暇的欢乐，什么都不能代替亲密的友情。”孙中山说：“休戚与共，患难相救。”《论语》有言：“与朋友交，言而有信。”

没错，这就是朋友，朋友是你心灵的港湾，是你人生最珍贵的财富。正因为是朋友，所以聚会才会轻松，才会自然，才会有“岑夫子，丹丘生，将进酒，君莫停”的豪迈；才会有“一樽还酹江月”的哀怨；才会有“劝君更尽一杯酒，西出阳关无故人”的哀愁。

事实上，越是亲密持久的关系，越是需要不断地进行感情投资，就像花草需要每天浇灌一样。善待每一个老朋友吧，从大处着眼，小处落手，时时落在实处。聚会是用来交朋友的，人总是不断的在结交新朋友，但结交新朋友的同时千万不要忘记老朋友，所以，拿起电话，尽情地享受与老朋友的聚会去吧！

社交宴席，人脉的源泉

社交，指社会上人与人的交际往来，是人们运用一定的工具传递信息、交流思想，以达到某种目的的社会活动。满足人与人之间相互交流的心理需要具有非常重要的意义，因为我们只有不断地与各类人员进行交往和信息沟通，才能不断地丰富自己、发展自己。

人是群居的动物，天生就对社交有着强烈的需求，即使是那些性格孤僻甚至有自闭倾向的人，在潜意识中也有交朋友，寻找知音的欲望。

有人曾做过调查，“在生活中，你一般通过什么方式结识新朋友？”对此问题，人们回答较多的主要有宴会、K歌、聚会活动、旅游、运动等，其中，“宴会”是最具共性的答案。大多数人都认为，参加宴会能结识新朋友，拓宽自己的人脉，而且相对于其他几种方式，似乎通过宴会认识朋友会比较快，而且“质量”也相对比较高。

由此可见，社交宴会在人们日常生活中是占有相当高的地位的，这里是展现你社交才能的好地方，是结识朋友的重要渠道，如果你能得体地处理，对拓展你的人脉网络是大有好处的。

巴菲特午餐，是和股神巴菲特在纽约知名的牛排馆共进午餐的活动。2000年起每年拍卖一次，并从2003年起转为网上拍卖，所得善款全部捐给美国慈善机构。

巴菲特午餐的拍卖价格最初仅2万美元，“中国私募教父”赵丹阳以211万美元拍到2008年的巴菲特午餐，创下了当时的最高纪录，2010年度巴菲特午餐价最终落槌在262万零6311美元。

2011年6月初，巴菲特午餐再破纪录，买家在拍得2345678美元后“意犹未尽”，在已经夺标的情况下，居然自愿多付出几十万美元，将午餐价格提高到了2626411美元。

点评：

类似的宴会其实还有很多，卡梅伦、奥巴马都曾有过为所属政党筹集资金的宴会，马拉多纳也有过“北京午餐会”，不过，“巴菲特午餐”还是堪称史上最有名、最具可持续性，也是最昂贵的午餐，还是世界上最多人关注的宴会。

名流们的心思各有不同，或为筹集资金，或为慈善募捐，不过那些拍卖的人呢？几万、几十万、几百万美金去吃一顿午饭是不是有点儿过分了呢？其实不然，因为在他们眼中，现在花出去的这些钱会给他们带来更多更大的利益。那些成功的“社交动物”和“宴会达人”们总是会不停地联系和安排与各色人等会面、晚餐，把握机会去结交朋友，也是这个道理。

细细分析，花巨资购买“巴菲特午餐”的“赵丹阳”们的目的大抵有三个：

其一，为了炒作。

这些年炒作的概念比比皆是，普通炒作，名人炒作，明星炒作，商人炒作，公司企业也炒作。通过炒作，普通人成了名人，名人更加引人关注，明星更加火爆，企业成了明星企业。

通过“巴菲特午餐”或者其他类似的社交宴会，“赵丹阳”们成功地炒作了自己。于是，需要资金的就有了资本市场的支持，需要投资的就有了投资的渠道。

这种“宴会”，其实他们担心的不是太贵，而是太便宜，太便宜了就少了许多宣传的“亮点”，就难以引起社会和媒体的关注。其实，要是“巴菲特午餐”是免费午餐的话，他们还不一定去呢！

其二，“核心”效应。

宴会中，尤其是社交宴会中，一定要想办法和宴会中的最重要的人物套交情，一旦得手，你就变成了其他人眼中的“资讯核心”，进而成为值得他人认识的对象。

“巴菲特午餐”恰恰满足了这点，能有这样的一个机会和巴菲特这样一位全球瞩目的“财神”共进午餐，谈天说地，是多么难得的机会。不论你们谈的是什么，即使只是“今天的天气不错啊！”之类的废话，在别人的眼里你也获取了第一手的信息。于是，就成为了许多人竞相结识、结交的对象。

最后，“贵人”效应。

“贵人”最早是皇帝嫔妃的一种称号，后来逐渐演变为对地位尊崇的人的尊称，现在则变成了对自己有很大帮助的人的尊称。

在社交宴会上，参与的名人、有钱人、有地位的人会有很多，如果处理妥当，结识并得到他们青睐的可能性也会比较大。也许，在这里你就可以遇到一位可能影响自己一生的“贵人”。有了“贵人”相助，飞黄腾达，升官发财自然是指日可待了。

社交宴会中该怎样做才能更有效的结交朋友，结识“贵人”呢？以下几点或者对你有所帮助：

1．尊重原则

尊重包括自尊和尊重他人两个方面。自尊就是维护自己的尊严，不自暴自弃；尊重他人就是要尊重别人的生活习惯、兴趣爱好、人格和价值。只有尊重别人才能得到别人的尊重。

2．真诚原则

只有以诚待人，才能产生感情的共鸣，才能收获真正的友谊。没有人会喜欢虚情假意，夸夸其谈的人往往会被人厌烦。

3．宽容原则

人际交往中，不愉快的事情，甚至矛盾冲突都是常见的事。学会宽容别人，不斤斤计较，更能彰显你的绅士风度，正所谓退一步海阔天空。

4．互利合作原则

互利是指双方在满足对方需要的同时，又能得到对方的报答。人际交往永远是双向选择，双向互动，双赢是永远的目标。

5．理解原则

理解是成功的人际交往的必要前提。有道是“千金易得，知己难求”，20世纪80年代的青年曾喊出了“理解万岁”也是这个道理。善解人意的人，永远受人欢迎。

6．平等原则

与人交往应做到一视同仁，不能因为家庭背景、地位职权等方面原因而对人另眼相看。不能盛气凌人，不能太嚣张，要学会将心比心，学会换位思考。只有平等待人，才能得到别人的平等对待。

最后，引用红杉资本中国合伙人沈南鹏的一句话，“一个人想要在社会上站稳脚，就需要有实力做支撑，但是除了实力，还有更重要的是会‘宴会社交’，因为在宴会里，我们可以获取到成功的敲门砖，给成功创造更多的机遇。”

职场宴席，晋升的阶梯

职场中的宴席，大体可以分为三类：同事之间的宴席，多是为了互相照顾工作；上级请下级，一般是为了维持稳定，鼓舞士气，收买人心；而下级请上级，则是为了升职、涨工资、部门调动，甚至单纯为说错某句话而道歉。

不可否认的是，在以关系为本位的中国社会里，解决求职、升官、争取权利等与利益相关的问题时，完全不考虑、不利用关系几乎是不可能的。而处理关系方面的问题，宴会是当之无愧的“第一利器”。

职场宴会第一类，同事间的宴会：

前面提到过，同事之间的宴会，多是为了互相照顾工作，但有时也不可避免的掺杂了一些利益因素。于是，如何处理同事聚会成了不少职场中人的心病。职场聚会，吃还是不吃，其中蕴涵着智慧。

曾经有人随机调查职场中人，大体上有三种答案：

不到10%的受访人群认为，觉得工作和生活最好分开，同事只是一块共事，未必都能成朋友，没必要刻意走近。劳民又伤财，不值得。

20%的人觉得，想参加就参加，不愿参加就直接拒绝，有些事情不必太在乎，做人还是要洒脱一些。

70%左右的人认为，同事聚会能参加尽量参加，一般不要无故找借口推辞。因为同事之间的聚会其实也是职场的延伸，是一种特殊的交际。要融入单位这个集体，就必须去交际，不参加就意味着自行切断了这个交际途径，自动脱离了这个特殊的“组织”。

大多数人还是持赞成态度的，笔者的观点也是如此。理由也很简单，平时在办公室大家都忙着自己的工作，未必能有多少机会拉近关系。如果条件允许，当然应该多一些工作之外的交流，多参加聚会可以促进彼此了解，增进同事感情，工作起来也会更有默契，更容易配合。

至于金钱方面，同事间宴席一般不会选择太高档的地方，不是AA制就是轮流请，也多花不了几个钱。而且，很多单位在涉及升职、加薪、考评时都会有民主评议这一环节，辛苦工作得到了领导的赏识不容易，在这种环节被影响绝对是一件令人遗憾的事情。

职场宴席第二类，请下属吃饭：

我已经是领导了，有必要请下属吃饭吗？这可能是很多人的心声。当然有，而且十分必要。理由有三：维持稳定，鼓舞士气，收买人心。

其一，维持稳定。

现在，党中央都在讲和谐稳定，何况是你一个小小的部门？要知道，发展是目的，而稳定则是前提条件。试想，如果你的团队整天钩心斗角，争名夺利，三五天就跳槽出去两个，你的上级会如何看你？天知道有多少人在盯着你的位置，没准儿哪天你就“被”下岗了。

经验证明，隔段时间组织场聚餐是维持部门稳定的好方法。聚餐上你可以肯定下属的工作成绩；可以与下属亲切交流，解决他们的实际困难；可以为下属设定目标，规划发展通道等。虽然这些在办公室也可以实现，但聚餐的环境更容易被接受。

其二，鼓舞士气。

《曹刿论战》里有“一鼓作气，再而衰，三而竭”的说法，士气的作用不用再多说了。大到一个国家、一个民族，小到一个企业、一个团队，要是没有点儿士气是不可能发展进步的，也不可能做出太大的成绩。

利用聚餐鼓舞团队的士气是个好办法，很多大公司在取得重大进展后都会组织宴会庆祝，就是这个道理。所以，当你的团队取得重大进展时，不要吝惜你的钱袋子了，大家高高兴兴地出去潇洒一番，说一些表扬、鼓励的话，兑现一些承诺过的奖励，对士气的提升是有非常积极的效果的。

其三，收买人心。

古语说，“水能载舟，亦能覆舟”，可见人心的重要了；还有句话叫做“人心齐泰山移”，可见人心的力量了。所以，收买人心是你作为领导不可不做的一件大事，谁不想有几个贴心又好用的帮手呢？

人心是最难买的，可能你花费万金对方却对你不屑一顾；人心也是最好买的，有时一句贴心的话，甚至一缕微笑也就轻易得到了。而聚餐在收买人心方面也是有大用的。

所以，对于主动对你报以善意的下属，不要悭吝于时间和金钱，不多的投入换取一个或者几个能为你鞍前马后，斩将夺旗的好下属，又何乐而不为呢?

职场宴席第三类，请领导吃饭：

职场中人在于上司打交道时，无不希望能与上司的关系更近一些，这当然是对的。于是，要不要请领导吃饭就成了一个问题。会不会给领导和同事留下“拍马屁”的坏印象成了很多职场中人的顾虑之所在。

其实，有些顾虑你完全可以抛下，请领导吃饭是完全必要的，当然也要注意分寸。只要掌握以下几个原则就好：

1. 个人职业前途关键在于你工作是否够努力、是否够敬业，请领导吃饭前问问自己工作是否做好了，宴席上被领导骂可不是什么好事情。

2. 在上司面前拘谨畏缩的人是很难入领导法眼的，更别提什么晋升的机会了。但更要注意的是，千万不能得寸进尺，保持适当的距离对你没有坏处。

3. 请领导吃饭，应当把重点放在有益于工作的事情上，这样，不但能引起领导的兴趣，还可能获得额外的赏识。

易中天老师在《闲话中国人》中说，“政治即吃饭，于是会不会吃、懂不懂吃、善不善于处理饮食问题，便关系到会不会做人，会不会做官，会不会打仗，甚至能不能得天下。”

同样的道理，职场也是一样，可以说，任何一个成熟的职场中人都和社交宴会都有着不解之缘。“饭”关系着你的生存质量，而“局”则决定了你的发展前景。

商务宴席，签单的保障

谈起商务宴席，许多朋友都为之胆寒，气氛紧张不说，还要不停地在推杯换盏中寻找话题，揣摩对方的想法，饭更是基本上吃不饱，应酬后煮包泡面更是常事。笔者自己也参加过不少商务应酬，那种一面吃饭一面谈公事的场合，纵使身处一流餐厅，美酒美食当前，亦令自己食而不知其味，真的有些味同嚼蜡、暴殄天物的感觉。

前段时间网上曾有过调查，通过调查评出了“最不愿参加的五大宴席”，其中“商务宴席”高居首位，有65.4%的人选择了此项。网友们纷纷发表看法：“宴席猛于虎也”。

宴席，特别是商务宴席，真的这么可怕吗？那以后还要不要参与商务宴席了呢？相信这是很多读者的疑问。

还是先谈谈“怕”的事情吧。小的时候我怕过鬼，也怕过黑；长大一点儿后又怕过狗；现在有点儿怕死。为什么呢？原因就是不了解，人总是对未知的东西心存恐惧，商务宴席也是一样。一旦你了解了它，掌握了它，能够熟练驾驭它的时候，它就变成了你手中的利器，还有什么可怕的呢？

那么，商务宴席你还要不要参加呢？决定前让我们一起看一个真实的案例吧！

我在某公司担任销售经理的时候，曾经遇到过一件事情。我签署的一单合同付款要到期了，客户还没有付款。其实在平时也没有什么，客户付款晚几个月甚至一年半载都是常有的事情，起初我并没有在意。

不过当时恰逢公司资金链出现了问题，回款一夜间就成了重中之重。而我这单合同由于标的比较大，有将近500万元，成了公司的重点跟踪对象。

我联系了几次客户，客户表示，现在是年底，钱花得差不多了，过完年马上就可以付款。公司资金链的事情我又不方便讲，只好如实反馈给公司。

点评：

这种两难的事情，实在是不好解决，如果没有特殊手段，如贴息、融资、提成、返点等，一般只能等了。

但是公司却不同意，派了回款专员来配合我回款。回款专员姓张，比我大两岁，是位女士，我喊她张姐。张姐瘦瘦小小的，看上去很不起眼，不过我马上就领略到她的厉害了。

点评：

评书里讲，战场上遇到“僧道妇幼”要千万小心，因为这几种人不好惹。酒桌上一定要小心女士，和女士喝酒栽跟头的人实在是太多了。

我们一起请客户吃饭，席间，张姐没费太多的力气就把话题引到了回款的问题上。

客户有些生气了，说：“我和你们关系一直也比较不错，和你们也说了几遍了，过完年马上就可以了，你们公司也不小，还差这一个多月吗？”

“还真就差这一个多月，不过不是公司，而是我。马上就要年底了，我需要这笔业绩，不然我的奖金要少好多，领导能不能帮帮忙？”张姐回答得很得体。

点评：

有理有利，应对得体，滴水不漏，高手。身为女性，有时候利用身份要一点儿小小的无赖，效果通常不错，不过实际应用时要留意度的问题，要记得“过犹不及”的道理。

客户已经有了几分酒意，被张姐不软不硬的顶了几句，有些不高兴了。半开玩笑地指着桌上的酒杯说：“一杯50万，零头不要了，你喝9杯，钱我明天就付。”

“好！”客户话音刚落，张姐已经端起了酒杯一饮而尽。天啊！我惊呆了，那可足有1两多酒啊！

一杯，两杯……五杯，当张姐端起第六杯的时候，客户也坐不住了。“好了，好了，不要再喝了，我付款就是了，明天去找我，我把××公司的款先转给你们。”

点评：

利用客户的一句气话，准确地抓住了唯一的不是机会的机会，够狠，果然巾帼不输须眉，佩服！商务宴会中用酒解决问题不是罕见的事情，不过不到万不得已还是不推荐这种做法，毕竟酒会伤身。

“不必了，领导。我这人轻易不答应别人，但只要答应了，就说到做到。”说着，张姐喝下了最后三杯酒。

“不好意思，领导。我要醉了，刚刚这三杯也算是我给领导赔罪，刚刚心太急，有些冒失了。”张姐笑了笑。

第二天，我顺利地要回了回款，张姐在医院躺了3天。后来，张姐成了公司的财务总监。

点评：

这样了还不忘两件事，第一，敲钉转角，让客户无法反悔；第二，顺势给客户个台阶下，便于以后维护关系。够机智，有职业素养。

付出巨大的代价，任务完成，实在是难能可贵。虽然这未必是最好的办法，但这也许是最有效的办法了。有这样的员工在，这家公司一定可以渡过难关，对于这样的员工，公司也不可能不重用。

商场是一个角力场，不到最后一刻，只要看到一丝希望，就要百分之百的去争取，这可以说是商人的本分。由于商务宴会关系着双方的利益，所以商务宴会的参与者往往会感受到巨大的压力。

商务宴会很辛苦，尤其是商务宴会中的谈判局。宴会中往往双方互揭彼之短，扬己之长，要把对方说得可有可无，而把我方说得不可或缺，使自己处于谈判的上风，掌控宴会的主动，最终实现自己的利益。但是，商务宴会也是你展示自己能力的舞台，像案例中的张姐那样，也许一次倾情演绎就可能落入领导法眼，从而一飞冲天，无可阻挡。

所以，不要再害怕了，不要再犹豫了，知难而上，知耻而勇，为了美好的未来，抓住一切机会，尽情地去表演吧！当然，参加商务宴会前，也许你可以花几分钟看一下下面的几点温馨提示：

1. 商务宴会是讲究规则和礼仪的地方，要谨言慎行，切忌出现不文明的行为。
2. 宴会前尽可能多地收集对方的信息，越详细越好。
3. “言多必失”，不要轻易表明自己的态度，更不要泄露底牌。
4. 注意倾听，特别是听出对方的言外之意，要善于发现对方逻辑上的漏洞。
5. 酒菜是缓和气氛的工具，聪明的宴会领导者都会在争论比较激烈的时候站出来提议大家干上一杯，先缓和一下情绪，再继续讨论。

6. 尽可能的保持主动，突出我方的重要性，以便在谈判中占据上风。

7. 席间争辩时注意保持风度，对事不对人。

亲人宴席，感情的纽带

最近经常在网上发现一些讨伐亲人宴席的消息，有人嫌老人啰嗦，有人觉得不少亲人档次太低，有人说孩子太闹，有人认为亲人间互相攀比很烦等。我看了以后心里很不痛快，大概是因为我一直比较重视亲情吧！

小时候，大概是20世纪80年代末，我也刚刚十五六岁的样子，那时我有一个最讨厌的人：二叔。

二叔是农村人，看上去很土气，虽然对我很好，经常给我带些好吃的，可我还是不喜欢他。尤其是看到有心脏病的爸爸每次都是和他喝得烂醉，看到妈妈担心的神情，我更是讨厌他，直到又一次爸爸喝多后，我终于控制不住和二叔发起火来。

记得那是一贯温文尔雅的爸爸第一次和我发那么大的火，打得我屁股好几天还疼。一直护着我的妈妈也出人意料地没有拦着，反而告诉我一个故事。

爸爸年轻的时候，家里穷，是二叔把上学的机会让给了爸爸；在城里挨饿的时候，也是二叔周济的粮食才让家里渡过了难关，爸爸妈妈一直都念着二叔的好。后来，爸爸告诉我一句话，一句让我终生铭记的话："一家人，只讲情，不讲理。"

点评：

《增广贤文》中有"贫居闹市无人问，富在深山有远亲。人情似纸张张薄，世事如棋局局新"的说法。这种说法的确有一定的代表性，毕竟趋利避害是人类的本性。但古往今来也有无数故事都告诉我们，斩不断的血脉亲情往往是最值得信任的。

中国人自古以来都是非常重视亲情的，而亲人之间的联系也十分紧密，“诛连九族”指的也就是家族和亲人。作为联络亲情的亲人宴席更是你不可或缺，必须出席的。之所以得出这个结论，主要出于以下三个理由：

理由一，亲人宴席是最具温情的宴席。

一般来说，亲人宴席主要包括两大类。一类是有大事发生时的宴席，如：婚丧嫁娶、生儿育女、乔迁之喜、子女升学、生日宴会等；另一类是传统节日的聚会，如：年夜饭、中秋宴、清明宴、重阳宴等。这些宴席由于天生就具备一些特殊的意义在内，也不可避免的含有一份脉脉的温情。

另外，亲人之间的交流，往往是不含心机的，往往不会太过计较得失，在这里更容易获得一些平时听不到的中肯甚至逆耳之言，对我们的生活和工作经常能起到很大的作用。在这里，传道解惑者一般没有趾高气扬，聆听教诲者也不必卑躬屈膝，更多是长辈们的殷切希望和倾囊相授以及同辈们的友情切磋，纵使有几分攀比之心，也大多是没有任何恶意的，与官场和职场的钩心斗角相比，实在是太不足道了。

理由二，亲人宴席是性价比最高的宴席。

虽然沟通亲情是宴席的主体，但亲人宴席毕竟也是宴席，也具备社交宴席的一些必要因素，如人脉、目的、信息、办事等。但与其他类宴席不同的是，亲人宴席的性价比是最高的。

在中国，一般来说如果要找关系办事情，人们第一步往往就会想到亲人，考虑一下哪个亲戚可能认识哪方面的人；然后才是同学、朋友；最后考虑的才是诸如同事、领导、下属等。为什么会有这样的次序？这是因为，在人们的潜意识中都认为求亲人办事是最稳妥的，代价也是最低的。

亲人办事稳妥，是因为亲人之间有那么一层亲情在，一般来说不会主动害你，在他能力范围内的事情会尽量帮你办好，超出了他能力范围的事情也会碍于亲情而积极地替你想办法、出主意，指点迷津。

现在社会上办事都要付出代价的，小到一顿饭，大到数目不等的金钱交易，人们早已经习以为常了。而亲人之间的办事往往不涉及于此，即使有也大多是经手而已。首先是因为不好意思，亲人办事还收钱名声不好听；其次是可以彰显自己的能力，在亲人圈子里提升自己的地位；最后是因为办事成功后被自家人感激后可以带来的愉悦感，这是可以说是一种精神上的收获，是给外人办事很难享受到的东西。

理由三，亲人宴席是圈子最复杂的宴席。

我们每一个人都生活在很多圈子里，其中成分最复杂的圈子大体上有两个，一个是同学圈子，另一个是亲人圈子。同学中又可以分成好多类，如小学、中学、大学等，每一个圈子里面往往又包含了诸多的小圈子，所以想把所有同学组织到一场宴席里往往是不可能的，想想你自已的同学聚会就可以知道，而亲人圈子就不一样了。

一般来说，每个人关系比较紧密的亲人都至少会有十几个，多的甚至三五十人也不在话下，如果你认真分析，会发现这些亲人的社会地位和社会关系及其复杂，这些人中，往往在同一单位甚至在同一行业的都不会太多。

有人可能会说，“这些各行各业的人除了亲戚之外我也都认得”，可就算你认得，你可能把这些人聚拢到同一张饭桌上吗？你可以保证他们是真心对你吗？

由于亲情纽带的存在，亲人圈子是可以积极共享的，这种共享是可以产生“化学反应”的。试想，十几个甚至更多各行各业，有着不同身份和背景的人坐在一起，为你遇到的难题出谋划策，答疑解惑，你一筹莫展的事情还会很多吗？

其实，亲人宴席的作用和意义还有很多，这里就不再赘述了。于情来讲，亲人宴席对于沟通亲人之间的感情，彰显对长辈的孝心和对晚辈的爱心，领悟前辈的人生经验都有莫大的好处；于已来说，亲人宴席是日常交往中不可忽视的重要因素，也是你人脉圈子的最重要一环。

应酬宴席，办事的媒介

常言道：“谋事在人，成事在天”，可见办事是要谋划的。还有一句老话是“计划没有变化快”，说的就是我们在办事的时候经常会遇到“意外”，例如求人办事遭拒、人际关系紧张或生意遭遇瓶颈等。这时，解决问题的方法往往就是

“求人”了，找“熟人”甚至“熟人的熟人”去想办法解决。于是，应酬宴席就应运而生了。

之所以这类宴席叫应酬宴席，是因为这里的“熟人”大多时候其实没有那么“熟”，而那些“熟人的熟人”甚至是我们根本不认识的，而迅速拉近关系的办法无过于请客吃饭了。因为“吃饭”是特别亲和、让人放松的形式。三五杯酒水下肚，便化干戈为玉帛；饭桌上表现得体，就可能改变对方对自己的坏印象。

一位从事餐饮服务业多年的朋友告诉我，求人办事，设宴席是比较常见的方式。如果双方彼此熟悉，那宴席就会吃得比较热闹。双方免不了聊聊一起经历的事情，大家都认识的某个朋友的近况等。

如果双方彼此不太熟悉，或者互不相识，求人办事者便会邀请朋友作陪。在宴席上吃吃喝喝时，作陪的朋友会尽力“撮合”双方，让他们成为朋友。至于“要办的事情”，则不一定会在宴席上挑明。

至于宴席过后，被“撮合”的双方之间是如何进一步沟通感情，或者如何达成交易的，就不足为外人道了。

由此可见，应酬宴席虽然也有“交朋友”和扩展人脉关系的作用，但和普通的社交宴席、朋友宴席、商务宴席等还是有本质的区别的，其主要特点如下：

1. 应酬宴席是功利性和目的性最强的宴席

前面讲了，应酬宴席具有唯一明确的目的：办事。宴席中的觥筹交错、谈天说地、呼朋唤友都不过是为了达到这一目的的必要手段而已。

酒过三巡之后，摆在双方面前的就只有赤裸裸的利益了，请客方会把自己遇到的问题以及需要的求助和盘托出，被请方也会就这个问题提出自己的解决方法以及必要的条件，然后双方在就此讨价还价，以期望最终达成一致。如果宴席上没有达成一致，或者有些话不方便在宴席上谈，饭后双方往往会约定时间地点继续商谈。

与商务宴席所追求的利益不同，应酬宴席中牵涉的利益往往更加复杂，可能是金钱，也可能是一些非物质性的利益。

2. 应酬宴席往往是一次性的宴席

应酬宴席的目的是为了办事，大多数时候都是不论事情成与不成，办完之后就一拍两散，当然也不排除双方在办事的过程中找到了共同的利益而继续合作的可能。而且即使是双方继续合作甚至由此成为了朋友，一般来说也不过是酒肉朋友或者是基于利益共同体的普通朋友。

在应酬宴席混杂的关系中，人们往往更无奈、更庸俗、更离不开他们的名和利。所以，从某种意义上说应酬宴席是一次性的宴席也不为过。

3. 应酬宴席是最讲究“档次”的宴席

应酬宴席是讲究利益的，同样也是讲究面子的。求人办事，不给人家面子是绝对不行的。于是乎，宴席在什么档次的酒店或者餐馆、请什么样的人，往往跟要办的事情的重要、难易程度有关，越难办、越重要的事情，其宴席的档次也就越高，数百、数千、数万一场的宴席皆有可能。

世上没有办不成的事，只有不会办事的人。同样的道理，世上没有万能的应酬宴席，只有不会利用宴席应酬的人。一个会办事的人，一个善于驾驭宴席的人，往往可以凡事逢凶化吉，把不可能的事变为可能，最后达到自己的目的。其中的关键就是看你用什么方法、技巧、手段。下面的几条小技巧，希望可以对你有所帮助：

1. 既然不能不求人，倒不如理直气壮去求人。求人也得求得潇洒、舒坦，不必过分谦卑、乞哀告怜、任人奚落。

2. 精诚所至，金石为开，诚恳礼貌是求人成功的先决条件。

3. 要等对方内心已充分松懈，再找机会谈论事情，不能因为花钱应酬，就急于想要回收成本。

4. 要有耐心。求助于别人，并不一定什么事都水到渠成，对方态度冷淡甚至拒绝都是正常的，千万不要由此就觉得自己失了面子，从而失去了耐心。

5. 理解别人，不要强求。每个人都有自己的难处，你要求的人也不是无所不能，不要勉强别人办很难办的事。

当今社会，名利场中的人们总少不了迎来送往的应酬，因公的和由私的，有必要的和无必要的，情愿的和不情愿的。有人应酬为了工作，有人应酬为了人情；有人工作是为了应酬，各有各的说词。

很多人说，应酬宴席大多是浪费时间，消费精力，浪费金钱。其实，是浪费也好，是消费也罢，免不了的是各种各样的人和事需要应酬。应酬宴席作为一种普遍存在的社会现象，我们需要做的不是一味的诋毁和谩骂，而是要掌握和驾驭，学会在应酬中找到自己，认识自己，左右自己，掌握自己。

第四章

邀请客人，宴席里最重要的一件事

从本质上来说，
请客吃饭可以说是一种投资，
既破费钱财又消耗精力。
如果不能达到目的，
那无异于劳民伤财。
宴请宾客是一门学问，
只有在适当的时间，
借助适当的理由，
宴请适当的宾客，
才能事半功倍，
真正达到请客办事的目的。

请人，请到人，请对人

请客吃饭，是人际交往中一个很重要的手段。会请客，你办事就会无往而不利；不会请客，你也只能到处碰壁。那么，怎样做才是请客高手呢？答案其实很简单："请人，请到人，请对人。"

请人

请人是宴会正式开始的第一步，如果你在主观上有请人的意愿，客观上也觉得有请人的必要，那就不要犹豫了，勇敢地发出邀请吧。当然，请人也不是盲目地乱请，是要有计划，有目的，有秩序的。下面的几条原则可以供您参考：

1．请人目的要明确

在你安排宴会，发出邀请前，有件事情一定要心中有数，那就是你的目的是什么。一般我们邀请客人，至少有一个目的，可能是洽谈项目、签订合同，也可能是打探消息、增进感情，又可能是接风迎客、把酒送别等。

把握了这个目的，才能更好地安排宴会，更不至于在宴会上偏离了主题，落得个"赔了夫人又折兵"的下场。

2．请人安排要妥当

请客一定要有程序、有准备，不可以杂乱无章。请人前大致的程序一定要安排好，例如，吃饭的时间、地点、参与的大致人选、饭后的安排等。

需要注意的是，如果不是出于特殊目的，一般我们不会把不相干的两批客人安排在一起宴请，也不会把相互有敌意、有芥蒂的人安排到同一个宴会上。

3．请人要保持主动

有句话说，"请客的永远是主动"，听起来挺怪异的。一般来说，请人吃饭，大都是有求于人，又怎么能主动呢，不卑躬屈膝就不错了。

其实不然，请客的是你，发出邀请的是你，预定时间地点的是你，他只有去和不去的选择，难道主动的不是你吗？这次不去你完全还可以安排下次嘛，就算他是铁石心肠，也有水滴石穿的那一天。

请到人

求人办事，少不了要请客吃饭。请客吃饭并不是问题，问题是如何请动对方。有的人磨破嘴、跑断腿，仍旧是上天无路，入地无门；有的人却是手到擒来，马到成功。职场新人对请人吃饭往往比较苦恼，什么都安排妥当了，就是请不到人，怎么办？和公司里没法交代，见了客户又有些不好意思，俗话说：“请人不到，两头害臊”就是这个道理。

刚开始工作的时候，我想请客户吃饭时是这样说的，“××主任，晚上有空一起吃个饭吧？”客户往往说：“晚上有安排了，下次吧！”

后来，我慢慢学会了一些技巧，就改成了，“××主任，我们公司的领导过来了，想拜访一下您，我在××饭店定了一桌，晚上一起来聊聊吧！”于是成功的概率大增。

点评：

只是换了一下说话的语气，就给足了客户面子，又着重点出已经安排了时间地点，效果就不一样了。当然，邀请的方式也很重要，是口头，还是电话，亦或是请柬，不过那是下一节要探讨的问题了。

久请不到的时候，也可以换一个思路试试，也许会有奇效。

一位客户经理陪同客户出游，路上几次想请客户吃饭，客户都拒绝了，眼看已经过了饭点儿，经理着急了，想出了一个办法：

领导，早上出来的太早，餐厅还没有开门，怕您等我，我就吃了几块饼干，现在实在是有些受不了了，能不能麻烦您陪我吃顿饭呢？客户欣然应允。

点评：

这个办法很有意思，请你吃饭不来，陪我吃饭总可以吧！

请到人很重要，也很关键，没有什么一定之规，也没有什么锦囊妙计，其中奥妙就在于心眼是否活泛，手段是否高明，庙门找得准不准，路子走得对不对，对于那些难请之人，采取“曲线救国”的方式，从其家人和朋友入手，也是常用的办法。这都需要在实际工作中慢慢摸索，不过有几个基本的原则还是要把握的，那就是，尊重、坦诚、脸皮厚、选对桥梁。

请对人

求人办事，邀请的对象自然应该是能够给你带来帮助的人。这个一定要搞清楚，弄错了不但劳民伤财，还容易耽误事情。

小张是某通信公司的销售经理，要与某市移动公司签一单移动基站的合同，小张就找到了该公司建设部的主任。

小张很有能力，没用多久就与该主任混得很熟悉了。眼看合同的期限快到了，小张也信心满满地安排了宴会，局间向该主任提出了合同的事宜，不料主任很惊讶。

这个合同你怎么找我？我一直是同意你们的，反对的是××副主任，他和你们的竞争对手关系不错，他岳父是我们公司主管建设的副总，我一直以为你们早就知道了，你怎么不提前问问我呢？现在恐怕晚了，据我所知，你们竞争对手的合同可能马上就要签了。

点评：

这是一个比较低级的错误，请错了人，也丢掉了合同。如果早知道这些信息，请对了人，也许结果就不同了。当然，因错就错的结交了主任，对他以后的工作也未必没有好处。

请对人还包括另一层含义，那就是请对陪客。请客需要精心安排，要根据交际的性质、需要及宴会规模的大小等，遵循先主要后次要、先亲近后疏远的原则，依次确定邀请名单。邀请对象间的关系和谐很重要，陪客请不好也会给你的应酬和交际带来不必要的麻烦。

试想，如果你要请人吃饭办事，却挑选了一位不识时务的陪客做出了喧宾夺主的事情，或者请来的陪客却是主客的竞争对手或仇人，那么结果会是怎样？不是宴会寡然无味就是不欢而散，反正事情是办不成的。历史上窦婴参加田蚡的宴席却被灌夫搅局，最后落个双双被杀的下场，其实就是这个意思。

邀请的方式很重要

请客吃饭的目的大多是要办事，于是邀请客人就变得愈发重要，而邀请客人的目的就是客人要来。宴会中，饭菜虽是主角，但是如果没有成功地邀请到客人，又何来成功的宴会、成功的交流呢?

采取什么样的方式邀请，要具体问题具体分析，根据交际的目的、性质和对方的身份而定。一般来说，常见的邀请方式主要有三种，口头邀请、电话邀请、发请柬邀请。对于不同的宴会，客人的不同身份，灵活掌握邀请的方式还是很有必要的。

口头邀请

口头邀请是最自然的一种邀请，一般用在比较熟悉的人之间，一般情况是宴会发起者顺路或者专程给被邀请者发出邀请。例如：

在客户午休或者下班前15分钟左右赶到客户办公室，汇报完工作后，基本已经是吃饭时间了。

略带歉意地对客户说，“××领导，不好意思耽误您的时间了。附近新开了一家××饭店，味道还不错，也挺干净的，中午一起去坐坐好吗？也让我听听领导对我们近期工作的看法。”

邀请客户时，尤其是节假日前邀请客户，有时也会送点小礼物给客户，以让客户感觉到超值享受，更有一种被重视的欣喜感觉，从而更愿意前来赴宴。

“××领导，中秋节马上就要到了，这是我们公司给您准备的一份小礼品，略表敬意。听说隔壁新开的饭店不错，领导要是没安排的话，中午我们一起聊聊好吗？”

有的时候，口头邀请也会被用在与初次交流的对象之间的接触试探过程中：

“××领导，跟您谈的很开心，真是一见如故啊！晚上一起坐坐，咱们继续聊？”

如果对方回答：“好啊，那就晚上见。”则说明沟通的效果很好，对方比较接纳你。

如果答复是：“晚上有安排了，下次吧！”就意味着有机会，需要继续努力。

如果答复是：“最近比较忙，以后再说吧！”你就需要检讨自己哪里有问题了。

总而言之，口头邀请的方式相对比较随意，又能与被邀请对象面对面的沟通，即使遭到对方拒绝也不会显得过于尴尬，是最常用的邀请方式，缺点是不适用于比较正式的场合，容易让被邀请对象有被轻视的感觉。

电话邀请

电话邀请非常便捷，也是十分普遍的邀请方式，邀请者借助于电话通知被邀请者宴会的原因、时间、地点，甚至其他赴宴人的基本情况，让被邀请者觉得这是一个交朋友、扩大圈子的好机会，从而欣然赴宴。

从某种意义上说，电话邀请是口头邀请的一种变化形式，也是邀请者和被邀请者之间的语言交流，只是比口头邀请更加随意。一般邀请者和被邀请者之间的关系比较亲密，如：

张老板好，我是××公司的×××，明天晚上7点我在××饭店××房间定了一桌，参加的还有……特邀请您参加，不知是否可以赏光？

对于距离甚远或是贴心好友，用短信的方式邀请前来参加宴会是最近比较时髦的方式，也深得年轻朋友的喜爱。当然，如果是邀请亲友、长辈或是年长的客户就不那么适合了。

笔者前些日子就收到过一则短信：

回忆青春年华，4年的同窗苦读之情，20载的离别之谊，我心依旧，涛声依旧，笑容依旧，青春依旧，灿烂依旧！就让我们于××月××日于×地，欢聚一堂，共叙友情！

应该注意的是，由于短信邀请具有某些不确定性，所以通常还会和电话或者请柬的邀请形式互相配合，尤其是对于宴会中的重要人物更是需要进一步的确认。

请柬邀请

一般来说，较为正规隆重的宴会要发请柬邀请，主要包括正式的商务宴会、社交宴会以及婚宴、喜宴等。这一方面是出于礼貌，同时也可以起到提醒、备忘的作用。

请柬的内容包括活动的主题、形式、时间、地点、主办单位的名称或主人的姓名等。外文请柬通常还打上被邀人的姓名、称呼。中文请柬则习惯把邀请人的姓名、职位写在信封上。请柬中的人名、单位名、节日名皆用全称，通常不用标点符号。请柬可印制，也可手写，手写时字迹应清晰美观。

尊敬的××先生：

敝公司定于××××年××月××日17：00~21：00在××酒店××包房举办新春答谢宴会 恭候光临

××公司

××××年××月××日

正式请柬应提前一周以上发出，以便被邀请人及时安排，如果时间太晚会使人感到措手不及，也显得不礼貌。已经口头约好的也最好补送请柬备忘，可在请柬右上角注明“备忘”字样。

如需了解对方能否出席，可以在请柬左下角注明“请答复”；或者“不能出席者请答复”，并注明举办方的联系电话。另外，也可以在请柬发出后打电话确认对方是否可以出席。

事先安排好座次的宴请，可以在请柬左下角注明席次号，以方便来宾顺利就座。国际上，习惯给夫妇二人发一张请柬，我国则习惯每人发一张。

发出请柬可以通过邮寄的方式，也可以派专人登门邀请。随着时代的进步、科技的发展，现在有些公司或个人也逐渐采用了MSN、QQ、E-mail等网络工具发送电子邮件。这种方式更加便捷、简单，节省了成本和资源。不过为防止意外，一般情况下，发出电子请柬之前最好电话通知一声，发出后再确认一下对方是否收到，以免出现对方没有收到请柬的尴尬情况。

万变不离其宗，不论是哪种方式，请到客人才是最终的目的。方法和技巧只是手段，礼貌和诚意才是能够打动客人的法宝，只要做到真诚相邀，不虚情假意，不违约、不失信，竭尽所能满足客户的需求，你的邀约才不会被轻易拒绝，从而为你的事业开启成功之门。

找一个最恰当的时机和最合适的理由

宴请最令人头疼的莫过于对方严辞拒绝或婉言推却。那么，怎样才能防患于未然，一请中的呢？关键在于邀请的理由是否合理以及邀请的时机是否恰当。真正的请客高手往往可以灵活地把握邀请对象的心理变化，在最恰当的时机发出令邀请对象最无法拒绝的邀请，从而达到自己的目的。

那么，什么才是恰当的时机和合适的理由呢？要解答这个问题，还是让我们先看一个销售经理的故事吧。

某日，我正在某公司向建设部的王主任汇报工作，谈的正投入的时候，有人敲门进来了，是一位年轻的小伙子，长得挺精神的。

“你是？”王主任显然和他不太熟悉。

“我是××公司的客户经理，我叫郑××，上个月刚来的，我们见过一次。”帅哥小郑略显尴尬。

“哦，小郑，想起来了，好久不见了啊！”王主任回道。

我赶紧站起来，“主任，要不我先出去等会儿，你们先谈？”

“不用，你先等会儿。”“小郑，有什么急事儿吗？我这里还忙。这位是××公司的刘经理，你们也是同行。”

“也没有什么急事，就是拜访一下王主任，请王主任吃顿饭，汇报一下工作。”小郑边说边看了看我。

“不用了，现在我还忙，吃饭的事以后再说吧！”王主任打断了他。

“那，好吧！以后我再约您，再见。”小郑出去了。

点评：

很遗憾，小郑的邀请完全失败了，客户王主任不但没有应邀，反而对小郑有了不太好的印象，小郑的问题出在哪里呢?

第一，小郑新上任，过了一个月才来拜访，让王主任觉得有些丢面子，而且是当着外人的面，特别是我这个小郑的竞争对手。

第二，拜访客户，如果发现客户正在工作，应该主动提出暂时出去等待，而不是案例中发生的那样打断了客户的工作，特别是客户主动表示他很忙的时候。

第三，在与客户不很熟悉的情况下向客户发出邀请，成功率可能极低。按经验来说，至少要与客户有过3次以上的拜访经历，经过了至少1～2次比较愉快的交流后再邀请客户参加宴席才比较合适。

第四，当着外人的面，特别是竞争对手的面发出邀请是很不礼貌的。会让被邀请者感觉冒昧，会让旁观者感觉尴尬，一般不建议这样发出邀请，如果实在要请的话不妨对双方同时发出邀请，至少显得大度些。

第五，邀请客户的理由比较生硬，不自然，轻易的给了对方拒绝的理由。

总之，小郑邀请客户时选择了最不恰当的时机，也没有找到合适的理由，这样的邀请怎么能不失败呢?

其实，对于宴会来说，邀请者不同，邀请的对象不同，邀请的时间不同，邀请的动机和目的也不同，自然可选的时机和理由也不同。不过细细想来，也就那么几种。

理由一，庆祝和答谢。

“老板，我们和××公司的合同已经签署完毕。至此，本季度的销售目标已经提前完成，今晚我们部门在××饭店聚餐，您能不能去给员工们鼓鼓劲，争取下个季度更上一层楼？”

“张经理，在贵公司的大力协助下，我们的对接终于圆满成功了。为了表示对贵公司和您的感谢，我们公司李副总亲自赶来邀请您和您的项目团队共进晚餐，还请您能够赏光。”

估计这样的邀请理由没有几个被邀请对象会拒绝，因为庆祝和答谢是最好的邀请理由，也是最让人难以拒绝的理由，时机的选择也恰到好处。

类似的时机和理由还有很多，例如：企业成立纪念日、工程开工和完工、项目重大突破、谈判成功、婚礼、孩子出生、满月、升学等。

理由二，沟通和交流。

“王经理，您给我布置的任务我还有一些没有弄清楚，能不能占用您一点儿宝贵的时间再给我讲讲？晚上我请您吃饭。”

人与人之间是需要沟通和交流的，特别是领导和下属之间，相互配合的同事之间，合作伙伴之间，沟通和交流的欲望都比较强烈。用这个作为请客吃饭的理由一般来说成功率是比较高的。

至于时机的掌握，通常选择遇到困难需要互相协作的时候比较好，例如：项目执行的瓶颈阶段、谈判的僵持阶段、产品开发遇到技术难关等。

理由三，拓展交际圈。

“张老板，明天我请××公司的李老板吃饭，谈谈××项目开发的事情，估计您对这个可能也感兴趣，一起来参加吧！”

“王总，最近朋友从南方捎来一些特产，工商局的赵局长答应过来，您也来尝尝鲜吧！”

对于商务人士来说，可以拓展交际圈的宴会一般是不容错过的，尤其是那些已经确定可以结识对自己事业有帮助人士的宴会。因为这种宴会是商务人士扩大自己的交际范围，建立和维护自己的社会关系网，拓展自己的人脉网络的捷径。

这类宴会的邀请时机通常选择在被邀请对象有某种需求，而自己的人脉圈子对他可能有所帮助的时候。人们对能够给自己雪中送炭的人总是充满好感的，而对自己有好感的人提供一定的便利也总是乐此不疲的。

现代社会，社交宴会俨然已经成为求人办事的基本手段了。但邀请客人时，无论你有什么目的，都必须要收起自己的“醉翁之意”，切不可过于凸显目的，否则很容易遭到拒绝。另外，需要注意的是，关系更需要平时的维护，临阵磨枪的效果并不好，没有人愿意接受“无事不登三宝殿”的邀请。

宴请领导，工作为引慎重对待

职场中人无不希望能与领导的关系更近一些。于是，请领导吃饭就成了众多职场中人热衷的话题了。大概是因为，请领导吃饭有两个好处，一是可以和领导联络感情，建立形象；二是可以借机多了解公司内部的事情。

的确，请领导吃饭是很有必要也是很有意义的一件事，但作为下级，贸然请领导吃饭往往是徒劳的，老板是绝对不会缺你那口饭的，那么应当如何发起对领导的邀请呢？首先就是要挑选合适的时机和理由。

一般来说可以选择的时机主要有：重要工作告一段落或者大功告成时，你想给领导提重要建议时，你得到领导重用或者岗位提升时。这些时候发出邀请，一方面是领导有与你沟通的欲望，另一方面给人一种有分寸的感觉。需要引起注意的是，要注意观察老板心情，切勿在老板心情烦躁时发出邀请。

可以选择的理由很多，但一定要与工作相关，比较合适的有：前面工作告一段落，向领导请示下一步的工作方案；对单位某项工作有新的建议和想法；升职后对如何开展工作的一些想法；从某些渠道得知的一些与领导相关的重要信息等。但不管是什么理由，不论你对自己的理由有多么自信，请务必注意自己的语气和用词，一定要以请示和讨教作为宴请的引子。

想好了时机和理由是不是就可以适时的邀请领导“入局”了呢？也不是，请领导吃饭还有很多功课要准备。

首先，请领导吃饭务必要慎重对待。

饭前最好先了解领导的饮食习惯和饮食禁忌，让领导看到你的细心。要做到这一点，最常用的方法是，多注意观察，多向领导亲近的人打听，尤其是秘书。就餐前提前研究餐厅的菜谱，结合领导的饮食习惯和自己的经济实力点合适的菜。这样做不仅仅是拍马屁，也不单纯是为了迎合了领导的喜好，而是为了体现你对领导的尊敬，以及你的细心。

谁都明白，宴会社交中，没有人是为了吃饭而吃饭，而是以吃饭为桥梁，达到成功办事的目的。饭桌上的一言一行都可能直接影响到你在领导眼中的得分，所以谨言慎行也是十分必要的。如果你在饭桌上不仅满足对方的胃，还能收买对方的心，宴会才能助你成事。

其次，与领导保持安全距离。

人与人之间都存在一个“安全距离”，何况是领导与下属，任何领导都希望自己的下属对自己在服从和喜欢之外还有他最看重的尊重。

即使他愿意和你交朋友，也绝对不会希望用朋友关系取代上下级关系。俗话说：“屁股决定脑袋”，即使他曾是你的好朋友，即使他仍然有愿意和你交朋友的愿望，但领导就是领导，领导是必须要保持自己的尊严和威信的。

如果领导发现是因为你破坏了他的威信而导致他的工作遇到麻烦，等待你的一定会是疏远，而这种疏远不是区区请客吃饭就可以妥善解决的。

最后，与领导的交流要有分寸。

很多人都希望能和领导成为亲密无间的朋友，这种积极的心态是值得鼓励的，毕竟和上司的关系过于疏远，在上司面前拘谨畏缩的人是很难落入领导法眼的，更别提什么晋升的机会了。但更要注意的是，亲密尚可，无间就没有必要了，与领导的交流千万不能得寸进尺，保持适当的分寸对你没有坏处。

有些人与领导交流常常掌握不好分寸，平时与领导的谈话不是畏首畏尾就是语无忌惮，这都不好。畏畏缩缩，不敢说话给领导的感觉是没担当，不能替领导分忧；同样，肆无忌惮的大嘴巴也不会给领导留下好印象。尤其要注意的是，在与领导谈话时，不能轻易泄露员工间的“机密”，否则容易被同事排挤和孤立。

总之，平时在领导面前要保持“时时如战，保持警戒”的态度妥善应对。这也是邀请领导“入局”的先决条件之一。

小李是老板眼里的红人。他的技术水平很不错，在为人处世上也很有的一套。平时，同事们都很难请得动老板，他却很轻松。而且，每次他都能轻而易举地让老板答应自己在工作上的建议。

这天，他对老板说："艾总，这份文献不错吧？昨天我在一家网站上还看到了一份更权威的文献，只是太晚了，没来得及下载。这样吧，我现在就回家下载那份文献，晚上我们一起吃饭，然后我再把那文献交给您！"

点评：

面对这么诚恳的邀请，谁会拒绝呢？毕竟是为了工作，是以老板的利益为出发点的，一个以工作为缘由的邀请，老板自然也不会拒绝。

来到餐厅后，小李很细心，点咖啡的时候，他专门对服务员说不要放糖。这让老板很感动："这么一个小小的细节，他都会注意到，真是不容易啊！"平时在公司，小李都会注意老板和其他同事的喜好，比如每个人在喝咖啡时有什么特殊偏好。

点评：

小小的举动中可以看出小李的细心，以及对老板的尊重。通常生活上细心的人工作也会认真，尊重老板的人工作中也会尊重客户。一个能记住老板小习惯的员工自然能打动老板，有时候得到别人的好印象就这么容易。

在饭桌上，老板对小李提出的新策划案很感兴趣，也觉得很有可行性，两人就讨论起来。时间过得很快，一顿饭吃了两个小时。结束时，小李对老板说："艾总，我觉得您的观点对极了，我真是对您佩服得五体投地！也很感谢您对我的新策划提出了宝贵意见，我晚上回去再将这份策划案修改修改，然后给您发过去。"

点评：

成功的宴会，最后的几句话尤其精彩，简单的几句话，再次得到了老板加分，让老板再次看到他的工作态度。不但适时的恭维了老板，还充分的体现了自己的敬业。

第二天，当小李敲开老板办公室的门时，老板已经给这份策划案签了字。连小李自己都没想到，这件事情会这么容易。

点评：

为什么小李的策划案这么轻易地就被同意了？这得益于他在饭桌上的良好表现，和他平时的细心和勤奋。

当老板的人，无不关心公司的成长和个人的工作业绩。请老板吃饭，应当把重点放在有益于工作的事情上，这样，不但能引起老板的兴趣，还可能获得额外的赏识。

宴请同事，以贺为名以利为饵

每个人，平均每天与同事打交道的时间甚至超过了与亲人相处。俗话说："一个好汉三个帮，一个篱笆三个桩"，单枪匹马就算是盖世英雄也无法成事。能否与同事和谐相处，影响的不仅是你的心情，更重要的是，同事的协助或者掣肘直接关系到你能不能充分发挥自己的能力和水平，做出出色的成绩。

所以，构造出和谐、融洽的同事关系是非常关键和必要的，而职场宴请恰恰是经营同事关系的一种有效方式。很难想象，一个连同事关系都处理不好的人，还能处理好人际关系、工作关系。

平白无故请同事吃饭，会让大家觉得无功不受禄，宴会自然就融洽不起来，饭也就白请了。所以找合适的时机和理由是必须的，即使没有理由也要制造理由。与前文类似，安排一场和谐融洽的同事聚餐还是首先要研究一下时机和理由的选择。

节假日前的振臂一呼，工资或者奖金发放到账之后，自己或者他人工作调整，新同事加入之后，某位同事调离高升等，这些都是你组织宴会比较好的时机。

其实同事间请客的理由很简单，无非就是庆祝和感恩。所谓庆祝自然就是针对一些大家高兴的事情大家一起找乐子，趁机加深了解，融洽感情；而感恩也无外乎对某位或者某些同事的帮助表示真诚的感谢，并且期待着以后更好的合作。

1.“马上就是十一长假了，明晚我在××饭店××包房安排了一桌，提前预祝各位享受一个开心的假期，请各位赏光。”

2.“各位同事，我的PMP考试通过了。在我准备考试的过程中，各位都在工作上给了我很多的支持，在此我表示由衷的感谢，后天是周末，我在××酒店安排了一个包厢，敬请大家出席，我们一醉方休。”

上面的都是同事宴请的典型邀请桥段，都是以恭喜、庆祝、感恩为主题，如果没有特殊情况，大多数人都会欣然参与的。

值得注意的是，上面介绍的只是普通类型的同事宴请。其实，还有一类同事宴请用这些办法往往效果并不好，这就是请求别人帮助的同事宴请。

有时候，当我们需要请同事吃饭，以获得对方的帮助时，才发现，自己与对方的关系其实很普通。如果直接邀请，就显得很突兀，会让对方觉得我们有利可图，对方一般都会找理由拒绝。而如果我们采取一些“利诱”措施，成功邀请的可能性就会大得多。

小王是某公司软件工程师，最近在负责某项目的一段程序开发工作。这几天小王一直困扰于与主程序的对接工作，几次对接试验都不成功。小王仔细检查了自己的程序，也没有发现问题，于是小王有些怀疑是主程序接口的问题。

负责主程序接口的是公司的资深工程师李经理，而李经理负责的事情很多，对小王的反馈并不重视，他觉得是小王的技术不过关导致的问题。

情急之下，小王想请李经理吃顿饭，求李经理帮助解决问题，可李经理平时的性子很冷，几乎从来不出席这种私人宴请，小王一时间没有了主意。仔细思考之后，曾经偶然听说过的一个消息让小王计上心头。

第二天，小王找到了李经理，神秘兮兮地说，“李经理，今天晚上我请我老乡，财务部的大美女小刘吃饭，两个人吃饭没什么意思，您也参与一下好吗？”

李经理欣然前往，宴请不亦乐乎。第二天，李经理破天荒地帮助小王仔细检查了程序，解决了问题。

点评：

这是典型的“美人计”，也是“利诱”。可见，邀请他人来宴会时，充分利用人们的各种欲望是我们“利诱”的一个重要方面。那么，具体来说，我们该如何利诱同事来参加宴会呢?

1．找到对方最关心的问题，进行“利诱”

不同的人，关心的问题不同，能对其起作用的诱惑也就不同。也就是说，我们利诱对方，要分清对象，要投其所好。

比如，对于重视其他赴宴者的人，我们可以告诉对方宴会上有名人、有权威、有某行业的精英、有对方特别崇拜的人，甚至像案例中那样有美女；而对于喜欢占小便宜的人，我们可以告诉对方宴会后有特别节目，有抽奖活动，有礼物赠送或者有机会到某处去参观等。

2．“利诱”的条件应属实

如果朋友或同事因为我们的利诱来赴宴，那么当他们发现我们的承诺并不属实时，自然会心生不悦。这样，宴会的目的也就很难达到了。比如，案例中，如果李经理到场后发现美女小刘没有出现，你应该能想到结果会是怎么样的。

当今社会，真正纯洁的朋友已经是少之又少了，大多数的好朋友也是建立在互相都有一些利用价值的基础上，同事也是如此。为了能够在单位更好地生存和发展，请同事吃饭是十分必要的，一般来说，宴请同事，常以庆贺为名，若不能成事，则以利为饵。

宴请客户，以情感人求同存异

请客户吃饭，也可以称作商务宴请。俗话说，商场如战场，商务宴请中，一般来说，宴请客户成功就意味着生意成功了一半，越是难请的客户越是如此。那么，怎么样邀请客户参加你的宴会呢？这是值得思量的一件大事。

邀请客户参加宴请的时机比较多，一般可以选择在午饭或者晚饭前的一段时间去拜访客户，除了给自己留出一定的时间谈业务外，也可以比较自然地发出邀请。

如果比较了解客户资料，可以挑选在客户遇到一些高兴的事情时提出邀请，如生意成功、子女升学、病人出院、老人庆生等。如果关系较好，也可以在自己的一些特殊日子邀请对方参与，或者在法定节假日邀请对方共同出游也是不错的办法。

针对不同情况你可以相对比较随意的挑选理由。如果是正常的拜访，不妨直接以工作餐的名义邀请；如果是客户的喜事，以恭喜为名义比较妥当；如果是自己的好日子，以朋友间的凑热闹更让人感觉随意些；当然，如果你的人脉关系很好，能够给客户介绍一些生意伙伴或者比较重量级的朋友认识是更好的理由。

1.“张经理，听说令爱考上北大了，恭喜啊！明天晚上××饭店×××包房，我已经定好了，大家一起庆祝庆祝，顺道也让我家女儿讨教一下学习经验，您看怎么样？”

2.“周老板，明天下午我约了建委的李主任一起钓鱼，一起来坐坐吧！给您介绍介绍，李主任人很不错的！”

不论是什么时机，不论是哪种理由，把宴请尽量淡化为私事对待，先做朋友后谈事，只论朋友不论其他都是比较好的接入点。其实，在商言商，你们的关系大家心里都很清楚，只是不点破彼此都感觉好过些罢了。

另外，无数的交际经验告诉我们，邀请他人，尤其是邀请客户的时候，一定要动之以情，让对方盛情难却，这样一来，我们的邀请也就成功了。可以说，宴请客户，要以朋友交情为引。那么，具体来说，我们该怎样以情感人呢？主要有以下三点：

1．说话饱含感情

说话饱含感情，指的是我们在邀请别人的时候，必须要表达出我们对被邀请者如约应邀的渴望。

①“如果您今天晚上不来，那真是一件遗憾的事，没有您在，整个晚宴肯定也会大为失色。”

②“希望您届时参加我们的晚宴。”

比较一下上面的两句邀请词，可以发现，与第一句相比，第二句没有丝毫的感情色彩，缺少活力。如果是你，愿意听到的是哪句呢？

2．表达真诚

一个说话真诚的人，更容易让人相信、亲近。那些冠冕堂皇、虚情假意的话怎么能让人产生亲近感？

①“张主任，我们老板来了，命令我务必请到您，我们这么多年的交情，能不能不要让我太难做啊？”

②“张主任，我们老板亲自过来请您吃饭，您能不能赏光来一下？”

只有说话真诚、发自肺腑，才能起到打动人心的作用。你觉得哪种方式更有效呢？

3．站在对方的角度说话

我们邀请对方，如果与人对话时多从沟通的角度出发，多一点儿将心比心的理解，多说一点儿善解人意的话，那么，就容易引起对方的共鸣，一种独特的亲和力也就寄寓其中了。

“我能理解，您的工作太忙了，每天要处理很多的事，但今天是我们公司市场部总监亲自来拜访您，您能否抽出一点儿时间赏光呢？”

当对方准备拒绝你的邀请时，这样感情真挚地表达自己的理解，对方答应你邀请的希望会增大很多。

很多有过商务谈判经验的人都知道，当谈判进入僵局，双方都死守自己的底线不放的时候，经常会有种近乎绝望的感觉。这个时候，往往有想邀请对方吃顿饭，缓和一下紧张的气氛的愿望，但总是很难开口。

其实，困难往往是双方的，你对僵局绝望，对方也同样不好受，如果可以找到一个好的台阶，对方同样也是愿意和你一起聊聊的，这个台阶就是“求同存异”。

“王总监，经过了这么久的谈判，虽然贵我双方仍有些意见暂时不能一致，但我们也取得了不小的进展。为了庆祝我们已经取得的成果，我提议，今晚放松一下，我们在××饭店搞个聚餐，您看怎么样？”

听到这样的请求，鉴于谈判的压力，对方往往也会顺水推舟，答应你的邀请。

要知道，天塌不下来，在事情恶化到不可收场的地步之前，只要用心，总能发现一丝希望和转机。只要从容面对，不管有多大的艰难险阻，总能找到解决之道，因为事在人为是永恒的真理。

如何邀请才能让他人最终赴宴是我们必须面对的一个问题，毕竟只有客人赴宴才有深入交往的可能。对此，我们除了要诚心邀请外，还必须做到以情感人，求同存异。人与人之间总会有一种心理戒备，我们只有打开心扉，说些动情的话，展示双方的共同利益，才能够打破这种戒备，化解交际双方之间的心理隔阂，融化双方的心理冰山，让对方心甘情愿地赴宴。

宴请异性，以礼服人展现风度

请异性吃饭，之所以把它放到最后谈，主要是因为这类宴请比较敏感。青春男女，谁没有春心萌动的时候？工作中，谁没有几个异性同事或客户？生活里，又有谁没有几个异性知己好友？大体上，这也是最主要的三种异性宴请了，本节也就从这三方面展开。

沈宏非先生在《写食主义》中有这样一句话：“正常男女凡在一个正常年代谈一场正常的恋爱，很难绕过餐桌而行。”足见吃饭和男女情爱关联之深了。吃饭是热恋中的男女最经常做的事情。共同进餐是了解一个女孩的最好时机，一个女孩在饭桌上的表现，几乎能展示她的所有品质。可以说，没有在一起吃饭，就不可能真正了解一个女孩；反过来，这句话对于男孩也同样适合。

职场上常有“男女搭配，干活不累”的说法，工作中邀请异性客户或者同事也经常是不得不做的事情。既然是客户或者同事，就有邀请的必要，绝不能因为是异性就把这类邀请“妖魔化”，只是具体的细节需要更多的考虑，与普通的同性聚会稍有区别。

同样，当生活上遇到难题的时候，邀请一位或者几位异性知己，大伙儿一起坐下来聊聊天，吃顿饭，有助于自己摆脱困扰，振奋精神。女性的温柔细腻和男性的豁达大度对精神上遭受打击的异性往往都会有很大好处。

异性宴会既然无法回避，那么如何邀请异性参加自己的宴会也就成了一个问题。自己的知交好友也就罢了，可对于自己心仪的异性和异性客户就比较麻烦了，怎样做才能尽可能的既能邀请成功，又避免尴尬就成了诸多“饮食男女”们关注的话题了。下面的几点也许对你请异性吃饭有些好处。

1．弄清楚对方的喜好

请对方吃饭前，我们要尽可能的去了解对方，了解对方有什么喜好，适合吃什么口味等。如果能从对方的身边人那里搞清楚第一手资料就再好不过了，即使不知道，最好也要提前或者现场征求对方意见，不要贸然行事，自作主张。

“雯雯，你老家是湖南的吧？××街有家湘菜馆，朋友和我说味道很地道，我们一起去尝尝吧？”

人往往是矛盾的动物，对于那些刻意逢迎自己的同性，感激之中有时还会有提防之意；但对异性，剩下的大多是温柔和体贴了。这一点，无论是交男女朋友还是普通朋友，亦或是客户同事，都不例外。

2．选择合适的场所

合适的场所一般有两层含义，一是指交通，不方便到达的地方以及不易寻找的地方都是不合适的；二是指格调。

“李总，我觉得这个案子我们有必要就我们双方的分歧进一步探讨一下，××街有家饭店，环境不错，很安静，也不算太远，晚上我们一起去坐坐？”

如果是男女约会，可以尽量选择一些温馨、浪漫的场合，这样的场合，女孩子大多会比较喜欢；如果是初次约会或者见面，一定要选人多的、明亮的地方，这样女朋友才会有安全感，才会愿意接受你的第二次邀请；处于热恋中的男女，可以找人少、灯光暗淡的情侣餐厅，这样更可以事半功倍。

如果是为工作而邀请异性客户吃饭，最好能选择饭店中比较静和比较独立的地方，这样的场合，便于双方交流，不易受到别人的干扰，也不易泄密。

如果是请自己的异性知己吃饭，尤其是单独吃饭时，半开放式的卡座应该是比较合适的，既方便交流，又不易引起误会。

3．准备一点可以令对方意外的惊喜

这尤其可以用在男性请女性吃饭的时候，因为女性大多是感性动物，行动上更容易受感觉的支配。

“小玲，晚上一起吃饭吧，有好消息告诉你哟。”

这种惊喜不一定非得是礼物，一道对方特别喜欢吃的菜，或讲一些让对方惊喜的话，都可能有助于你打动对方，从而更容易的达成目的。

上面介绍的三点可以成为邀请异性的理由，但更主要的是宴请的前期功课，充分准备。而决定邀请异性是否成功的最主要因素却是礼貌和风度，彬彬有礼的绅士风度和落落大方的淑女风范都是打动异性的绝佳手段。

宴请异性，尤其是男性宴请女性时，应当彬彬有礼，体贴大度，满足女性被尊敬、被重视的心理需要。需要切记的是，如果不是女朋友，千万不要有过于暧昧的举动，某些有“男子气概”的粗陋言行也要杜绝。

如果是女性约会男性赴宴，更要注意邀请方式。邀请男朋友自然可悄悄进行，没必要大张旗鼓，以便于交往活动顺利进行。如果是出于工作原因，为了避嫌，一般要选择公开邀请，既能体现公正无私、光明磊落，也可以避免误会，同时又利于引起关注，从而促进宣传、扩大影响。

总之，异性之间的社交宴会很重要，也很敏感，务必谨慎对待，以避免产生对双方不利的流言飞语。除热恋中的男女外，彬彬有礼，开诚布公，温文尔雅，展现风度是请异性吃饭的基本原则。

遭到拒绝怎么办

现实生活中，请人吃饭的时候经常被拒绝，甚至有的时候明明已经答应，转过头来就接到电话说不能来了，这实在是令人遗憾又沮丧，就像酒场上流行的那句话一样：“请客不到，东家害臊。”

对于商务人士来说，被拒绝可能意味着签单的失败；对于职场中人来说，被拒绝可能意味着升职加薪无望；对于情场中人来说，被拒绝可能意味着一段感情的逝去。于是乎，许多人面对拒绝可能手足无措，甚至万念俱灰。

其实，哪怕是请客高手、宴会达人也不可能是常胜将军，不是每个宴会都会成功，也不是每次邀请都可以达到目的。遭到拒绝并不可怕，可怕的是放弃了宴请的想法，可怕的是不能从失败中总结经验教训，可怕的是自此失去了信心。

那么，当我们的邀请遇到拒绝时应该怎么办呢？笔者认为，大体上要把握三个原则：端正态度，分析原因，掌握技巧。

端正态度是指，面对拒绝时保持良好的心态十分必要，换句话说，要能经受起打击和挫折，要有必胜的信念。失败不仅仅是失败，更是一次学习的机会，一次实践和提升自身素质的机会。

遭遇挫折后痛哭流涕是弱者的行为，而真正的强者面对困难的时候总是能泰然处之、妥善处理、积极应对，总是相信自己最终一定能解决问题。

很多人被拒绝后还是懵懵懂懂，总是想不通，为什么明明和对方聊得投机，一开口邀请，对方很快就拒绝了。这样很不好，失败并不可耻，不知道为什么失败才真的可耻。下面几个常见的被拒绝的原因希望可以帮助到你。

1. 被邀请者本身对宴会没兴趣

当今社会，许多人得了“宴会恐惧症”。很多时候，他拒绝的不是你，也并非是对你有成见，他拒绝的是宴会，是酒场。对于他认为不重要的宴会，对于可去可不去的宴会，这些人一般是能推则推，能拖则拖，能逃则逃的。

对于这些人，如果必须要请，可能有两种方法有一定效果：方法一，突出宴会的重要性；方法二，置换概念，投其所好。吃饭不愿意去，运动总可以吧？喝酒不愿意，喝茶总可以吧？

2．邀请的理由不合适

请客的理由，不过是说辞而已，但说辞是否合理，是否满足邀请对象的心理需求就是一门学问了。说辞不合理，客户可能觉得不够重视，可能觉得理由牵强，可能觉得有失身份，反正都是拒绝的原因。

一般来说，请客的理由或冠冕堂皇，或感人肺腑，或义正词严，或利益诱人，总之是一定要一个说法的，是不是那回事儿其实大家都知道，要的不过是个面子而已。

3．发起者不当，关系不到位

请客者和被请者关系一般，请客双方身份不对等也经常是被邀请者拒绝的原因。被拒绝后这方面的原因也要考虑一下。如果是前者，可以想办法加深感情，或者找个“中介”试试；如果是后者，可以委托更高级别的人发出邀请。

4．态度不够诚恳

态度的事情，有时候很难说，因为这纯粹是一种主观印象。别人对你的感觉你很难左右，但仍旧可以通过一点一滴的小事逐步改善。至于诚意，有人说得好，“所谓诚意，是一种坚持、耐心、毅力，是一种百折不挠精神的混合物”。

简单地说，某位客户很难请出来，我就不停地请，一次不行就两次，十次不行就二十次，总会有水滴石穿的那一天。

5．被邀请者与宴会中某些人关系不好

有时候被邀请者明明已经同意了，但是听到宴会中其他的参与人员的名字后却拒绝了，很可能这里边有被请者不喜欢的人。

遇到这种情况，只能说你前期的情报有问题了，这次是请不到了，但你应该明白为什么不行，下次不要再犯这种错误。

6．真的没有时间

也许他已经安排了其他活动，也许工作太忙，也许身体不适，也许家里有事，反正这次是拒绝了。遇到这种情况，神仙也无可奈何，只好等下次了。

7．对宴会外的某些事情表明态度

大多数时候，被邀请者对你邀请他出席宴会的目的是很清楚的，如果无端地拒绝参与，很有可能是他觉得你要办的事情很麻烦，甚至超出了他能力之外。

遇到这种情况，就需要你好好反思了。是你的要求太高，是付出的代价不够，还是根本就找错了人。前两条还好说，要是因为第三条，就别在一棵树上吊死了，赶快考虑一下其他门路吧！千万别耽误事情。

把你遇到拒绝的情况和上面的几种常见原因比较一下，通过仔细思考，可能就会找到问题的症结所在，于是被拒绝的沮丧心理就可能会转变为跃跃欲试的潜在动力。当然，在你再次尝试之前，可以参考一下下面的几种方法，也许会有些好处。

1．请教问题

好为人师是大多数人的弱点，尤其是在自己比较擅长、比较自信的地方被人请教，心情一般都是比较愉快的。所以，向别人请教他擅长的东西是拉近关系的一种好办法，也是邀请别人参加宴会的一种好手段。

当然，这需要准确的情报，或是敏锐的感觉，才能从对方的言行中找出对方爱好所在，搔到对方痒处。当然这只是一个借口，目的是打开他的话匣子，拉近双方的距离，而不是真的要有什么物质上的求助。

2．助人为乐

生活中，男性追求女性的时候，一般会不遗余力地帮助对方，被帮助者对提供帮助者总是会心存感激的，于是，双方的距离就自然拉近了。

邀请他人同样也可以利用这个方法，当被邀请人对你心存感激时，对你的邀请自然也就不好拒绝了。

3．话题遗留

这是一种“吊胃口”的方法，主要做法是适时把握双方交流问题的进程。在聊到关键问题或者正在兴头上的时候适时的中断话题，有些像评书中的“预知后事如何，且听下回分解”。

如果对方对你们刚刚进行的话题比较感兴趣，那么一般都不会拒绝你的宴会邀请，所以使用这种办法需要极佳的口才和极好的分寸感，也必须确保你们的话题足够吊到对方的胃口。

事实上，遭到拒绝不是世界末日，被拒绝是常有的事情。只要能够端正心态，正视拒绝、拒绝就只能是对自己的磨炼；只要能够反躬自省、找到原因，再辅以合适的手段，你会惊喜地发现，原来成功就在脚下。

第五章

细节决定成败，请客前务必考虑的一些事

请客吃饭贵在心细，
宴请中的任何一个细节都不容忽视。
按照客人的嗜好去请客，
自然会让客人觉得受到了重视，
颜面大是有光。
面子这种东西威力往往很大，
如何给别人面子是一门很高妙的艺术，
如果能把这种手段运用得炉火纯青，
那么你离成功也就不算太远了。
与之相反的是，
如果疏忽了某些细节问题，
就可能会让整个宴会不欢而散。

尊重客人的饮食习惯

现实中，我们请人吃饭大多是求人办事或者联络感情。所以，想办法获取客人的好感，让客人感觉自己受到尊重就十分重要了。尊重，即尊敬和重视，这是一种文明的社交方式，是顺利开展工作、建立良好社交关系的基石。卡耐基《智慧的锦囊》中提到，“人性至深的本质，在于获得尊重。”但宴会中应该如何去尊重客人呢?

一般来说，在宴会中提到尊重客人，大多会想到迎来送往、高档酒楼、山珍海味、美酒佳人等。其实待客的档次固然重要，但生活的细节也不可小视。细心地了解、掌握、体谅客人的生活习惯以及饮食习惯，往往如一缕春风，一泓清泉，一颗给人温暖的舒心丸，让客人由衷地感受到你发自内心的体贴和尊重。

《孙子兵法》里面有“知己知彼，百战不殆”的说法。所以，要尊重客人的生活和饮食习惯也就必须要先了解客人，情报是最重要的。这个了解，不是简单的知道客人的姓名、性别、年龄、职务，而是要尽可能全面了解，还包括民族、籍贯、爱好、家庭、健康等。有了这些信息，在宴会上你就知道该如何入手了。

南北的饮食习惯存在巨大差异

俗话说“百里不同风，千里不同俗”。我国幅员辽阔，人口众多，不同的历史渊源、人文地理环境，形成了东西迥异、南北殊同的饮食文化现象。

1．南方做工精细，北方饮食稍逊

一般来说，北方崇尚简约，南方追求华美。所以“食不厌精，脍不厌细”方面北方是没有办法和南方相提并论的，看中国的八大菜系，南边占了绝大部分就知道了。

2．主食方面，南米北面

这主要是“种啥吃啥”的原因。南方气温高，降水多，以种植水稻为主；北方气温低，降水少，以种植小麦为主；长期以来就形成了南米北面的格局。

3．味道方面，南甜北咸

有人说，这是因为南方气温高，较炎热，主发散，饮食偏甜；北方气温低，较寒冷，主收敛，饮食偏咸。这有一定道理，其实我觉得没有那么复杂，这应该主要还是“种啥吃啥”的道理。

古时候南方有甘蔗出产，所以形成了吃甜食的习惯；而北方那时候还没有甜菜，再加上北方冬季没有蔬菜，也就慢慢形成了吃咸菜的习惯。当然，随着社会的进步，这种趋势也在慢慢减弱。

类似的饮食差异还有很多，数不胜数。比如：南方人是咸辣、麻辣、油辣、甜辣，北方人是干辣、酸辣；南方人喜欢喝汤、温酒小酌，北方人喜欢大块吃肉，大碗喝酒；南方人喜欢吃馄饨，北方人喜欢吃饺子；南方人喜欢包汤圆，北方人喜欢滚元宵；南方人喜欢吃葱，北方人喜欢吃蒜；南方人吃泡菜，北方人吃咸菜；南方人喝各种各样的茶，北方人一般只喝花茶就够了。

当然，中国的各地的饮食差异远远不能是南北两个字就可以概括的，几乎每个地方都有自己的地方特色，如中原、西部、东部沿海都有自己独特的饮食风格，说南北只是个大方向而已。

笔者并非美食家，上面说的这些也并不一定正确，讲了这么多只是为了提醒要安排宴请的各位，客人的籍贯和饮食爱好是非常重要的。可以试想，请正宗的广东人尝尝四川的麻辣火锅，那的确是对他味蕾的考验。

不同国籍的饮食习惯不同

中外饮食习惯大不相同，不少中国人认为是美味的东西，西方人也许不能接受，餐具和用餐礼仪方面也有较大差别。

所以，在宴请外国人的时候，一定要提前打听清楚，细心准备。比如英美国家的人通常不吃宠物、稀有动物、动物内脏、动物的头部和脚爪。某些特色菜如：“龙虎斗”“三叫菜”“朝鲜狗肉”之类的最好不要轻易上桌。一般尽量少点生硬需啃食的菜肴，因为老外在用餐中不太习惯将咬到嘴中的食物再吐出来。

尊重客人的民族和宗教习惯

我国是个多民族国家，各民族都有自己的风俗习惯和信仰的宗教。不同民族、不同宗教的饮食禁忌，一点也不能疏忽大意。

例如，穆斯林通常不吃猪肉众所周知，但不喝酒就不是所有人都知道了；国内的佛教徒少吃荤腥食品，需要记住的是这里的荤腥不仅指的是肉食，而且包括葱、蒜、韭菜等气味刺鼻的食物；还有满族忌吃狗肉，藏族很少吃鱼，土族忌吃圆蹄牲畜如马、骡、驴的肉，知道这些的人就不是那么多了。

尊重客人的身体健康

客人的身体状况也是尤其需要重视的细节。某些客人出于健康的原因，对于某些食品也有所禁忌。

比如，心脏病、高血压和中风后遗症的人，不适合吃狗肉；肝炎病人忌吃羊肉和甲鱼；胃肠炎、胃溃疡等消化系统疾病的人也不合适吃甲鱼；高血压、高胆固醇患者，要少喝鸡汤；有肝胆疾病、心血管疾病的人，最好不要饮酒等。

尊重客人主要是针对客人的不同生活、工作、饮食习惯来妥善安排你的宴请。以上内容仅仅是基本的概括，实际上还有许多需要考虑的细节，比如某些职业的饮食、饮酒禁忌；某些特殊生理状态时的禁忌等。这些都需要你细心的观察，周到的服务。

最后，需要特别指出的是，尊重与肉麻的吹捧和无原则的阿谀奉承是有根本区别的。前者是一种人格上平等和独立的表现，而后者则是丧失人格尊严的行为。有道是“自轻者人必轻之”，自己都看不起自己，想换来别人的尊重恐怕就很难了。

男女老幼的饮食差别

请客前弄清客人的饮食习惯和饮食特点是很有必要的，可以便于我们有针对性的准备，取得客人的好感。上节主要是从国家、民族、宗教等大的方面来论述的，虽然有一定的指导意义，但还不够细致。下面的内容将主要集中在具体的每个人身上，也即男女老幼的区别。

男女的饮食差别

由于男女两性在思维方式上存在较大差异，所以饮食消费的观念和行为也有很大区别，所以针对男女两性的客人，在饮食方面的准备也应有所不同。

1．男女对饮食环境的需求

请男性客人吃饭，一般不用特别考虑地点，除特殊需求外，几乎所有饭店都可以；而女性一般心思细腻，敏感，要求比男性更高，通常追求环境优雅、华贵、浪漫等，并对服务有较高要求。

2．男女对食材的不同需求

几乎所有男人都偏爱动物性脂肪，换句话说就是大多数男性都比较喜欢吃肉；而女性则比较青睐清淡不油腻的食物，更为偏爱蔬菜水果。所以请男性吃饭在点菜方面一般要“荤多素少”，而请女性吃饭则恰好相反。

3．男女对饭菜“质”和“量”的不同需求

在饭菜的质和量上，男性通常更加重视“量”，也就是说，男性吃饭更加重视吃饱。所以请男性吃饭，或者是宴会上男性客人比较多的时候要适当增加菜的量，避免不够吃的尴尬。而女性则更重视“质”方面，对食材的选择、新鲜程度、烹制手段、营养、健康等更加重视。

4．男女两性对酒的不同态度

男性对酒更加偏爱，喝酒往往喜欢尽兴。很多时候，男性客人对别人请他吃的什么饭不一定有印象，可是对谁请他喝了什么好酒却往往记忆犹新。所以，对于男性，尤其是对于爱喝酒的男性客人，如果请他喝瓶好酒，他宁愿和你一起去吃大排档。

而对女性来说，喝酒的目的往往不是酒，而是情调和感觉。和坐在餐桌前推杯换盏相比，大多数女性更喜欢的是坐在酒吧的雅座里，听着柔美的音乐，享受一杯红酒或者鸡尾酒。

各个年龄段人群的饮食特点

客人不仅分男女，也有老幼之别。而不同年龄段的客人对食物的偏好也各不相同，为了让大多数参加宴会的客人满意而归，掌握各年龄段客人的饮食特点也是一件很有必要的事情。

1．少年儿童的饮食特点

少年儿童一般指18岁以下的未成年人。这一群体对食物的兴趣有很大的模糊性，其好恶往往来自于食物的色彩、形状等外观因素；而随着年龄的增大，食物的品牌、广告、流行程度逐渐成为少年儿童选择食物的更主要参考因素。

现在的家庭以独生子女为主，孩子往往是家庭的中心，所以请客吃饭时照顾好客人的孩子是必须要重视的。比如，准备婴幼儿专用椅子，准备适龄儿童的玩具、音乐，甚至玩伴。但除此之外，既然是宴会，精心准备一道适合少年儿童食用的漂亮、可口、健康的佳肴更会让孩子的家长对你另眼相待。

2．青年人的饮食特点

青年一般可以定义在18岁到35岁之间。青年人的饮食特点主要是追求时尚，勇于尝试各种新的饮食消费行为，大多数流行的新饮食方式和行为都是由青年人引领的。比如，高胆固醇的食品渐受冷落，高蛋白的食品受到青睐，富含维生素的食品广受欢迎，喜欢吃药膳、杂粮、绿色食品，享用西式食品；推行分餐制等，都是从年轻人中开始流行的。

请年轻人吃饭，往往不在于是否好吃，是否价格昂贵，而是在于是否有特点，是否有新意，是否流行。

3．中年人的饮食特点

人到中年，一般是指35岁到55岁之间的年龄。这一年龄区间的人，思想上逐渐趋于成熟，但身体上往往开始衰弱，所以，注重健康和保健往往是中年人乐此不疲的。

请中年人吃饭，不要盲目地追求档次、价位，过度奢靡浪费往往是中年人所看不起的。另外，要讲究饮食均衡，以清淡不油腻为主，蛋白以植物源为佳，鱼肉也可，但红肉要少吃。

4．老年人的饮食特点

老年人，一般指60岁以上的人。总的来说，老年人科学饮食特点是营养既应全面，又要合理，还要注意食物质量和饮食卫生习惯。比如，食物要全面，不能偏食，饮食宜清淡，饭菜宜软烂，要少食多餐，温度要适宜，食物要新鲜，要多吃果菜，水分要充足等。

请老年人吃饭，除了食物方面的注意外，也可以选择一些老字号的名店，以满足老年人怀旧的心理需求。

总之，男女老幼各有其不同的饮食特点和习惯，我们在请客吃饭时要多注意，从细节上下手，尽量满足客人的不同需求，对我们实现自己的宴会目的一定会有很大好处。

环境很重要，档次要考虑

请客吃饭是要解决问题的，是要办事的。而求人办事，面子是很重要的一件事情，所以，在设计宴请的问题上，我们就要认真考虑如何选择用餐场所，如果场所的环境和档次太低，就可能让对方觉得不被尊重；而如果档次太高，则又可能超出我们的经济预算，还会显得太过奢侈和浪费。

当然，环境和档次也不是一成不变的，也要根据客人的身份地位，主客之间的关系等因素灵活掌握，下面是几种典型宴请在环境和档次方面的分析。

“公宴”，环境档次缺一不可

“公宴”也叫公务宴会，不论是政府机关的政务宴请，还是公司企业的商务宴请，都可以包含在其内，换句话说，这是因公而产生的宴请，是公费支付的，通常是不计成本的。

一般情况下，赴公宴者都是有一定的社会地位和经济地位的人，他们吃饭的目的主要是洽谈公事，因此，一般需要一定的排场，接待规格当然也就更加重要。否则，对方可能认为自己被视为“非重要宾客”而觉得受到侮辱，事情当然也就谈不好了。

首先来谈谈环境，就餐环境通常可以分为三种：

1．自然环境

所谓自然环境是指宴会举办场地所在地的自然环境，常见的自然环境主要有：闹市、湖畔、水上、山巅等。良好的自然环境，有助于增强人们在饮宴时的愉悦感受，使得饮宴的效果锦上添花。

商务谈判时，谈判双方通常处在一种高度紧张、兴奋的状态，大家都为了己方的利益钩心斗角，协议自然不容易达成。此时，如果把宴会安排在一个庄严肃穆的场合，对双方都会产生一种无形的压力，反而对谈判不利。如果安排到一个山清水秀的地方，让参与的人适度的放松，或许能起到减压的效果。

2．建筑环境

建筑环境是指酒店建筑风格、餐厅装修特点等。每家酒店的建筑环境都是不一样的，而且是相对固定的，对此我们要了然于胸，然后根据所邀请的客人的不同审美情趣和欣赏水平来有针对性的挑选宴请的酒店和餐厅。

在中国，餐厅主要有宫殿式、园林式、民族式、西洋式、综合式五种。这五种餐厅各有特点，适合人群也不一样，在哪里请客需要仔细斟酌。另外，诸如船上餐厅、高楼旋转餐厅等移动式餐厅也是近年来比较时尚的宴请地点。

3．场地环境

宴会的场地环境主要包括：餐厅的场地大小、室内设施和装饰、家具、灯光、色彩、卫生、空气质量等。这是最重要的环境，因为它可以直接对赴宴者产生影响。试想一下，找一个脏兮兮的路边大排档进行商务宴请会是什么样的结果。

当然，公宴更讲究的还是档次。首先是宴会地点的档次，可选范围大致有：普通酒店、老字号饭店，商务酒店、星级酒店等。档次并不是越高越好，重要的是要配合客人的身份和爱好，贸然把普通客人请到五星级酒店有时反而会让客人自已感到不适。

然后是饭菜方面，公宴除了饭菜需要丰盛点外，还必须有一定的档次，冷菜、热菜、大菜、汤类都要准备，招牌菜、特色菜更是必不可少。

“私宴”，环境档次无须刻意追求

与公宴相反，所谓私宴就是指私人请客，请客的目的大多是求人办事，联络感情、沟通信息、家庭聚会等。如果是求人办事的私宴，其实在某些方面的特点与公宴类似，也要适当的考虑环境档次，如果你的经济条件允许，完全可以参照公宴来安排。

如果是其他性质的宴会，环境和档次虽然可以考虑但也无须过分讲究，只要赴宴的客人舒服，能配得上客人的身份也就可以了。当然，也不是客人的身份越高，档次就一定也要越高，对于关系密切的朋友，也可以采用家宴。

家宴是指邀请客人到自己家里吃饭。通常是在节假日或其他喜庆日子与亲朋好友欢聚，共享快乐，庆祝喜悦，并借此交流感情，增进友谊，加强团结。在家设宴请客一种传统的礼节，也是开展社交活动的重要手段。

家宴的东道主，总是希望把菜肴准备得丰富、阔气些，才能表现出自己对客人的热情与敬重，博得客人的欢心。在人们的惯性心理中，似乎菜越多、酒越醇档次越高，效果就越好。其实，追求奢华不如去酒店，家宴讲究的是“情”。周到的礼节、热情的招待，比美味的饭菜更能获得客人的好感。

情侣吃饭，档次环境费心思

恋人之间，吃的不是饭，而是一种能加深感情的氛围。有人说：“恋爱是无数个宴会，结婚只是一个宴会。”此言极其精辟。最持久的宴会就是恋爱宴会，反而在婚宴过后，就没有那么多讲究了。

男女初次约会一定要选人多的、明亮的地方，这样女朋友才会有安全感，才会愿意接受你的下次邀请。所以在初恋时期，情侣吃饭，大多会选择像麦当劳、肯德基这类大众化的快餐厅。这也是因为刚开始双方对于对方的口味不是很了解，而快餐店卖的炸鸡、可乐和汉堡一般人都不会太排斥。

而对于那些处于热恋状态的男女，往往选择人少、灯光暗淡、周围都是情侣的餐厅，温馨浪漫的最好。尽量找一个靠角落的位置，请你的女朋友坐在背向门口的位置，这样既可避开众人的目光，减少女朋友的紧张心理，又可以使她的视线以你为中心，而你自己则可纵观整个餐厅的全局。

总之，如何根据来者的身份及品味来选择用餐场所，是对我们社交能力的考验。一旦出现纰漏，该达到的效果没有达到，有时甚至会起到反效果，那就白费苦心了。

迎接客人要注意尺度

自古以来，作为汉族传统的古代宴饮礼仪，都有“主人折柬相邀，临时迎客于门外”的说法。所以，迎客是一种传统，是一种礼仪，也是表现你对客人欢迎和尊重的行为，在宴请中不可以不重视。

迎接客人作为一种礼仪，自然有其特定的规范和程序。什么人应该去迎接，应该由谁去迎接，怎么样迎接都马虎不得，若是有不慎失礼之处，遭人耻笑事小，让客人心怀不满就不好了。

晏子出使楚国。楚国知道他身材矮小，就在城门旁边特意开了一个小洞，让晏子从小洞中进去。晏子不肯进去，说：“只有出使狗国的人，才从狗洞中进去。现在我出使的是楚国，不应该是从此门进去吧。”迎接的人只好改道请晏子从大门中进去。

点评：

晏子使楚的故事大家都知道，后面的故事也就不再详述了。基本上讲述的就是在楚王安排的接待宴会上晏子和楚王之间辩论的故事，所以上面的故事也算是宴会接待的一个案例了。正因为楚王安排的人在迎接晏子时有恶意甚至侮辱性的行为，激怒了晏子，从而才有了后面的故事，这也从反面说明了迎接客人的重要。

首先还是谈谈要不要迎接的问题。迎接，尤其是起身出门迎接是一种礼仪，理论上每一个客人都是需要迎接的，但在哪里迎接是一个问题。一般来说，普通的亲朋好友只要到餐厅门口迎接就可以了，过分的热情反而不必要；领导、商务伙伴、客户、长辈等比较尊贵的客人大多需要到酒店的大厅或者门口迎接；特殊情况下，某些客人，尤其是远道而来的尊贵客人，需要从客人所在地，如酒店、办公室、住所等地，开始迎接。

那么应该谁去迎接呢？是不是每一位客人都需要主人亲自去迎接呢？其实也不是。通常迎接客人都要遵循身份相当的原则，即主要迎宾人与主宾身份相当，当不可能完全对等时，也可以灵活变通，由职位相当的人或由副职出面，其他迎送人员可以适当安排，但不宜过多。

最后一个问题是怎么迎接。这个问题就比较复杂了，需要具体情况具体分析。

首先，是时间安排的问题。迎接客人需要准确掌握来宾到达时间，及早准备，如有变化，应及时通知有关人员。迎接人员应提前到达迎接地点，不必太早，更不能太迟，甚至迟到。若迎接来迟，一定会给客人心里留下阴影，无论事后怎样解释，都无法消除这种失职和不守信誉的印象。

其次，对大批客人的迎接，可事先准备特定的标志，让客人从远处即可看清；对首次前来，又不认识的客人，应主动打听，并自我介绍；而对比较熟悉的客人，则不必介绍，仅向前握手，互致问候即可。

再次，对前来赴宴的外国、外地客人，应首先了解对方到达的车次、航班，安排与客人身份、职务相当的人员前去迎接。若因某种原因，相应身份的主人不能前往，前去迎接的主人应向客人作出礼貌的解释。

最后，接到客人后，应首先问候“一路辛苦了”“欢迎您赏光”“感谢您对我们的支持”等。然后向对方作自我介绍，如果有名片，可送予对方。对于比较尊贵的客人，可以安排人送花，送礼品等。

迎来送往，是社会交往接待活动中最基本的形式和重要环节，是表达主人情谊、体现礼貌素养的重要方面。迎接，是给客人良好印象的最重要工作，一定要热情、尊敬、礼貌而有分寸。给对方留下好的第一印象，就为下一步深入接触打下了基础。

不要忽视随行人员的安排

前面说过，社交宴会之所以重要，就是因为其目的性。为了达到这一目的，请客者多无所不用其极，各种手段纷至沓来。而被请者对此也大多心知肚明，多有防范，故少有单刀赴会者，大多有随行亲朋好友相伴。这也就是本节要分析的随行人员了。

客人的随行人员大抵有如下几类：家眷、朋友、下属、秘书、司机等。这些人虽然不能对我们要办的事起到直接的作用，但由于他们对于客人侧面的影响很大，取得他们的好感和信任对我们办成事有不可忽视的作用，所以在宴会中对这些随行人员的安排也十分重要。

“太白醉酒”描写了李白借酒醉让高力士脱靴，羞辱了高力士的故事。而高力士对此事一直耿耿于怀，但李白正受玄宗所宠，他不好直接在玄宗面前诋毁李白，继而转向贵妃。

一天，高力士与贵妃谈及诗歌，劝贵妃废去清平调。贵妃道：“太白清才，当代无二，奈何将他诗废去？”高力士冷笑道：“他把飞燕比拟娘娘，试想飞燕当日，所为何事？乃敢援引比附，究是何意？”贵妃立时变色。女人心胸狭窄，贵妃受高力士挑拨，认为李白作诗嘲讽自己体形偏胖，不由得忌恨起李白来。

自此贵妃入侍玄宗，屡说李白纵酒狂歌，失人臣礼。玄宗虽极爱李白，奈为贵妃所厌，也只得与他疏远，不复召入，最终李白不得不又浪迹四方去了。

点评：

李白志在官场，才华横溢，又受到领导赏识，为什么最后不得不黯然离去呢？就是因为他得罪了领导身边的人。高力士可以算是领导的秘书了，而杨贵妃更是领导的家眷，有这两个人在领导身边时时诋毁，就算李太白才高八斗，也无可奈何。

虽然这并不是一个标准的宴会故事，但李白之所以官场上无法得志，足以说明领导身边的人是不可以轻易得罪的。作为反例，曹操在宴席上假扮侍卫的故事大家都知道，那个聪明的使者就不动声色地拍了曹操一个“马屁”，从而博得了曹操的好感。

一般情况下，客人带来参加宴会的都是自己的“身边人”，是客人身边比较可靠、比较信任的人。这些人都是宴会中值得重视的，下面就简单介绍几种典型的客人的“身边人”。

1．家眷

通常客人带家眷前来赴宴是很给面子的一件事，是对你不见外，表达了一种亲近的感觉，尤其是你邀请的客人是领导或者客户的时候。有句俗话叫做“花花轿子人抬人”，意思就是面子是互相给的。既然人家已经给了你面子，那就无论如何也要接住，否则那就是“打脸”了。

家眷无非是配偶和子女，宴会上应对起来应该不困难，无非是几句好听的话，几道可心的菜，几件合适的小礼品罢了。另外，对客人子女适当的赞扬也是博取客人好感的有效手段之一。

2．朋友

如果客人携好友同来，一般意味着有将你纳入自己圈子的意思，往往意味着对你的欣赏，这是一个需要好好把握的机会。通常来说，介绍别人给自己的好友认识，如果那个人表现得太差，自己脸上也没有光彩。所以，无论你和客人关系如何，在对方好友的面前千万不能做出跌份的事情来。

3．下属

客人带自己的下属同来，往往有公事公办的意思。对于想求人办事的宴会来说，并不是一件太好的事情。这时候，宴会组织者务必要提高警惕。在客人下属的面前，务必要体现出你对客人的尊重，不能像平常那样的随意。对客人的下属也要不卑不亢，举止有度，不能因为有所求而卑躬屈膝，这样也会让客人感觉比较尴尬的。

当然，有时候下属还有另外一个作用，那就是替领导挡酒，这个你心里要有准备。宴席上，客人下属的敬酒也要给面子，最好的应对就是也安排几个职位相当的人与其“对战”。

4．秘书

宴请客人，尤其是宴请政府部门的领导，经常会有秘书同来。一般秘书是领导最亲近的人之一，了解领导的喜怒哀乐，和领导秘书处好关系对你很有好处，所以妥善安排好对秘书的接待是很有必要的。

秘书在宴会中可能上桌也可能不上，要看宴会的档次和领导的意思。但不论秘书是否参加，安排专人负责全程陪同是必须要做的一件事情。

5．司机

司机是一个比较特殊的角色。同为领导的身边人，但和秘书还不一样。一般司机的文化程度和个人素质都不能和秘书相比，更容易被别人的态度左右而影响自己的好恶，所以必须要妥善安排。

对司机的安排一般分正式场合和非正式场合，正式场合下，领导的司机一般另行安排专用桌，考虑到司机的驾驶安全问题，专用桌不提供含酒精的饮料；如果是非正式场合，司机一般被安排与接待方的工作人员共同就餐，通常坐主席以外的桌；如果人少，可根据领导的安排，坐己方领导的下席，也可以与接待方的工作人员挨坐。

社交宴会是用来办事的，所以其乐融融、宾主尽欢是我们的目标。如果我们没有做到安排周到，忽视了客人的“陪同者”，那么就可能会让客人心生不悦。得罪人的事情尽量不要去做，哪怕得罪的是一个小人物。俗话说，“宁得罪君子，莫得罪小人”，小人物坏大事的例子古往今来难道还少吗?

妥善安排，别让陪客误了事

宴请客人，尤其是宴请有一定身份地位的贵宾，总少不了安排几位好友陪客，这也是人之常情。但你知道吗?陪客也不是随随便便就可以安排的，好的陪客可以助你一臂之力，帮你在宴会上达成目的；不妥当的陪客却往往给你带来的只是误事。

公元前607年春天的一个傍晚，宋国军营里灯火通明、觥筹交错，空气中弥漫着诱人的羊肉香味。原来，宋军主帅华元正在犒赏能征善战的勇士，以迎战郑国军队。华元的车夫羊斟没有分到羊肉，独自躲在军营角落里啃干粮。有人见了，建议华元给羊斟一块羊肉。华元撇了撇嘴，不屑地说：“打仗又不靠他!”

几天后，宋军与郑军决战。两军鏖战正酣，忽然，羊斟驾着华元的战车冲向郑军阵营。眼看自己要孤身陷入敌阵，华元急忙呵斥羊斟，这时羊斟回头说了一句流传至今的“名言”：“畴昔之羊，子为政；今日之事，我为政。”意思是说，以前分羊肉的事，您说了算，今天驾车的事，我说了算。战车冲进敌营，郑军一哄而上把华元捆了个结实。看到主帅被俘，宋军人心涣散，顷刻间土崩瓦解，一败涂地。

点评：

这个故事和西方流传的那个缺一根钉子导致国家灭亡的传说极其相似。这就是一顿饭引发的中国式的“蝴蝶效应”：一顿晚餐得罪了一个车夫，一个车夫的报复行为导致一个主帅被俘，一个主帅被俘造成一场战争的失败。

对于华元来说，羊斟只是个小人物，是他犒赏三军的小陪客，根本没有资格享受勇士的待遇，但恰恰是这个小人物搅了他的好局。车夫羊斟心胸狭窄、不顾大局、叛国投敌的行为当然应该被谴责，但宋军主帅华元对宴会上这个陪客的疏忽而导致宋国全军覆没的教训更值得警醒和深思。

当然，这个例子比较极端，但以笔者多年来请客吃饭的经历来说，由于陪客安排的不够妥善而导致客人拒绝出席宴会，或者宴会不欢而散，最后办不成事情的例子实在是太多了。

2001年，笔者在西北某省担任某公司的销售经理。一次，我去当地的一家电信公司推销产品。

在客户的办公室里和他聊了一个多小时后，我感觉客户对我的印象不错，就适时的向他发出宴会邀请。然后说了一句让我很长一段时间既后悔又庆幸的话：“张主任，我的前任高经理还在，他也挺想您的，晚上一起坐坐吧？”

客户立即变了脸色，并表示了拒绝。事后，我才知道客户对高经理一直都非常不认可。

点评：

后悔在哪里呢？不是因为多说了一句话，而是后悔没有详细地收集客户的资料，事先没有搞清楚客户和我们公司的历史渊源。至于庆幸，是因为没有自作主张，如果等客户到了饭店再发现高经理在座那就更追悔莫及了。

那么，陪客的安排应该考虑哪些因素呢？

首先是关系，也就是陪客与主宾和主人的私人关系。如果陪客和主宾或者主人的关系不好，千万不要邀请他参加宴会。原因很简单，如果与主人关系不好，主人不能把所有的事情如实相告，陪客也不会为主人的目的尽心尽力，这样的陪客不如没有；如果与主宾的关系不好，那么主宾看到他自然心情不好，事情也就难办了。

其次是身份和地位，陪客和主宾的身份地位不能悬殊过大。陪客的身份地位不能太低，最好是比主宾略低或者相仿，当然过高也不合适。陪客身份过低，会让主宾有一种不被重视的感觉，同时会对你的能力产生怀疑；陪客身份过高，会对主宾造成一种压力，酒席上不容易放得开，谈事情也不方便。

然后要考虑的因素是性格方面。陪客最好选择性情活泼、洒脱、大度一些的，而那些嚣张跋扈、木讷迟钝、有草莽之气的人不要轻易邀请。因为这些人要么容易冲动得罪人，要么唯唯诺诺容易让人看不起，都不是好的陪客人选。

最后，还要衡量一下个人的能力。有人业务精熟，有人酒量超人，有人机智灵活，有人擅长调节气氛，这些都是可以选择的陪客。选择陪客要根据主宾的性格特点，宴会的目的灵活掌握，不可一概而论。

请客吃饭，多数情况是几个人围着一个人转，说些令人开心的话，做些讨人喜欢的事，趁客人被哄的飘飘欲仙之际，承诺为我们做某些平时不会轻易答应的事情。如果我们自己的这几个人都挑选不好，或有内讧，或者被客人所厌恶，事情就很难成功了。

精心准备，好的音乐很有用

有人说：“很多时候，我们穿衣服不只是为了保暖，而是为了表达一种心情；很多时候，我们吃东西不只是为了充饥，而是为了感受一种氛围。”这话着实很有道理。同样，宴会中适时的播放几段音乐不仅可供欣赏，更重要的作用是可以帮助就餐者调整节奏，调节心情，甚至还有一些保健的作用。

《秦王破阵乐》是唐代著名的歌舞大曲，最初乃唐初的军歌，李世民登基后，亲自把这首乐曲编成了舞蹈，再经过宫廷艺术家的加工、整理，成了一个庞大的、富丽堂皇的大型乐舞。

公元627年，唐太宗李世民登基，正月初三，李世民宴请群臣，许多各国使节都前来参加。席间，李世民安排奏《秦王破阵乐》，这是此曲第一次在这样庄严、隆重的场合中演奏。乐曲婉转而动听，高昂而且极富号召力，同时有大型的宫廷乐队伴奏，大鼓震天响，传声上百里，气势雄浑，感天动地。

这个歌舞使百官看了都激动不已，兴奋异常。在表演这个舞蹈的时候，连外国的宾客都禁不住跟着手舞足蹈。中华民族鼎盛时期的象征，果然气势不凡。

点评：

李世民当时刚刚弑兄登基，根基不稳，急需国内外各种势力的支持，正是要显国威、军威的时候，所以在宴席上选择了这样一首出自军歌的乐曲，实在是恰到好处。

但是，如果宴会音乐选择不当，不但不能调动人们的胃口和情绪，反而可能会令人感到尴尬，冲淡宴会的气氛。这就是，音乐再好，也要分场合。那么，宴会上的音乐应该怎样安排才好呢？

宴会音乐的内涵和宴会的主题要相符

古往今来，宴会音乐的目的都是为了使赴宴者能够沉浸在一定的意境之中，从而调节情绪，提高宴会的效果。如果所用音乐与宴会主题不匹配，就一定会起到反作用。

譬如上面的例子，李世民宴请群臣的目的是为了取得支持，让天下人看到他的武功，让天下各国看到大唐的强大，从而不敢兴兵作乱，同时也可以威慑李建成和李元吉的余孽。所以李世民选择了这样一首战意十足的宴会主题曲。试想，如果在这场宴会上用的是艺术成就更高的唐明皇的《霓裳羽衣曲》，估计就没有这种效果了。

无独有偶，汉高祖刘邦平定了英布后，路过家乡沛县，置酒召父老宴，酒酣，刘邦击筑《大风歌》，充分表达了他求才若渴的愿望和对部下的激励，也是一首十分成功的宴会音乐。

宴会音乐的风格要注意和菜肴特色相吻合

宴会的菜肴一般是有其特色的，因此播放的音乐要尽量配合菜肴，这样才能相得益彰，否则就成了“画虎不成反类犬”了，严重时更可能影响到整个宴会的效果。

一般来说，音乐和菜肴配合的基本原则是哪里的特色菜肴配合哪里的音乐。例如，吃东北菜时可以听听二人转，吃上海菜时可以欣赏一下越剧，吃西餐可以配合一些柔美曲折的钢琴曲或者小提琴曲等。

宴会音乐的选择可以适当参考客人的喜好

对于某些特殊场合，如果客人有特殊的需求，则更应根据客人的爱好和习惯来安排音乐，这样更可以使客人感觉到你的尊重和体贴，更容易让宾主心情舒畅，增进食欲。

由于工作关系，笔者曾经在几个阿拉伯国家工作过几年。那里的饭店大多播放一些当地的民族音乐，对于我这个不懂欣赏的人来说，那种古怪的节奏不仅是对我耳朵的摧残而且严重影响了我的食欲。

同样，有位广东的朋友告诉我，他去陕西出差的时候，当地人请他吃饭时点了秦腔给他听。请他吃饭的人当然是好意，但结果却是，我这个朋友被“吓坏了”。

所以，有时候不见得最好的就是最合适的，对你最合适的不见得适合于别人，安排宴会音乐也要参考客人的喜好，毕竟客人满意才是最重要的。

宴会音乐的节奏和旋律要根据宴会的进程而变

在整个宴会举行过程中，宴会音乐的曲调不是一成不变的，要依据宴会的进程而相应的变化。

一般来说，宴会刚开始的时候为了渲染气氛，最好播放一些节奏欢快、情绪高昂的乐曲；而随着宴会的正式开始，音乐就需要有短暂的停顿或者降低音量，因为这时一般要进行祝酒、领导讲话等活动；就餐时应当选用节奏平缓、优美、轻柔的音乐，因为柔和舒缓的音乐能增强就餐时的愉悦心情，能够使人细嚼慢咽，有利于肠胃的蠕动，同时也便于就餐宾客之间的交流。

总而言之，由于宴会的主题不同、目的不同、菜肴特色不同、宴请对象不同、规格档次不同，所以在宴会中科学、合理地安排音乐是很有必要的。音乐作为宴会中的一个细节问题，如果安排得巧妙得体，往往会使宴会的气氛更加和谐，会让宾主双方都感到满意，从而增强宴会的效果。

第六章

看人下菜碟，点菜高手的秘籍

点菜是宴会中十分重要的一件事，
毕竟宴请的中心是吃饭问题，
但“众口难调”总是点菜时一件难以解决的问题。
在众人出席的宴会上，
不同的人有不同的饮食习惯、饮食禁忌、饮食偏爱等，
因此，点菜时我们需要考虑很多事，
只有这样才能尽量做到让众人皆满意。

会点菜，好宴席的基础

请客吃饭，点菜的确是件让人头疼的事情。有人说："点菜难，难于上青天"，并不过分。不过，难归难，总不能不点菜吧？只好迎难而上了。其实话说回来，点菜之所以难，就是因为重要，因为点好菜是好宴席的基础。

场景一：

领导被恭恭敬敬请到主位，菜单被小心翼翼地递到领导面前。

领导说："小刘，今天你来点菜。"

你诚惶诚恐地抱着菜单，"领导，您今天想吃什么？"

领导非常大度地说，"你们来你们来，我随便。"

于是，你竭尽所能，拼凑出一桌"好菜"。席间，各位同事吃的不亦乐乎，可领导没动几口。最后，若有所思地说："是不是有点儿浪费了啊？"毫无疑问，你的点菜彻底失败了，也浪费了一个取悦领导的好机会。

场景二：

老妈说："今天不做饭了，咱们全家出去吃，你安排一下！"你就安排了。

到了饭店，你问老妈，"今天想吃什么？"

老妈说："随便，你看着点吧！"

想起老妈这些年的辛苦，你果断地点了几道不错的菜。席间不断听到老妈夸奖，"菜不错，汤也地道。"吃完后又问，"今天花了多少钱？"你回答说："咱们4个人加酒水饮料一共500多。"老妈说："怎么这么贵，以后不出来吃了。"不好意思，你又失败了。

场景三：

“晚上一起吃饭，不见不散。”刚刚拿到奖金，你兴冲冲地通知女友。

“亲爱的，想吃点儿什么？”你问女友。

“随便，我听你的。”女友娇滴滴地回答。

想起女友平日里的饮食习惯，你就“随便”点了几道适合“减肥”的素菜。用餐完毕，女友笑道：“小气鬼，嫌我胖了？”太遗憾了，你又一次完败。

随便，多么好听的两个字，其实最可怕的是随便。世界上没有一个人是随便的，每个人都对他所需要的东西有明确的标准，领导如此，女朋友和老妈也是如此，无一例外。

对我们来说，“随便”两个字，在各种场合的准确翻译是：“今天的点菜是对你的考验，你要是点的东西让我不满意，我会很不开心，也会影响我对你的信任。”

其实你应该这样做：

1. 笑嘻嘻地捧着菜谱转向办公室里资历最老的同事，“李哥，我年轻，没怎么和领导一起吃过饭，您是不是给个建议？”

2. 深情地望着老妈，“妈，这些年您辛苦了。我刚刚发了奖金，庆祝一下，点几个好菜吧！”

3. 轻轻捏了一下女友的脸蛋，心疼地说：“亲爱的，别减肥了，点两个好菜补补吧！”

往往只有了解生活真谛的人，才会说出吃饭最累这种话。一个简单的宴席，其中的雾里藏花、笑里藏刀、狭路逢生、柳暗花明等境界，只有当事人才知其中的玄机。至于到底吃了什么，到了第二天早晨基本上没人会记得。但是还有比吃饭更累的，就是点菜，因为点菜，实际上点的是人心。

说罢了累，再来谈谈难。其实两者都差不多，难的往往不是技术，而是人情世故方面的揣摩。据统计，中国菜总计有数千乃至上万种，一家饭店也往往会有上百种菜肴，要从中挑选十个左右符合要求的端上桌子，其中的难度可想而知，更别说你还在承受着客人的肠胃和心灵对你的双重打分。

其一，点菜的质量反应了你对客人的重视程度。

要知道，宴席上的诸位大多是“酒山肉海”中拼杀出来的“酒精”考验的战士，既有多吃、海吃的经验，又会察言观色，懂得人情世故。所以，饭餐的质量是瞒不过他们的，对于某些老手而言，整桌菜值多少钱他们甚至比服务员更清楚。

完美的点菜，不仅要组合好使宾主满意，也要考虑价格的高低。国人都是好面子的，价格太低就会显得怠慢客人，失了面子；价格太高又有浪费之嫌，往往有得不偿失的感觉。

其二，点菜的细节体现了你对客人的尊重程度。

前面已经讲过，宴席上要注重细节，考虑的越周到，客人就越满意，点菜时尤其如此。客人的籍贯、性别、年龄、爱好都要在你点菜的考虑范围之内。好的点菜可能花费不多却可以使客人有如沐春风的感觉，不好的点菜可能耗资不菲却收获不大。

前面在谈如何邀请客人时曾经讲过，请到客人宴席就成功了一半。现在也完全可以说，点好菜，在剩下的一半里起码也要占四成。所以千万别小看点菜，这是一个人把握全局、深谙客人心理和需求的综合能力的体现；也是一个人饮食文化修养的集中表现。

谁来点菜更合适

宴席虽然主要是社交，但毕竟还是要吃饭，而吃饭的核心问题之一就是由谁来负责点菜。的确，在众人聚集的饭桌上，“点菜权”是一个很重要的问题。因为假如你“独揽大权”，很可能抢了“该点菜之人”的风头，甚至遭人记恨；但完全放弃这个权利也未必是好事。

一般来说，谁点菜这个问题比较复杂，要综合考虑诸多因素，例如：宴席是谁请客，你请的是谁，被请人的身份地位，你们之间的利益关系等。宴席中随着各种关系的变化，点菜权也各不相同，但归纳起来还是有以下方案可以遵循。

主人事先安排

主人事先安排好菜肴是一种比较好的选择，尤其是在大型的宴会或者较正规的宴请上更是如此。好处主要有如下几点：

1．可以更好地考虑菜肴的搭配，不会出现点菜撞车的现象

如果大家分别点菜，往往会有食材或者烹制方法上冲突的事情，比如两位客人都点了鱼，取消谁的都不好，都要了又不伦不类。

2．有时间充分了解饭店的特色，照顾客人的品味

如果有时间提前到饭店“踩点”，就可以和饭店的点菜师仔细商量，充分了解饭店的特色，综合要请的客人的饮食习惯和长年生活的地域，然后请点菜师帮助设计，效果一般会比较好。

3．可以有效控制点菜的数量，不会出现过多或过少的问题

现场点菜经常出现的的问题是拿不准，有人说这个好，有人说那个不错，往往就拍拍胸脯说句：“那就都上吧！”这的确显示出了你的英雄气概，但饭后看着剩下的大半桌子美味佳肴，心痛的感觉可想而知。

如果不小心点少了，面对满桌的空盘子，心中尴尬不说，没准儿还得落下个小气的名声。而提前预定一般就不会出现这样的问题。

4．避免价格风险，有效控制预算

现场点菜往往容易超支，其原因大概有三方面：其一是现场计算比较困难，谁也不是计算器，十几个菜加到一起不是分分钟就可以算清楚的，也不好意思当场问服务员；其二是容易出现突发情况，比如某位宾客张口就来个“每人一只澳洲鲍”；其三是容易被服务员算计，当着满桌子的客人推荐“先生，我们这里的清炖甲鱼不错，龙虾也蛮新鲜的，要不要各来一份？”你又不方便现场理论，有时只好“打落牙齿肚里吞”了。而提前点菜一般都可以有效规避这些风险。

主人现场点菜

总体来说，很少有客人包办点菜的情况，除非是特别熟的。如果客人说“这里我经常来的，有几道菜的味道还是很不错的”，那就应该让客人来点菜。

如果你请的客人是身份比较高贵的人，应该谁来点菜？其实还应该是你主点，但是要谦让一下，而对方很可能再推回来，如果是这样就不要再客气了。

领导、长辈点菜

中国人讲身份讲地位，也讲究尊长敬老，餐桌上也不例外，所以请领导点菜、请长辈点菜就成了宴席的常态。而领导或者长辈点了菜，部下或者小辈们往往异口同声地大加赞同，这也算是中国几千年来的长官意识和家长意识的传统吧。

领导或者长辈点菜的好处很明显，不论是否适合大家的胃口，都不会有人提出异议。可问题是他们往往婉拒或者象征性地点一两个，而把权利委托给某人或大家。这时，如何点菜能既满足大家的胃口，又能合领导的意，就需要费一些思量了。

轮流点菜，主人收尾

亲朋好友的聚会或者公司同事的聚会往往分不出高低上下来，采用轮流点菜的方法也比较常见。具体实施方法大多是：每人点一个菜，最后再由东道主适当地补充一两个。

轮流点菜的好处是每个人都有发表自己意见的机会，不会出现满桌子菜都不合自己胃口的情况。同时也带来了一个问题，那就是，如果某人点的菜无人问津，面子上是很不爽的，无可奈何之下只好自己解决大半。不过这也给你交好某些人带来了机会，那就是餐桌上多吃些他点的菜，多说几句诸如菜很合你胃口之类的奉承话。

女士点菜

随着“女士优先”这句话的深入人心，宴席上“女士点菜”也慢慢成为了时尚。究其原因大概有两方面：第一，点菜难，大家都不愿意点菜，能有个冠冕堂皇的理由婉拒出去又可以彰显自己的绅士风度，何乐而不为？第二，女士天生的优势使得她可以在点菜失败后不必担心承担太多的批评。当然，如果是一群女人和一个男人吃饭就不一样了。

当然，上面仅仅列举了几种常见的点菜方式，并不能兼顾到所有情况，宴席上还需要具体情况具体分析。比如在邀请贵客或者求人办事的时候一般会以客人意见为主，到了有些高档饭店可以请饭店里的职业点菜师帮助等。

其实，点菜固然是个敏感的问题，但只要平时多学、多问、心细、善于为别人考虑，有时自告奋勇，主动站出来点菜也未尝不是展现自我、改善关系、拉近感情的好机会。

专业点菜师的几个小技巧

现在的饭店，尤其是上档次一点儿的饭店，菜单往往有几十页之多，作为消费者往往被上面的文字图片弄得不知所措。这时候你最想看到的人就是专业点菜师了。可问题是有些饭店未必能提供点菜师，即使提供了你又担心被忽悠了，所以，学些点菜师的技巧是很有必要的。

看场合定档次

有经验的点菜师在点菜前第一件要做的事情就是弄清楚宴席的重要程度，或者说先搞清楚客人准备花多少钱。这很重要，因为这是关系到点菜成败的基础。比如说，老板准备花一千元请客，可是你光点菜就花去了八九百，随便再点些酒水饮料就超支了，结果怎么样自然不必多言了。

一般来说，弄清楚费用额度后要先减去酒水的费用，对熟悉的客人这部分一般比较容易估计，但比较陌生的客人就比较难计算了。这时候，如果能了解到客人的一些资料最好，实在不行就可以按北方酒水占总费用的60%，南方按40%左右计算。

现在，可以使用的费用基本计算出来了，下一步就是平摊到每道菜上面了。一般可以初步按每人一个菜来考虑平均价格，然后再上下浮动，保证各个档次的菜的合理分布。

打个比方，5个人，400元的费用。可以考虑五菜一汤的安排，扣除汤的费用后可以按平均每个菜70元计算。首先安排的应该是一道主菜，也就是常说的“硬菜”，价格可以在平均水平的2倍，也就是140元；然后可以再点两道平均线价位的菜；最后再点两道平均线一半价位的菜就可以了。

这只是粗略计算，具体安排时还可以适当平衡，在某些场合下为了防止酒水超标更应该预留部分底线，这些都需要临场应变和经验的积累。

看主宾定风味

有经验的“点菜达人”都知道，请客吃饭，不能流于表面，在点菜时应该用点“心计”。让餐桌有几道贴合贵宾心意的“心计菜”，让贵宾感受到我们的良苦用心，我们请客目的也就达到了。

不同的地方，有不同的饮食习惯。针对主宾，点菜师们会考虑对方长期生活的地域来选择主菜的风味，一般所点之菜自然也能满足客人。如果我们学会了这点，多点一些符合宾客乡风民俗的菜，不仅可以使对方产生亲切感，同时也可以借机让对方点评一下菜的口味，从而增添一些话题。

特色菜一定要点

人往往有图新鲜的倾向，所以请客时去一些有特色菜的餐厅是很有必要的。如果请外地客人当然要请吃一些本地特色菜，如是本地客人可请他们吃一些外地特色的东西。我们点菜时，应该优先考虑有特色的菜，因为这些特色菜能让整个宴席变得更加精彩，也会让对方感受到你的重视。

所谓特色菜一般有以下三类：

1. 有鲜明中国特色的菜肴。比如春卷、元宵、饺子、狮子头、宫爆鸡丁等，在宴请外宾的时候，这些菜往往比我们自认为的一些高档菜更受欢迎。

2. 有本地特色的菜肴。比如西安的羊肉泡馍、广东的煲汤、东北的乱炖、湖南的红烧肉、北京的涮羊肉、四川的麻辣火锅等，宴请外地客人时，这些特色菜可能会比千篇一律的生猛海鲜更受好评。

3. 本餐馆的特色菜。很多餐馆都有自己的特色菜。上一份本餐馆的特色菜，能体现主人的细心和对受邀者的尊重。如果我们不了解本餐馆的特色菜，可以听服务员的介绍，也可以参考别人桌子上的菜，或者考虑一下老板为了吸引客户的特价菜。

看人员定“质”“量”

点完主菜之后就是与之配合的副菜了。这时候，有经验的点菜师一般就要参考宴席的人员组成，要根据人员的组成来确定宴席中副菜的“质”和“量”。

一般来说，一桌菜最好是有荤有素，有冷有热，尽量做到全面，而人均一菜是比较通用的规则。如果是男士较多的餐会可适当加量，也可多点些荤食，如果女士较多，则可多点几道清淡的蔬菜。一般来讲，一餐食物量不超过人均500克为佳。

而“质”的核心则是平衡膳食、合理营养。要求饮食种类齐全，多样化，营养比例适当，让大家欢聚之时吃出健康。

做客点菜要适度

作为客人，经常会遇到主人将菜单传给我们的时候。这时一般婉拒即可，如果对方盛情难却，可以点一个不太贵、又不是大家忌口的菜。同时要记得征询一下桌上人的意见，说些“有没有哪些是不吃的”或是“比较喜欢吃什么”之类的话。点菜后，可以请示“不知道是否合几位的口味，不合适可以换一下”，让宴席中其他人感觉到你的风度和尊重。

低级错误不可犯

人们在点菜时经常会不经意地犯些低级错误，而职业点菜师们对此大多比较敏感。

1. 事先务必弄清楚客人的饮食禁忌，尤其是宗教信仰方面的禁忌。
2. 客人的意见虽然要征求，但点菜的主动权一定要掌握在自己手中。
3. 除非老板主动要求，否则不必让老板来亲自点菜。
4. 点菜时不应该问服务员菜肴的价格，或是讨价还价。
5. 时价的东西尽量少碰，记住所点菜的价格，防止有价格陷阱。

在中国，办事吃饭是常事，但是这样的宴席往往是不好应付的，毕竟众人出席的饭桌上，众口难调。菜点好了，饭桌上办事情自然百战不殆；若是点不好，随之而来的往往就是麻烦。那么，我们该如何点菜，才能顾及到桌旁的每个人呢？面子、档次、美味、营养、可口、实惠，这些专业点菜师的技巧应该对你有所帮助。

不能忽视的关于菜品搭配的知识

对大多数人而言，点菜应以美味可口为基本原则，同时也根据场合的不同兼顾面子和实惠。对菜的品质要求也往往只是局限在材料是否新鲜，某些食材的营养价值，以及一些常见的饮食禁忌方面，却忽视了某些食材互相搭配会引起的不良效果。

随着人们生活水平的提高，对健康的关注，尤其是饮食健康，吸引了越来越多人的眼球。各种“食疗”“食补”手段更是层出不穷。于是对我们的点菜也就提出了更高的要求，那就是必须要把各种食材的相生相克也考虑进去。

前两年，曾经有过一部不错的电影《双食记》，故事描写的是一个男人游离于两个女人之间，一个热辣性感，一个清纯美丽，他享受着两个女人完全不同的身体，也享受着这两个女人给他烹饪的口味完全不同的美味。

但是突然有一天，男人发现自己一头乌黑的头发开始脱落，平时健康的牙齿也变得有问题，连眉毛都在掉，医院的检查结果居然是砒霜中毒……

故事情节早已忘得差不多了，可当时却异常惊讶地发现原来中华传统饮食不仅美味、养生，还有相生相克的道理。从电影中我学到了：田螺+鳖肉可以导致人中毒；炖鸭+羊肉同样可以导致人中毒；虾类+维生素C可以生成砒霜，甚至会致死。

中华饮食文化源远流长，绝大多数的相生食物已经被老祖宗们找出来并且成为了固定的搭配，比如火腿冬瓜汤，含有丰富蛋白质、脂肪、维生素C和钙、磷、钾、锌等微量元素，对治疗小便不畅有疗效。

类似的组合还有很多，诸如海带和排骨、牛肉和土豆、白菜和虾仁、苦瓜和鸡蛋、猪肉和白萝卜、生菜和大蒜等，这里就不再赘述了。

其实我们主要关注的还是相克，相克的食材比较多，以下列举部分相互搭配时会有相克作用的食材，在点菜时需要特别注意。

白酒＋牛肉：同时食用容易上火。因为牛肉属于甘温，补气助火，而白酒则属于大温之品，与牛肉相配如火上浇油，容易引起牙齿发炎。

甲鱼＋黄鳝＋蟹：孕妇吃了会影响胎儿健康。

胡萝卜＋白萝卜：胡萝卜含有抗坏血酸酶，会破坏白萝卜中的维生素C，使两种萝卜的营养价值都大为降低。

鳖肉＋鸡蛋：性咸平，孕妇及产后便秘者忌食。

田螺＋牛肉：不易消化，会引起腹胀。

牛奶＋菜花：牛奶含丰富的钙质，菜花所含的化学成分影响钙的消化吸收。

梅干菜＋羊肉：同食会引起胸闷。

狗肉＋姜：同食会腹痛。

葡萄＋骆驼肉：同食会生热病。

牛奶＋韭菜：牛奶中含钙，钙是构成骨骼和牙齿的主要成分；牛奶与含草酸多的韭菜混合食用，就会影响钙的吸收。

骡肉＋金针蘑：同食会引起心痛，严重会致命。

菊花＋鸡肉：同食会中毒。

小白菜＋兔肉：同食容易引起腹泻和呕吐。

鲫鱼＋冬瓜：同食会使身体脱水。

田螺＋蚕豆：同食会肠绞痛。

鲫鱼＋猪肝：同食具有刺激作用，疮痈热病者忌食。

韭菜＋牛肉：同食容易中毒，可以用人乳和豉汁解毒。

蜂蜜＋豆腐花：同食会引起耳聋，吃绿豆可以治疗。

南瓜＋虾：同食会引起痢疾，可以用黑豆、甘草解毒。

其实类似的还有很多说法，具体哪种更加可信，笔者并非科学家，很难说清楚，也不能一一例举。不过网上流传一首《三十六反饮食歌》，还是比较精辟的：

常言美味引口馋，相反食物记心间。羊肉滋补味道鲜，不与西瓜共进餐。

狗肉性热美味传，若见绿豆大翻脸。兔肉细嫩易熟烂，不和芥末摆桌宴。

中药甘草治病全，遇见鲤鱼性相反。铁板黄鳝炒鳝段，同吃皮蛋把病患。
豆腐美食皆广泛，不与蜜糖来相伴。鸡蛋若见消炎片，一起入胃便相煎。
人造糖精怪味甜，煎炒鸡蛋莫加添。香蕉芋头南方产，共餐下肚惹麻烦。
红薯柿子熟皆软，同咽易成结石丸。采食黄花六月天，莫与花生共嚼咽。
大葱味美蜂蜜甜，同吃同咽很危险。牛奶含钙当为先，营养丰富数鸡蛋，
两者同饮养分减，间隔半时再饮咽。上述美食有特点，莫错相配在席间。

“民以食为天”，简单的“吃”中隐藏着很大的学问，菜品搭配的知识是我们在点菜中无论如何也不能忽视的。有专家说过：“真正意义上的食品安全，除原材料和添加剂外，还包括归入食品质量范畴的配伍禁忌，即食材搭档和烹饪安全。”

当然，对于食物的相生相克也还是有一些专家持反对态度，认为过于小题大做了。不过笔者还是觉得，有些事情信则有，不信则无，请客吃饭的目的是办事，还是小心无大错为好。

看人下菜碟，不可能每张嘴都满意

最近听说日本的一家蛋糕店推出了一项新服务，可以根据客户的需要将多种口味的蛋糕拼成一个大蛋糕，如此就可以满足每一张嘴，这样的服务的确是太贴心了。很多朋友在宴会中遇到众口难调的难题时也常常试图用这样的方法点菜，是不是很妥当呢？我看还是值得商榷的。

朋友聚会、同事聚餐、亲人相聚的宴会上往往是每人点一个菜，就是有人对其他人点的菜不满意一般也不会说什么，只能怪自己和大多数人口味不同。即使是由特定的一个人点菜，一般也是以美味、营养、可口、实惠为原则，这类宴会注重的是大家和乐的气氛，不在乎繁文缛节的程式，随便、自由，不讲究精雅而在乎实惠。

与之不同的商务宴会、社交宴会，尤其是求人办事的社交宴会，这类宴会与前面说的宴会是有本质区别的。这类宴会更讲究的是面子、档次、排场、品味，宴会中人在身份和地位上往往也不是平等的，而是有主有客、有尊有卑的。

在这种宴会中，如果还像前面的宴会那样，把菜点成一个按个人口味拼成的“大蛋糕”就不是很妥当了，主要原因如下：

破坏了宴会的整体风格

正规的宴席是讲究品位和风格的，每一道菜都是有讲究的，甚至连出场顺序都是经过精心策划过的，一般不能随便更改替换。即便要有所改动，也应该是在统一的风格下进行，而不能太过随意。

公司要宴请一位商务伙伴，老板把任务交给了小张。

小张打听到客人是上海人，于是体贴的将宴席定在全市最好的一家海派酒楼，老板听到小张的计划也很满意。

响油鳝糊、油爆河虾、油酱毛蟹……小张按照事先查到的资料点了几个地道的上海本帮菜，客人也连连点头，很是赞赏，老板也露出了满意的微笑。

忽然小张觉得这几个菜好像档次有点儿低了，于是灵机一动，想起了老板平日的“至爱”，“再来个澳洲龙虾吧！”

气温好像突然降低了几度，然后小张就看到了客户尴尬的笑容和老板好像要杀人的目光。

点评：

本帮菜指的是上海本地风味的菜肴，特色可用浓油赤酱（油多味浓、糖重、色艳）概括。常用的烹调方法以红烧、煨、糖为主，品味咸中带甜，油而不腻。本帮菜诞生之初并不登大雅之堂，家堂、平民化是其特色，小张的这个澳洲龙虾真可谓是画蛇添足了。

小张记得老板喜欢澳洲龙虾，也算是有心了。若是平常的请客吃饭特意给老板点上，估计还会得到老板的赞赏，可问题是这道菜破坏了整个宴席的风格，让老板在客人面前失了面子，又怎能不恼怒？

模糊了席间客人的身份

虽说现在讲究人人平等，可事实上宴会中人的身份和地位还是有差距的。一般来说，一场宴会，只有有限的几个人是核心，其他人不过是配角、花瓶罢了，他们存在的目的不过是为了衬托核心人物身份和地位的高贵，为了在适当的时候说几句让人开心的奉承话而已。

小李请领导吃饭，特意拉来了几个同事作陪。

领导是湖南人，爱吃辣，小李心中有数，点了个“毛氏红烧肉”，再点了个“剁椒鱼头”。果然领导露出了满意的笑容。

王姐喜欢美容，于是小李又加上了“菊花粥”和“汤水鸭”，果然王姐也高兴了。

小张爱吃……曾哥爱吃……小李又连续点了几个同事们喜欢的菜，却没注意到领导的脸色已经有些阴沉了。

点评：

小李请领导吃饭，又知道领导的喜好，完全可以安排一桌地道的湘菜，其他同事即使有意见也因为领导的原因不会说什么。可小李试图满足每一张嘴的需要却反而有些弄巧成拙了。

领导就是领导，即使平时再亲切大度，也要维护领导的尊严。小李不分大小的将领导和同事平等对待，领导有想法是正常的事；领导都对你有想法了，还能指望其他同事领情吗？所以，可以很负责地说，这顿饭白请了。

商家常说“顾客是上帝”，同样的道理，宴会中的那个核心也是宴会里的“上帝”。宴会里的众多宾客可以理解为由不同个体组成的一个群体，这就决定了其需求的多样性、复杂性和差异性。要想满足每个人的具体需求是一件很困难的事情，这样做往往既失了面子，又得罪了人。

所以，如果强行要按照席间每一个人的口味和喜好，将一场正规的宴会点成一桌大杂烩，你绝对会得不偿失的。人的身份有高低，同样人的嘴也有“大小”，一定要每张嘴都满意，结果可能是每张嘴都不满意，与其这样不如还是优先满足那几张“大嘴”更好些。

选好酒水很关键

无论是什么样的宴会，请什么样的客人，都离不开酒。可以说，酒是宴会里最基本的食品了。在宴会里，酒可以活跃气氛，可以加深友情，可以促进沟通，酒几乎无所不能、无所不在。所以，选对酒、选好酒是点菜过程中的一个很关键的任务。

可是，酒的纷繁复杂丝毫不比菜简单，几乎每家饭店都至少可以提供数十乃至上百种酒。按价格分，有高档、中档、低档；按种类分，有白酒、红酒、黄酒、啤酒；按产地分，有国酒、洋酒；白酒又可以分为酱香型、清香型、浓香型、混合香型，往往弄得点酒的人眼花缭乱，难以抉择。

那么，当我们手执酒单的时候，应该怎样考虑，怎样选择呢？一般来说，酒宴酒宴，酒是要配合宴的，不同的宴，应该由不同的酒来与之匹配。

酒要与宴会的档次匹配

宴会有高中低档之分，酒也一样。一般来说，酒的档次应该与宴会的档次一致，这是宴会选酒的第一原则。茅台之所以被国人称之为“国酒”就是因为它曾是国宴的首选用酒。所以，如果是高档宴会，选用的酒也应该是高档的，如茅台、五粮液等；如果是普通的宴请，一般要选相对低档一些的酒。

可以想象，如果高档宴会上端上来的是“二锅头”或者“老白干”，那么宴会的整体感觉也就被破坏掉了，也让人不得不怀疑宴会的档次是否真实；而如果在普通的大排档饮用茅台，不仅有些不伦不类，还会让客人怀疑茅台是否有假。

当然，你也可以说：“我喜欢，我就是喜欢吃羊肉串喝茅台酒的感觉。”我也无话可说，只能说这有些不符合主流社会的审美情趣罢了。

酒要与宴会的主题匹配

通常来说，宴会是有不同的主题的，有接风宴、送行宴、团圆宴、喜宴、寿宴等。在此类宴会上，酒的名字或者功能最好可以和宴会的主题匹配，既能烘托气氛，又可以讨个口彩。

比如，婚宴一般气氛比较热烈，可以选择一点儿高度的酒，另外像“喜临门”“女儿红”“口子酒”等，名字也比较适合这个场合；为老人庆寿虽然气氛也比较好，但出于健康的原因一般选择度数较低的酒或滋补药酒为宜，从名字方面来看，诸如“麻姑酒”“寿生酒”这类的比较讨喜；家庭聚会可以选择“金六福”“全家福”“孔府家酒”“曹雪芹家酒”等；庆祝升学可以用“状元红”“时代骄子”等。

喝酒要与季节时令匹配

中国酒文化源远流长，不同的季节，由于天气的不同，人们喜欢喝的酒也往往不同；不同的时令，出于不同的风俗习惯，也往往有特定的酒水选择。

比如，冬天天冷，人们多喜欢喝白酒，而且往往要烫过再喝；夏天天热，大多数人选择喝啤酒，总是要喝冰镇的；端午节要喝雄黄酒；中秋节喝桂花酒；重阳节喝菊花酒等。

喝酒也要和菜肴相匹配

“美酒配佳肴”，“酒菜不分家”都是人们经常说的话。的确，吃着美味佳肴，喝着与其相配的琼浆玉液，的确是人生一大乐事。其实，吃什么菜要喝什么酒，不管是老祖宗遗留下来的经验还是现代的科学家的分析都已经告诉了我们答案，是出于美味的享受也好，还出于健康因素也好，选择一种可以匹配盘中佳肴的美酒都是十分必要的。

问起酒和菜如何搭配，人们总是说“白肉配白酒，红肉配红酒”。其实这里的白酒指的是白葡萄酒，并非一般意义上的白酒，如果仅仅是按这个原则匹配酒未免太简单了。其实常见的搭配也不过就那么几种，比如：吃螃蟹喝黄酒，吃海鲜饮白酒，冷餐可以喝鸡尾酒，吃鱼虾可以配竹叶青等。

在不同的地方喝不同的酒

俗话说，“一方水土养一方人”，喝酒也是一样。在不同的地方喝酒也应该“入乡随俗”，比如说，在东北应该喝白酒，尤其是烈性的白酒；去江南就要喝黄酒；到了贵州当然要喝茅台；到国外还是品味一下洋酒好些。

风俗之所以能成为风俗，自然有其道理。东北人喝烈酒自然是因为当地天气寒冷，烈酒可以祛寒；江南人喝黄酒是因为可以养生；海边的人喝白酒是因为吃海鲜时喝白酒有助于杀菌……另外，喝当地酒还有助于和当地人交朋友，对宴会的气氛也有好处，当然本地酒的价格一般比外地酒更低也是原因之一。

酒水之间的君臣佐使

传统上，中国人饮酒一般比较单一，如果没有特殊情况，一场宴会只会选择一种酒，一般不会更换。但随着社会的进步，酒的种类日益增多，再加上受西方文明的影响，一场宴席中饮用两种以上的酒也不是什么新鲜事了。

大家都知道，混酒易醉，所以笔者并不推荐这种喝法，如果一定要混着喝，最好还是按照先低后高、先淡后浓、先白后红的顺序来喝。不过有时也很无奈，现在比较流行的一种喝法就是先在饭店喝完白酒后再去酒吧或者歌厅喝啤酒，这种喝法不太合理，但时尚就是这个样子，也只能如此了。

上面介绍的只是宴会中选酒的几个基本原则，但不要忘记的是，宴会是有目的的，宴会的目的是要让客人满意。所以，点酒还是要征询客人的意见，点完菜要询问客人点什么酒水，如果客人有特殊需求当然还是以满足客人的需要为先。

以茶待客，提升品位

宴会中，一般点完菜后要询问客人点什么酒水，如果不想喝酒，可以考虑来点啤酒或者红酒，如果由于要开车，或者下午有工作安排等理由完全不能喝酒，以茶待客也是一种不错的选择。还有一种情况就是，酒足饭饱后，邀请客人到安静的茶社品茶谈心也是增进友情、加强交流的好方法。

当你打开茶水单的时候，往往会发现上面赫然罗列者数十种以上的茶，不通茶道的你往往会不知所措，最后大多也只能随便点一个，至于是否适合，好不好喝，就无暇顾及了。那么，我们应该如何点茶才能显得有风度、有品位呢？首先就是要了解茶。

根据茶叶的制法和品质可以分为红茶、绿茶、乌龙茶、花茶和紧压茶五大类。

红茶：是经过完全发酵的茶，成品细致，其特点是：红汤红叶；冲泡后汤色红艳鲜亮，清澈见底，香味芬芳浓纯。主要品种有：祁红（安徽祁门）、滇红（云南风庆）、闽红（福建福安）、宜红（湖北宜昌）、宁红（江西修水）、湖红（湖南安化）、越红（浙江绍兴）等，通常以祁红、滇江、宜红质量最佳。

绿茶：是未经发酵的茶，采用高温杀青而保持原有的绿色。主要品种有：龙井（浙江杭州）、大方、碧螺春等。

乌龙茶：也称青茶，属半发酵茶。成品茶外型粗壮松散、成紫褐色，兼有绿茶的鲜浓和红茶的甘醇。主要品种有：武夷岩茶、安溪铁观音、台湾乌龙。

花茶：是将香花放在茶坯中制成。高级花茶香气芬芳、滋味浓厚、汤色清澈。主要品种有：茉莉花茶、桂花茶、玫瑰花茶、柚花茶等。花茶主要产地有：福州、苏州、南昌、杭州等。

紧压茶：是用黑茶、晒青和红茶的副茶为原料，经蒸茶、装模压制成形。

茶叶除上述五类外，还有许多其他分类。比如：按色泽（或发酵程度）分类可分为：绿茶、黄茶、白茶、青茶、红茶、黑茶；按季节分类分为春茶、夏茶、秋茶和冬茶；按其生长环境来分类分为平地茶和高山茶。

那么，这么多种类的茶，我们又应该何去何从，如何抉择呢？一般来说，除了个人的喜好之外，可以遵循两个原则：

按季节选茶

1．春季适宜饮花茶

花茶性温，春饮花茶可以散发漫漫冬季积郁于人体之内的寒气，促进人体阳气生发，故适宜在春季饮用。花茶香气浓烈，香而不浮，爽而不浊，令人精神振奋，消除春困，提高人体机能效率。其中，茉莉花茶具有清热解毒、健脾安神、宽胸理气及化温功能，对痢疾拉肚、胃酸胃胀有良好效果。金银花茶具有清热去火、提神解渴等作用，对预防流感效果较好。

2．夏季适宜饮绿茶

绿茶味略苦性寒，具有清热、消暑、解毒、去火、降燥、止渴、生津、强心、利尿和杀菌的功能。绿茶最大限度地保留了茶中的营养成分，清鲜爽口，滋味甘香并略带苦寒味，富含维生素、氨基酸、矿物质等营养成分，饮之既有消暑解热之功，又具抗癌之效。

3．秋天适宜饮青茶

青茶性适中，青茶介于红、绿茶之间，不寒不热，适合秋天气候，常饮能润肤、益肺、生津、润喉，有效清除体内余热，恢复津液。青茶含少量有利尿作用的咖啡因，于金秋保健大有益处。青茶还对蛋白质及脂肪有较好的分解作用，对肝脏脂肪堆积有一定的抑制作用，也具有一定的减肥功能。

4．冬季适宜饮红茶

冬季，应选用味甘性温的红茶为好，以利蓄养人体阳气，生热暖腹，增强人体御寒能力。红茶含有丰富的蛋白质和糖，还有助消化、去油腻、止泻治痢的作用。其防龋、抗衰老、延年益寿的作用在各类茶叶中最为突出，故老弱体虚者、产妇及体力劳动者均宜饮用。

按体质选茶

中医认为，人的体质有燥热、虚寒之别，而经过不同工艺制作出来的茶叶，也有凉性及温性之分，因此喝茶也要看体质。

1. 身体比较虚弱的人，应选择喝红茶。红茶刺激性弱，较为平缓温和，特别适合肠胃较弱的人。也可以在茶中添加糖和奶，既可增加能量又能补充营养。

2. 喜爱吃荤和饮酒的人可以喝乌龙茶，它能够预防身体虚冷，减少酒精和胆固醇在体内的沉积。身体肥胖、希望减肥的人也可以多喝乌龙茶，因为乌龙茶对分解脂肪的作用较强，可以帮助解除油腻，助消化。

3. 体质燥热、长期面对电脑一类辐射较强物质或重金属的人宜饮绿茶，因为绿茶中含更多的茶多酚，可维护维生素C的活性，还可以还原一些金属离子，中和一些有机化合物，消除其对机体的毒性作用。

4. 苦丁茶、普洱茶都具有降血脂的作用。但苦丁茶凉性偏重，虚寒体质的人常喝会损伤体内阳气，所以苦丁茶比较适合血压偏高、体形发胖的体质燥热者。而普洱茶的性质温和，更适合体质虚寒的人饮用。

5. 女性经期前后以及更年期，有时性情烦躁，适宜饮用花茶，花茶有疏肝解郁、理气调经的功效。

6. 有些病人是不宜喝茶的，特别是浓茶。因为浓茶中的咖啡碱能使人兴奋、失眠、代谢率增高，不利于休息；浓茶还可使高血压、冠心病、肾病等患者心跳加快，甚至心律失常、尿频，加重心肾负担；咖啡碱还能刺激胃肠分泌，不利于溃疡病的愈合；而茶中鞣质有收敛作用，使肠蠕动变慢，加重便秘。

可以说，茶中的学问博大精深，绝不是区区数千字就可以描述清楚的，本节也只是简单介绍了茶的分类和基本的选茶原则，具体如何抉择还要看现场情况以及个人爱好而定。

如何控制不超出你的预算

请客吃饭，最担心的事情除了得罪客人之外，可能就算是超支了。如果是公费请客，超支了回去不好报账；如果是私人请客，超过了预算又难免肉疼。可是太小气了又怕客人看不起，失了面子，真是左右为难啊！

宴会中，如何做到少花钱多办事，既不失面子又得到实惠，的确是件重要的事情。而常请客的人大多知道，计划往往赶不上变化，宴会中各种“意外”都会导致超支现象的发生。其实，只要细心一些，有些“意外”是完全可以避免的。

制订合理的请客计划及预算

请客吃饭，安排宴会，一件必须要做的事情就是制订计划和预算。如果是私人请客，做到心中有数就可以了，若是公款请客，在某些管理严格的公司，有时候还要形成书面文件申请。

在计划中，最重要的三个要素就是请客的目的、参加人员、预算总额。一般来说，请客的目的越重要，参加的人数越多，预算总额也就越高。所以若是私人办事请客，一般考虑尽量减少无谓人员的参与以降低预算；而公款请客，大多倾向于强调目的重要，参加人物不可或缺而尽量争取上级领导更大的预算授权。

选择价格合理的饭店

订餐时，提前打听，选择同等档次中价格比较公道的饭店。如果自己或者身边有人去过最好，否则最好提前考察一下，以免现场吃亏。

除非确实是公关需要，一般不要去那些富丽堂皇的大型餐馆，因为客人是吃饭而不是吃装修，羊毛出在羊身上，装修的费用绝对是已经包含在菜价里面的。虽然大餐馆的品质、卫生可能好一些，但是一些中档的老字号餐馆也绝对差不到哪里去。

别听服务员的极力推荐

点菜的时候往往会有服务员向你极力推荐一些“特色菜”，这时你要多加小心，千万不要答应。因为这些菜，往往不是价格过高，就是其中有不可告人的秘密。其实经常混在宴席中的人大都知道服务员的这点儿手段，不会因为你没有响应服务员的促销而小看你，反而会觉得你有主见。

不过话说回来，饭店真正的招牌菜还是可以酌情点上一两个，最好是自己或者朋友曾经吃过和推荐过的。饭店当日推出的某些特价菜也可以适当考虑，因为这些特价菜往往是老板为了招揽客户而专门推出的，大多数时候品质不会太差。

请客人先点菜

很多时候，我们在点菜时往往会自己主动先点一两个好菜，已表示自己的诚意，然后再请客人点菜，其实这样很不好。正确的方法应该请客人先点菜，如果是多个客人，可以请每人点一个，最后自己再点。当然，如果客人婉拒也不必过分强求。

这样做有两个好处，第一是表示对客人的尊重；第二可以比较有效地控制费用。如果客人点的菜比较便宜，你可以补充几个价格比较贵的；如果客人点的菜比较贵，你就可以把原定的价格昂贵的菜适当调低档次。

控制酒水的价格

一般来说，为了防止总价超支，酒水的决定权还是控制在请客人自己的手里比较妥当。当然在点酒水的时候也可以客气一下，请客人先点，但客人一般都会婉拒，这时你也就不用太谦让了，该出手时就出手吧！

一般酒水的总价都在宴会总费用的40%～60%，当然这一比例和宴会的地点以及宴会参与人有着比较密切的关系，不可一概而论之。

点酒水的时候心里要有基本概念，在座的几位大概酒量有多少，可以喝几瓶，每瓶多少钱，以此决定应该点什么价格区间的酒水。

防备价格陷阱

现在的酒店，为了尽可能从客人身上赚钱，什么手段都用得出来。虽然这只是偶然的个案，但为了我们自己口袋里的钞票着想，还是了解一下为好。

1．隐性收费

现在的酒店服务越来越周到，客人刚刚坐下服务员就笑语盈盈地上来服务了。热毛巾、餐巾纸、盖碗茶、小点心、瓜子……这时候可别光顾着享受了，还是先搞清楚是不是要收费的吧！

2．偷梁换柱

我们在点某些海鲜、河鲜之类按重量收费的菜肴的时候，经常发现端上桌的食物往往比活的时候“减肥”了不少。可是问店家的时候得到的答复往往却是就是这个，您记错了。经常弄得自己一肚子气，还没有地方去说理。

有些朋友曾经想出了几个妙招，例如剪掉一块鱼尾留着和做熟了的鱼比较；虾总是半斤半斤的点，因为两个半斤感觉总是比一斤多些；在螃蟹壳上用牙签画上个图案等。

3．偷换概念

有些酒店利用人们的惯性思维，在度量衡上做文章，比如当你遇到只写价格不写单位的菜单时就要小心了，这也许就是不法商贩的价格陷阱。同样一条鱼，是100元每条，还是100元每斤，或是每两，价格差别大了，千万不可不防。

4．阴阳账单

所谓阴阳菜单就是指点菜的菜单和结账的菜单价格不一致，结账的菜单比点菜的菜单价格更高，离谱的甚至达到数倍乃至数十倍。如果说前面的还算是价陷阱的话，阴阳账单其实就是明目张胆的欺诈了。

要识破这种伎俩就要求你在点菜的时候记清楚菜的单价，结账时仔细核对，如果发现问题请服务员重新计算，必要时可以求助消费者协会，甚至寻求法律途径解决。

请客要控制费用，宴会内外也要细心筹划。精心计算并不意味着小气，豪气万千、挥金如土也不意味着大度。真正的请客高手总是可以利用有限的资源办成大事，正所谓："吃不穷，穿不穷，算计不到才受穷。"

第七章

出席宴会，个人形象很关键

这是一个名片时代，
宴会过后每个人手上都是一叠名片，
但真正留下印象的却往往没有几个人。
这种时候，
一个衣着得体，
有着君子风度或者淑女风范的人，
或许就会给人留下很深刻的印象。
这说明宴会应酬中仪表表达出的意义经常会胜过语言，
完全可以体现出一个人的灵魂和内在气质，
决定你是否能获得别人的好感。

主人的衣着要得体

宴会是个小社会，几乎日常生活中的所有礼仪都在宴会中有所体现。不同的时代，不同的地区，不同的宴会，饮食礼仪千差万别，但无论如何变迁，衣着得体总是最基本的礼貌。作为宴会的主办人，服饰穿着更是被赋予了我们日常生活中根本不会考虑到的重要意义。

北宋宰相王安石的邋遢是出了名的，除了懒得换衣裳、不洗澡，个人卫生一塌糊涂外，在吃的方面同样不拘小节，很有“王氏特色”。

王安石儿媳妇娘家一姓萧的亲戚到京城拜访他，王安石很有礼貌地为客人安排了接风宴会。第二天，萧公子盛装如约而往，而王安石依旧是一身邋遢的迎客。

吃饭的时候，出乎萧公子意料的是王安石安排了令人不可思议的“两菜一汤”。一共只有两块胡饼外带几块屈指可数的猪肉，随后上主食，下饭的竟然是一小盆清汤寡水的菜汤。

萧公子无奈之下，只勉强把胡饼中间的部分吃了，而把四周部分丢下。王安石倒是一点不客气，捡起萧公子丢弃的饼边有滋有味大吃起来。

看着一身邋遢的王大宰相，萧公子见状惊愕不已，二话没说赶紧起身走人。

点评：

为什么萧公子如此不给宰相面子，饭吃到一半就离席了呢？这是因为萧公子觉得自己没有得到应有的尊重。自己是晚辈，盛装赴宴，给足了王安石面子，可王安石的宴会如此简陋、举止粗俗、穿着又过于随便，简直是一点儿面子也没有给自己留，若不是碍着对方的官职，恐怕就不是拂袖而去那么简单了。

2005年，我在广州的一家公司做销售工作。一天，一位外地的客户来广州考察，我得知后就联系他准备一起吃顿饭，客户欣然应允。为了表示对客户的尊重，我特意邀请了公司的一位研发部的文主任参加宴会，客户得知后，对我们的安排很是满意。

宴会开始快10分钟的时候，文主任才满头大汗地赶到。看了他的样子，我简直快晕倒了，原来文主任居然穿了一身运动服，上面还有些汗渍，居然是从运动场直接过来的。

一身西装的客户看上去也很尴尬，欢快的气氛也蒙上了几分阴影。好在文主任的确有些真才实学，在技术环节和客户聊的也比较融洽，最终宴会还是在和平友好的气氛中结束了。

事后，我和客户通电话表示歉意，客户也表示理解，并若有所思地说："搞技术的人果然不一样啊！"

点评：

好在文主任并不能代表公司的全部形象，在宴会中他只能算是半个主人，客户虽然心里有些不爽但还是可以接受。可是如果案例中的"我"和文主任都是一身运动装出现的客户面前，宴会的结果可能就会是不欢而散了。

在现实生活中，"第一印象"是客观存在的，这种印象的形成在很大程度上是由一个人所流露出来的素养、品位和格调所决定的，而外在形象对于第一印象的形成往往起着至关重要的作用。那么，作为宴会的主办人，我们该如何穿着才能更得体呢？

1．TOP原则

TOP是三个英语单词的缩写，它们分别代表时间（Time）、场合（Occasion）和地点（Place），即着装应该与当时的时间、所处的场合和地点相协调。

时间原则是指在不同时间段接待客人的着装应该有所不同。这一点对于女性尤其重要，男士有一套质地上乘的深色西装或中山装便足以打天下，而女士的着装则要随时间的变化而变换。午餐时，女士应穿着正式套装，以体现专业性；晚餐时就需多加一些修饰。

场合原则是说衣着要与场合协调。主办正式宴会时，则应穿正式的西装或礼服；而在朋友聚会、郊游等场合，着装应轻便舒适。

地点原则是说，如果在自己家里接待客人，可以穿着舒适但整洁的休闲服；如果是普通酒店，穿职业套装会显得专业；如果是在高档餐厅招待客人，最好还是要身着西装或者礼服。

2．穿出自己的风采

作为宴会的主办人，打扮应该具有个性美，最好能体现出与众不同。有些人即使“穿上龙袍也不像太子”；相反，有些人并没有在衣服或配饰上花多少钱，但依旧能让大家看一眼就感到舒服。

服装的颜色、款式本没有好坏之分，但是否与自己相配，则非常重要。爱美是人的天性，但是如何挑选适合自己颜色和款式的衣服，让自己呈现出最美好的状态，穿出自己独有的风格和魅力，让宴会中的客人看起来觉得舒服，这就是一门学问了。

3．不要特立独行

通常来说，通过服装打扮，我们能能大概知道一个人的个性如何，是否和自己投缘，相信很多朋友平时都会有这样的经历。服装不是一块没有生命的遮羞布。它不仅是布料、花色和缝线的组合，更是一种社会工具，它向社会中其他成员传达出信息，像是在向他人宣布说：“我是什么个性的人？我是不是有能力？我是不是重视工作？我是否合群？”因此，作为主办人，在穿着上固然要有“范儿”，要穿出自己的风采，但绝对不可以过于特立独行，否则就会被他人拒于千里之外。

现实生活中，我们发现，有些人能借助自己的宴会如鱼得水，而有的人身为宴会的主人却经常被“冷落”，这其中有个重要的原因就是自身的形象问题。

总之，作为宴会的主办人，衣着不得体就会有失礼仪。人有一种本能，愿意和自己欣赏的人进行沟通和交流。如果宴会主办人与被请之人所预想的形象差别过大，宴会发起者的影响力和发言权就被削弱了很多，宴会也就很难成功了。

赴宴不能乱穿衣

现代社会，我们在服装打扮上已较为自由，参加宴会也没必要再像以前那样，从头到脚刻意修饰一番，服装也不必过于考究。但是在商务场合、宴会这样的重要时刻，服饰穿着不仅仅是一块“遮羞布”，也不能简单地理解为追求众人羡慕的眼光，它含蓄地表达了着装者个人甚至是整个公司的品味、态度和涵养。

因此，在宴会上我们的穿着不可太过随意，因为这是一种对主办人的不尊敬；当然也不能过于华丽，那样可能造成喧宾夺主的效果。如何根据不同的宴会选择自己的穿着，至少应当从下面几种场合去考虑，即公务宴会、社交宴会和休闲宴会。

公务宴会

公务宴会，指的就是上班处理公务的时间参与的宴会，商务宴会和某些职场宴会也包含在其中。

在这种场合，我们的着装应当重点突出“庄重保守”的风格。最为标准的，主要是深色毛料套装、套裙或制服。具体而言，男士最好是身着黑色、藏蓝色、灰色的西装套装或中山装，内穿白色衬衫，脚穿深色袜子、黑色皮鞋。穿西装套装时，务必要打领带。

女士的最佳衣着是：身着单一色彩的西服套裙，内穿白色衬衫，脚穿肉色长筒丝袜和黑色高跟皮鞋。有时，穿着单一色彩的连衣裙亦可，但是尽量不要选择以长裤为下装的套装。

对于公务宴会的主要成员来说，在讲究庄重保守的同时还要注意品位。对于希望通过宴会为自己的事业推波助澜的人来说，服饰、配饰应该都是非常有品质且经典的东西，有品位的形象也往往可以引起别人的注意，有助于你在宴会中展现自己。

而对于公务宴会中的一些次要人物来说，甘当绿叶才是最好的选择。参加别人的“公宴”，你不过是饭桌上的“道具”罢了。千万得记住自己只是个配角，要安分守己，不能喧宾夺主，抢了风头。比如，陪同老板出席商务宴会，如果你穿得太过“华丽”就会抢了老板的风头，如果老板很大度，或可逃过一劫，否则下一个要走人的就是你。做好绿叶可不是件容易的事情，基本的原则是和你的上司风格一致但略逊一筹。

社交宴会

出席社交宴会，着装应当重点突出“时尚个性”的风格，既不必过于保守从众，也不宜过分随便、邋遢。

目前的做法是，在需要穿着礼服的场合，男士穿着黑色的中山套装或西装套装，女士则穿着单色的旗袍或下摆长于膝部的连衣裙。其中，尤其以黑色中山装套装与单色旗袍最具有中国特色，并且应用最为广泛。在社交宴会中，最好不要穿制服或便装。

社交宴会中，特别是在自助鸡尾酒会上，由于很多人之间都互不相识，为了让自己更出众，更吸引人眼球，可以选择使自己的形象亮起来。比如，男士可以穿让人眼睛一亮的丝绸衬衫，或者搭配颜色鲜艳的领带等；女士则可以选择颜色亮丽且得体的服装，以达到堪比明星出席的效果。当然，也要注意不要打扮得太过怪异，以免与众人格格不入，遭到大家的排斥。

休闲宴会

休闲宴会中的着装应当重点突出“舒适自然”的风格。没有必要衣着过于正式，尤其应当注意，不要穿套装或套裙，也不必穿制服。那样穿既没有任何必要，也与所处的具体环境不符。

这种宴会中，参与人之间的关系大多比较和谐，也没有什么目的。所以，在衣着上没有必要太出众，只要适度装扮就可以了。但是，即便是这样，也不能表现得漫不经心，这是特别失礼的行为。

上面列举的三种场合基本可以覆盖赴宴的绝大多数情形，一般来说也足够用了。看起来似乎比较麻烦，其实也不然，赴宴穿衣还有一条捷径，那就是和大家保持一致。试想一下，如果大家都穿便装，你却穿礼服就有欠轻松；同样的，如果以便装出席大家都穿礼服的正式宴会，不但是对宴会主人的不尊重，也会令自己颇觉尴尬。

总之，在宴会应酬中，无论男女，都应时时注意穿着的得体，就如同我们看戏时可以通过不同角色服饰的区别来辨别各个角色的身份一样，他人也会根据我们的服装对我们进行“角色”上的定位。

饰品失礼，“画虎不成反类犬”

在参加宴会时，为了让自己更光鲜亮丽，我们往往会选择某些抢眼的首饰。的确，合适的首饰往往能起到画龙点睛之功效，令人眼前一亮。但是与之相反，过多无当的装饰品，甚至将耳环、项链、手表、胸针等五花八门的东西统统挂在身上，却只能是画蛇添足，掩盖了自己原有的气质和光芒，毕竟没有人喜欢一棵挂得花里胡哨的圣诞树。

最近参加了一个商务晚宴。宴会上，正当我品尝着宴会美食时，一位好友走过来，悄悄地问我：“哥们儿，你看那位‘圣诞树’到底是干嘛的，结婚了没有？”

顺着他的目光看去，只见一位衣着华丽的女士手上戴了四枚戒指，食指上戴着一枚玫瑰金的戒指，中指上戴着一枚黄金戒指，无名指戴着一枚钻石戒指，小指上还有一枚白金指环，手腕上戴着一只翡翠手镯，脖子上有一条白色的珍珠项链，耳朵上两个长长的耳坠是红宝石的。

“首饰展销会吗？”我很无奈，“结婚没有我不知道，但这姐姐可真挺有钱。”

点评：

一般来说，首饰的佩戴要遵循以下三个原则：

第一，首饰的作用就是装饰，当这种装饰给自己和别人带来的不是感官上的愉悦，反而是不愉快和失礼时，首饰就失去了意义；

第二，首饰的佩戴要根据不同场合的要求而有所选择，选择的时候要遵循有关传统和习惯；

第三，选择佩戴的首饰要综合考虑，不仅要和衣着相协调，同时也要考虑到首饰使用者的年龄、肤色、身材、容貌、身份等特点。

对于宴会中的女性而言，你在宴会上的角色应该是一位风情万种的白领丽人，应该尽可能地选择那些可以与你的身份、气质及服装比较协调，能够彰显你独特审美品位和气质的饰品。那么，参加宴会时，你应该如何选择相应的首饰才能不让人感到粗俗呢?

佩戴首饰的数量和款式，可以视具体宴会的具体情况而定

如果是庄重妇人参加社交宴会，首饰要以少为佳，甚至可以一件首饰也不佩戴；首饰要以古朴、典雅、尊贵、大气的风格为佳。对于男性而言，越是正规的场合佩戴的饰品就要越少。

对于年轻女性，除非你是新娘，否则参加宴会时的首饰不要超过三种，需要强调的是，这几件首饰最好是同一颜色，同一质地的。另外，佩戴的首饰与服装的质地、色彩、款式的风格要协调。

季节不同，佩戴的首饰也应不同。一般来说，金色、深色的首饰适于寒冷季节佩戴，银色、艳色的首饰适合温暖季节佩戴。

不同首饰的佩戴方式不同

佩戴首饰不宜过多，一两件是精巧的装饰和点缀，而多于三件则显得庸俗不堪。首饰只起点缀作用，用于调节着装，使之与自己所要展现的气质更为合拍。

1. 佩戴戒指

戒指一般只戴在左手上，而且最好只戴一枚，至多两枚。如果一定要戴两枚戒指，要戴在左手两个相连的手指上，或者左右手对应的手指上。戒指的佩戴是一种沉默的语言，往往暗示佩戴者在婚姻和择偶方面的现状。

佩戴在中指上，一般表示正处于热恋中；无名指表示已经订婚或结婚；食指表示无偶或求偶；若是戴在小拇指上则暗示自己是独身主义者。

2. 佩戴耳环

耳环一般是女性专用，并且是成对使用，佩戴耳环应该利用人的视觉原理，根据个人脸型特点来选配。

一般来说，方形脸的人佩戴圆形或卷曲线条吊式耳环，可以缓和脸部的棱角；圆形脸的人戴上“之”字形、叶片形的垂吊式耳环，在视觉上可以造成修长感，显得更秀气；心形脸的人宜选择三角形、大圆形等纽扣式样的耳环；三角形脸的人最好戴上窄下宽的悬吊式耳环，使瘦尖的下颌显得丰满些；对于戴眼镜的女性来讲，贴耳式耳环会令她们显得更加文雅漂亮。

3．佩戴项链

项链男女均可佩戴，但男士的项链一般不应外露且不能多于一条，对于女性来说就没有这么多限制了。就项链的选择而言，价格并不是主要的因素，不管是什么样的款式，与年龄、肤色、服装搭配协调才是最重要的。

一般来说，上了年纪的人以选择质地上乘、工艺考究的黄金、白金项链为好；而年轻人应选用颜色好、款式新的项链为佳，如骨制、珍珠制项链等。

脖子较长和皮肤较好的女性，比较适合用较宽的项链进行装饰，甚至可以将几条项链缠绕在一起，营造丰富而具层次的美感；脖子较短的人，如果脸形不是特别圆，就比较适合佩戴细细的项链。

4．佩戴手表

在社交场合人们所戴的手表往往体现其地位、身份和财富状况。因此在人际交往中人们所戴的手表、尤其是男士所戴的手表，大都引人瞩目。在正规的社交场合，手表往往被视同首饰，对于平时只有戒指一种首饰可戴的男士来说，更是备受重视。

正式场合所戴的手表，在造型方面应当庄重、保守，避免怪异、新潮；造型新奇、花哨的手表，仅适用于少女及儿童；女士如果要戴手表，最好选择那些有品位的名牌表。

5．手镯与手链

当你在一些正规的场合穿无袖礼服时，别忘了在修长细腻的手臂上戴手镯与手链。手镯与手链是一种套在手腕上的环形装饰品，它在一定程度上，可以使女性纤细的手臂与手指显得更加美丽，可令你仪态万方、楚楚动人。

选戴手镯时应注意，如果只戴一个手镯，应戴在左手上；戴两个时可每只手戴一个，也可都戴在左手上，这时不宜戴手表；戴三个时应都戴在左手上，不可一手戴一个，另一手戴两个。手链一般只戴一条。

宴会应酬时，女人不想让自己的着装显得过于平庸乏味，总是会佩戴一些饰品，这是人之常情。然而，饰品对于男人和女人的意义是不同的。对于男人，饰品象征着身份、地位和财富；对于女人，则是点缀，只需要选择其中一个饰品作为重点，而其他尽量从简，才能打造出有层次的和谐感官。

首饰佩戴得好了，自然可以提升自己的品味；佩戴不当，便显庸俗，不仅不能“画龙点睛”，反而会闹出“画虎不成反类犬”的笑话。

妆不出好气色，哪有贵人来

几千年来，无论社会如何变迁，人类的美女情结始终挥之不去。美女特有的独特资本让她们获得了很多特殊际遇，包括物质和精神上的优待。有人说："漂亮的外貌是一张特别通行证。"还有人说："美女也是生产力。"这些话未必完全正确，但漂亮怡人的容貌，在人际交往中比较容易获得他人的好感却是不容置疑的，在宴会中美女的出场也往往成为办事的"必杀技"。

王允府中有一歌女，名叫貂蝉。这个歌女，不但色艺俱佳，而且深明大义。王允向貂蝉提出用美人计诛杀董卓的计划。貂蝉为感激王允对自己的恩德，决心牺牲自己，为民除害。

在一次私人宴会上，王允主动提出将自己的"女儿"貂蝉许配给吕布。吕布见这一绝色美人，喜不自胜，十分感激王允。二人决定选择吉日完婚。第二天，王允又请董卓到家里来，酒席筵间，要貂蝉献舞。董卓一见，馋涎欲滴。王允说："太师如果喜欢，我就把这个歌女奉送给太师。"董卓假意推让一番，高兴地把貂蝉带回府中去了。

借此机会，王允成功地挑起了吕布和董卓之间的矛盾，进而除去了董卓。

点评：

这就是"美人计"的力量，但可惜的是，美女总是"稀缺资源"，毕竟天生丽质的人总是少数，况且岁月不饶人，就是真正的美女也有红颜易老的烦恼。于是，众多渴望美丽、追求美丽的女性们千方百计用各种化妆品打扮自己，梦想着可以享受美女的待遇。那么，如何化妆才能更好地实现这一梦想呢？

俗话说得好："三分靠长相，七分靠打扮。"游走于宴会中的女人虽然年龄、行业各异，但化妆的基本原则是相同的，都要注意根据自己的脸形、性格、气质等条件来选择适合自己的妆容，这样才能吸引人的目光。

不同脸形的化妆技巧

1．标准脸

特点：颧骨比较不明显，脸形长短宽窄配合最适宜，这种脸形是最标准脸形。

粉底：打上肤色粉底，在两颊加上深色粉底即可使脸形显出更立体感。

眉毛：适合任何眉形。

鼻影：视鼻子长短来修饰，以自然立体为主。

口红：适合标准唇形。

腮红：两颊轻刷上椭圆形的腮红或标准腮红。

发型：适合任何发型。

2．长形脸

特点：脸部较长，有的是额部长，有的是下巴长，给人不柔和的感觉。

粉底：额部和下巴都要打上深色粉底，这样看起来比较秀气。

眉毛：眉毛2/3画直，眉峰不宜太高，也不要往下，画长一点，类似一字眉的感觉。

眼线：画成椭圆形。

鼻影：不适合做太明显的鼻影，应以自然为宜。

口红：上唇不要画得太丰满，下唇可画丰满些。

腮红：修容要往耳边擦，以横刷为佳。

发型：不适合中分，也不要梳的太高，前额留些刘海。

3．圆形脸

特点：最可爱的脸形就是这种，缺点是脸形太圆太宽，而且下巴及发际都呈现圆形，缺乏立体感。

粉底：两腮加深色粉底，下巴和额头中间加白色粉底，使人感觉修长立体。

眉毛：眉峰1/2带角度，眉毛画高点，两眉距离近点，眉稍往上，眉毛不宜过长，不要画太浓。

眼线：适合长形的眼线。

鼻影：视鼻子长短来画，在鼻梁两旁画两条深色，鼻子中间画白色。

口红：避免画成圆形，淡色佳。

腮红：在两颊刷高些、长些。

发型：往上面梳，不要梳得太宽。

4．方形脸

特点：脸形线条较直，方方正正，额头宽面额也宽，下巴稍嫌狭小，缺乏温柔感。

粉底：两腮和额头两边加深色粉底，下巴和额头中间加白色粉底。

眉毛：标准眉形或角度眉皆可，眉峰不宜太明显。

眼线：适合画圆形。

鼻影：视鼻子的长短来画，鼻梁两旁颜色不宜太深。

口红：上下嘴唇画圆些。

腮红：两颊颜色刷深、刷高或刷长。

发型：两颊头发不适合太短，宜往前面梳。

5．倒三角形脸

特点：脸形比较尖，具有上宽下窄的特征，额头较宽下巴较尖，会给人忧愁的感觉。

粉底：在额头两边、下巴和颧骨部位加深色粉底，两腮加白色粉底，使整个脸看起来较丰满、明朗化。

眉毛：以细眉为主，眉头与眉尾平行。画法与标准眉形相同。

眼线：依眼睛形状来画，需明显些。

鼻影：视鼻子长短来修饰。

口红：唇形画明显些。

腮红：颧骨部位颜色加深。

发型：前面头发往下梳。

6．正三角形脸

特点：上窄下宽，额头窄小两腮方大，给人沉着大方又威严的感觉。

粉底：两腮加深色粉底，显得比较深凹，弥补脸部宽大的缺点，在狭小额头和下巴加上白色粉底，让它突出饱满。

眉毛：以自然眉形画法，眉毛加粗，眉尾处比眉头稍高。

眼线：画椭圆形。

鼻影：视鼻子长短来修饰，以自然为宜。

口红：可描丰满些，下嘴唇不宜画成圆形。

腮红：在两颊刷高些、长些，以斜刷为宜。

发型：发型以自然为宜，切忌往上梳。

气质是女人永远的化妆品

女人可以凭借自己漂亮的容貌吸引人们的眼球，但真正能让人们为之倾倒的，却是女人的美丽气质！美丽出于天然，而气质却需要经过后天培养方能形成。许多并不美丽的女人因为自身独特的气质，却总能在熙熙攘攘的人群中，卓然挺立。

我们怎样才能获得属于自己的气质呢？一般可以从两方面着手，其一是在生活中有意识地主动与那些气质较好的人交谈，以她们为镜，向她们学习；其二，在工作中要始终保持一种开阔的胸怀。

社交宴会化妆要点

1．妆容宜淡不宜浓

一般来说，应酬场合中，女士的妆容宜淡不宜浓，因为画浓妆往往给人一种媚艳的感觉，日间化妆还是应该以淡雅为宜，这样更能突出女性的生活与审美，如果出席夜间宴会则可以适度浓艳。

2．整个人的化妆与服装、配饰颜色要协调

一般来说，我们可以通过化妆来调节面部肤色，以使更多的颜色的衣服和配饰可供选择。具体原则是：面色红润的人适宜穿茶绿或墨绿色衣服；肤色黄白的适宜穿粉红、橘红等柔和的暖色调的衣服；面色偏黄者适应穿蓝色或浅蓝色上装；肤色偏黑的人适宜穿浅色调，明亮些的衣服，如浅黄、浅粉、月白等色彩，这样可衬托出肤色的明亮度；气色不好的人适宜穿白色衣服，显得健康。

3．切忌当众化妆

商务应酬的场合中，女士在他人面前化妆是极其不礼貌的行为。当发现自己需要补妆时，应选择到化妆室或盥洗室进行。此外，尽量不要在人前有整理头发、整理衣服、照镜子等行为。

总之，在商务应酬的场合中，如能选择一个得体的妆容，则必定能为自己的商务形象大大加分，从而促进自己事业的发展。换一个角度说，对脸的化妆，就是对心灵的化妆。通过化妆，可以使形象更完美，从而调整心态，增强自信。这种自信，往往会使人神采飞扬，激发女性对美好生活的向往和追求。

衬衫和领带，西装达人的风采

中国人常用“西装革履”来形容文质彬彬的绅士，足可见西装在国人心中的地位了。我国没有礼服、便服之分，遇到应穿正装的场合，西装几乎是男士唯一的选择。当然，上下同色、同质的毛料中山装也是比较妥当的。

西装的特点是外观挺括、线条流畅、穿着舒适，给人一种庄重高雅的感觉。商务应酬中，举止优雅、风度翩翩的“西装达人”往往给人一种值得信赖的感觉。当然，这并不是鼓励人们在商务应酬中以貌取人，而是在陈述一种客观事实。

但是，西装毕竟是一种“舶来品”，国人在西装的选择、穿着和搭配上往往会有一些误区，严重时甚至会破坏自己的形象。下面，让我们一起来看一看，穿着西装时到底有哪些常见的问题。

西装选择方面的常见问题

1. 西装颜色不考究

男士在正式场合的着装，必须遵守“三色原则”和“三一定律”。“三色原则”是指男士穿西装时全身颜色必须限制在三种以内；“三一定律”是男士穿西装时必须保证全身三个部位，鞋子、腰带、公文包的色彩必须一致。

另外，在正规的商务宴会或者外事接待时，西装的颜色一般要求是黑色，最起码也要是深色调的。这也是那些喜欢追逐时尚潮流，为了显示自己的时尚品位，穿一些色彩鲜艳或发光发亮的西装参加商务应酬的人，会遭人鄙夷的原因。

2. 西装版式的选择

西装从版形上来说，主要分日版和欧版两种，两者最大的区别在于日版西装一般是不收腰，而欧版西装一般都收腰，日版西装的后衣身长度通常要比欧版西装短一厘米左右。

所以，如果你的身材比较匀称，个子比较高，可以考虑欧版；如果个子较矮，身材较胖，那么最好选择日版。

3．西装尺寸不合体

在选择西装的尺寸时，首先是要合肩、笔挺合身。双手垂下，衣长刚好到臀部下缘，或差不多到手自然下垂后食指第二关节处为宜，袖长要求刚好到手掌虎口，或服摆与拇指处齐平。

很多人为了自己的舒服，往往选择稍大的西装，这很不好。因为会给别人一种“小人穿大衣”的滑稽感，马戏团的小丑经常会这样打扮，目的就是突出一种喜剧效果。

4．西装扣子数量的选择

西装如果按纽扣来划分，可以分为单排扣西装和双排扣西装。单排纽扣西装通常有一到三粒扣子，其中一粒纽扣和三粒纽扣的西装比较时髦一些，两粒的比较正规，一般一粒纽扣的西装不宜出现在正规场合；双排纽扣西装更为正式，一般来说，如果一个人身材肥胖，最好选择双排扣西装，这会给人稳重的感觉。

西装穿着方面的常见问题

1．西装不整洁

西装不一定要款式、面料考究，但一定要熨烫平整，干净利落。穿一身皱皱巴巴、歪歪扭扭，甚至有污渍的西装，只能给人留下邋遢的印象。如果穿这样的西装，还不如穿件干净的夹克衫更好些。

2．保留袖口商标

品牌西装的袖口处都会有商标，在穿西装前一定要把它去掉，否则你将不可避免的落人笑柄。很多人会有炫富的心理，好不容易买了一件高档西装，于是就千方百计地想让人知道，这可以理解，但这确实是一种失礼的行为，有暴发户之嫌。

3．西装口袋里乱塞东西

正规的西装三件套包括西裤、背心、上衣，共有14个口袋，每个口袋的功能各异，不可乱用。

西装上衣两个下袋用来盛放松、软、薄的东西，诸如纸巾之类，切不可装得鼓鼓囊囊。上衣左胸上袋也叫手巾袋，专插装饰性手帕，也可以放一些厚硬的如名片夹等东西，使胸部显得丰满平挺。主衣内袋可用来放重要证件、凭证和钢笔，有的上衣还有直口内袋，是专门用于放眼镜的。

西装背心不是军人的战术背心，不能塞得满满的，上下四个口袋用于放名贵的小件物品，如戒指、打火机等。

西裤的左右插袋用作插手取暖和放烟盒等厚硬的东西。裤子右边口袋里有个放手表的表袋，不过现在已经基本失去了本来的功能。西裤两个后袋，右边的用来放手帕，有钮扣的左后袋则用来放钱包，记事本之类的东西。

4．西装扣子应该怎样扣

一般来说，双排扣子的西装穿着时一定要把所有纽扣全部扣上。而对于单排扣子的西装来说，说法就很多了：在国外，第一个扣子叫“永远”（Always），就是说无论什么时候都要扣上；第二个扣子叫“有时”（Sometimes），就是可扣可不扣；最底下那个叫“永不”（Never），就是从来不扣。

西装搭配方面的常见问题

1．衬衫的搭配和穿着

正装衬衫必须为单一色彩，一般选择白色、蓝色、灰色、棕色、黑色。从图案上讲，正装衬衫以无任何图案为佳，唯一的例外是，较细的竖条衬衫在一般性的商务活动中可以穿着，但是，必须禁止同时穿着竖条纹的西装。

从衣领上讲，正装衬衫的领型多为方领、短领和长领。具体进行选择时，须兼顾本人的脸形、脖长以及将打的领带结的大小，千万不要使它们相互之间反差过大。从衣袖上讲，正装衬衫必须为长袖衬衫，短袖衬衫则具有休闲性质。

穿西装的时候，还有很多讲究。首先，衬衫的所有纽扣都要系好，只有在穿西装而不打领带时，才必须解开衬衫的领扣；其次，衬衫的袖长最好长短适度，最美观的做法是令衬衫的袖口恰好露出来1厘米左右；最后是要把下摆放好，穿长袖衬衫时，不论是否穿外衣，均须将其下摆均匀而认真地掖进裤腰之内。

此外，还应特别指出的是，男士在自己的办公室里，可以暂时脱下西装上衣，直接穿着长袖衬衫、打着领带工作。但是，要以这种形象外出办事，就有失体统了。

2．至关重要的领带

对商务人士来说，有几条质量较好的领带和与之搭配的几件不错的衬衫是十分必要的。衬衫和领带的搭配是色彩学和礼仪学的交叉，若搭配不妥，有可能破坏整体的感觉，但是如果搭配得巧妙，则能抓住众人的眼光，而且显得自己别出心裁。

专家有几个搭配领带的建议：第一，颜色或图案简单的衬衫，可以搭配花样较复杂多变的领带；第二，较花哨的衬衫，适合搭配式样简单的单色领带；第三，喜欢变化的人，可选择以格子衬衫搭配圆点领带，或条纹衬衫搭配格子领带；第四，花样活泼的图案，可选择搭配轻松休闲的运动衬衫。需要指出的是，比较庄重的场合下，还是选择白色的衬衫和素色的领带比较好。

另外，领带作为一种纯装饰性的服饰，离你的脸最近，也最能体现你的品位。不同的花色意味着不同的含义：斜纹代表勇敢，方格代表热情，碎花代表体贴，垂直线代表安逸，横线显得平稳，波纹线代表活泼、跳跃，圆形代表饱满成熟。你可以根据自己的心情、喜好和性格加以挑选。

3．皮鞋和袜子的搭配

一般来说，穿西装时，应搭配深褐色或者黑色皮鞋，袜子的颜色应该比西装更深一些，花色要尽量简洁大方。国人心中“喜闻乐见”的黑皮鞋和白袜子在社交场合中是万万要不得的，这样的打扮只能使你在客户心目中的形象急剧下降。

除了上面提到的这些，男士的手表、手绢、钱包、公文包、领带别针、笔、打火机及眼镜也都起着重要的装饰作用。这些小细节看似不起眼，却实实在在地影响着你的形象，甚至决定了你商务应酬的成败。所以，不妨从现在开始，关注这些细节，展现出你“西装达人”的风采，当好宴会应酬的“标兵”。

别做餐桌上的“黑手党”

记得周星驰在《唐伯虎点秋香》中为了形容自己惨，曾说了这样一句话：“你看我几天没有剪指甲了，里面全是黑泥，难道这还不够惨吗？”这里当然是笑谈，不过也从侧面说明了，对讲求生活质量的人来说，保持手部的卫生是非常重要的。

餐桌上，手会起到很大的作用，大概唯一可以与之相提并论的就是嘴了。无论是端茶敬酒、握手寒暄或者是使用餐具、筷子，都离不开手，就是与人交流也少不了手势的帮助和配合。所以，对于宴会达人们来说，手部的形象是非常重要的。

宴会中，一双干净的、经过精心打理的手对我们的个人形象有着很重要的作用，为此，应该注意以下几点：

干净的手才好握手

保持手部的卫生是一个良好的习惯。宴会上经常发现某些宾客衣着考究，谈吐不俗，准备握手时却发现伸过来的原来是一只“黑手”，也许是没有洗干净；也许是沾满了油腻；也许是留着长长的指甲；甚至甲缝里还塞满了黑乎乎的泥，让人不由得有些恶心的感觉。

这样的手谁还愿意握呢？要知道，宴会毕竟是要吃饭的，而吃饭时是没有任何人愿意看到或者想到脏东西的，这时，挥舞着一双“黑手”的你会给其他人什么样的感觉呢？恐怕除了鄙视就是倒胃口吧！

所以，为了更好地在宴会中交流，更好地和席上宾客握手，要做到：第一，饭前洗手，剪指甲；第二，吃过要用手抓的东西后记得擦手，或者洗手；第三，洗过手后要记得擦干净再返回饭桌，以免湿乎乎的手遭遇到握手的尴尬。

当心指甲露了你的底

不论男人还是女人，指甲都需要经常打理，不过打理成什么样子还是有一些讲究的。对于男人来说，一般有以下几种情况。

1. 十个指甲修剪得很平整，与指缘齐平，而且指甲缝很干净，见不到一丝污垢。这样的男人一般都很有节制，不管是工作还是生活，他都会安排得井井有条。

2. 指甲被修剪得非常彻底，伸出手来只能看到指缘而看不到甲缘，就连指甲的侧边都被修理得干干净净。这样指甲的男人往往性格内向，喜欢埋头苦干而不喜欢抛头露面，喜欢按部就班而不喜欢挑战冒险。

3. 指甲普遍很长，明显超过指缘，但是很干净，内中难得见到污垢。这种男人通常心思细腻而注重形象，换句话说，可能有些自恋情结。

4. 伸出手来，只看到一根手指上的指甲很长，或是拇指或是小指，其他的手指，指甲被修剪得很彻底。独独留一根长指甲是一种个性的表现，这种男人骨子里有一种特立独行的性格，以致修剪指甲都要保持特色。

5. 指甲只可远观，不可近视，因为细细端倪，总有一两个指甲藏污纳垢，更严重的，每个指甲缝里都有一点黑色的内容物。这种男人的性格比较粗心很大意，随遇随安，没有太多生活要求。但是一旦专注于事业之中，他的爆发力往往让人吃惊，因为他可以忽视其他一切干扰因素。

上面讲的是男人，而对于女人来说，指甲也可以透露出一些小秘密。

1. 指甲上从来见不到指甲油的痕迹，但是看上去是那么爽心悦目，因为洁净的指甲非常有形，略长于指缘而呈流畅的圆弧。这种女人一般追求内秀重于追求外表，她总能大方得体的待人接物，颇有大家闺秀之风范。

2. 十根手指都是长长的指甲，颇具“梅超风”之风范。这种女人往往养尊处优，即使不是养尊处优，也会过于追求所谓的小资生活，难免让人有“花瓶”之嫌。

3. 指甲被修剪得很彻底，平伸出来，只看到指缘而看不到甲缘。这样的女人，性格里总会有些男人的强悍作风，不大会有女人常有的娇嗲，也不习惯过分依靠男人的臂膀，干什么都有些风风火火，活脱脱一副女强人的形象。

4. 指甲长短不一，但很有规律，一般靠前的手指如拇指指甲短，靠后的手指如小指指甲长，仿佛一组从高到低的队列。拥有如此指甲的女人，不论在工作还是在生活中，都推崇井然有序、合理安排，往往乐意选择惬意、自由的悠闲生活，而讨厌过分追求带来的太多烦扰。

看了上面这些，再看看自己的指甲，你究竟想给人什么样的印象呢？

女性慎用指甲油

在职业女性中，染指甲已经司空见惯了。对于爱美的女孩来说，指甲油之于手，就宛如口红之于脸。选择正确指甲油颜色固然可以让手部肤色看起来更美，但指甲油的颜色不应该选得太亮丽，这样会使别人的注意力只集中在你的指甲上。可以选一些和你口红相配的颜色，有些人喜欢透明色指甲油，它是大众都能接受的颜色，而那些不被大多数人接受的颜色，比如黑色、褐色等，尽量不要选择。

当然，“手”上的功夫远远不止上面提到的一点点，尤其是对于女人来说，手是女人的第二张脸，要用护手霜、做手膜、做家务时要戴手套，要时时保养，重要场合时还要做水晶指甲……从手可以判断一个女人的身份、修养和生活品质。而对于男人来说，虽然没有这么夸张，但手的重要性也毋庸置疑。

所以，各位朋友，参加宴会前，好好审视一下自己的双手吧！不要让手成为你纵横“饭场”的绊脚石，千万别做宴会中的“黑手党”。

不要把自己的头弄成“鸡窝”

看一个人，我们总是会用到一个词，那就是“上下打量”，也就是说，人们观察一个人往往是从“头”开始。所以，作为人体的制高点，头发留给别人的印象往往是十分深刻的。正因如此，现在的商务人士对自己的头发打理都是不遗余力，这也彻底改变了以往只有女人关心自己头发的传统观念。头发，对男人同样重要。

初入公司时，我负责的是售后服务，一年后由于表现比较好，改行做了销售。于是我脱下了工作服，穿上了西装，奔波于城市的高楼大厦之间，尽管我很尽力，可效果却不太好。

一天，偶然遇上了一位多年未见的童年好友，于是相约共谋一醉。酒酣耳热之际，彼此互诉衷肠，我才知道他现在已经是一位颇有造诣的造型师，他也了解到了我的困境。

“跟我走吧！我来解决你的问题！”他豪气冲天地对我说。

“你的问题就在于你的发型，你的头发偏软，发质也不好，头发又留的比较长。再好的发型睡一觉也完蛋了，看看你自己，头发像不像个鸡窝？而且是最烂的那种鸡窝。穿上西装也不像什么好人，谁愿意和你谈生意啊？”他借着酒劲开始对我品头论足。

“真的啊！”我很惊讶，乖乖地随着他去剪了个短发。

从那以后，我的工作似乎越来越好做了，客户也开始乐于响应我的邀请了。

点评：

“鸡窝头”真是害人不浅啊！一般在商务应酬时，一个人的形象不仅体现着他个人的素质和修养，还代表着公司的形象和品位。好的头发形象虽然不一定能赢得客户的信任和好感，但是凌乱的头发注定是不讨人喜欢的。

案例中的“我”顶着凌乱的，甚至脏兮兮的“鸡窝头”拜访客户，客户讨厌还来不及呢，哪里还会有深入交流的念头？所以，如果想在商务应酬中给对方留下好印象，用心打理自己的头发是很有必要的。在宴会中，更应该随时保持好发型，发型不要过于随意、凌乱，也不宜过于复杂，干净、利落就可以了。为此，我们需要注意以下几点。

1．头发的打理很重要

头发的打理贵在坚持，三天打鱼两天晒网并不可取，临事抱佛脚更是不妥。主要原因有二，其一是好的发质是需要悉心呵护的，只有长期持续的维护保养才能保持头发的健康；其二是人对于一种发型是需要适应的，每种发型都需要相关的气质与之配合，而这种气质是需要时间来形成的，并非一朝一夕之功。那么，每天打理头发需要做哪些事情呢？

首先，要保持头发的干净整洁，如无特殊情况每天都要清洗，冬季寒冷时可以适当放宽。要使一个人的头发看上去整洁秀美、清爽悦目，就要将其认真梳理整齐，令其层次清晰、一丝不苟。在正常情况下，我们在赴宴前，一定要仔细梳理好自己的头发。

其次，平时要注意对头发的养护，使其具有自然光泽。目前市面上养发护发的产品有很多，可以选择一款与自己发质相匹配的产品使用，如果效果良好就不要轻易更换。

最后，不要过多使用啫喱水、定型水之类的东西。如必须要使用，也最好选择无香型，免得和香水、化妆品等气味混杂在一起。

2．发型要与个人形象统一

发型不是可以随意选择的，也要和个人的身体特点相一致，要根据每个人的头型、脸型、肤色量身定做。这需要专门的知识，最好去咨询形象设计师的意见，不过笔者整理了一些资料，希望可以对你有所帮助。

头形大的人，不宜烫发，最好剪成中长或长的直发；头形小的人头发要做得蓬松一些，但头发不宜留得过长；头形较长的人两边头发应吹得蓬松，头顶部不要吹得过高，应使发型横向发展；头形尖的人不宜剪平头，剪短发烫卷，尽量使头形呈出椭圆形；头形圆的人刘海儿处可以吹得高一点，两侧头发向前面吹，不要遮住面部。

椭圆脸形是一种比较标准的脸形，大多数的发型都比较适合；圆脸形总是给人以温柔可爱的感觉，只需稍修饰一下，两侧头发向前梳一点儿就可以了，但不宜做太短的发型；长方脸形的人要避免把脸部全部露出，尽量使两边头发有蓬松感，不宜留长直发；方脸形缺乏柔和感，做发型时应选择柔和发型，可留长一点的发型；正三角脸形的人，刘海儿可以剪成齐眉的长度，使它隐隐约约表现额头，用较多的头发修饰腮部，不宜留长直发；倒三角脸形的人做发型时，重点要注意额头及下巴，刘海儿可以做齐一排，头发长度超过下巴两公分为宜，并向内卷曲，增加下巴的宽度；菱形脸的人头发长度超过下巴两公分为宜，并向内卷曲，以增加下巴的宽度。

一般来说，经常出席商务场合的人不宜染发，如若染发，则要注意令发色和肤色保持协调。一般皮肤白皙者选择任何颜色都比较合适，麦芽肤色的人比较适合染浅棕色或者铜金色的头发，古铜肤色的人更适合浅棕色头发，肤色偏黄的亚洲女性染成红色头发效果也比较好。而黄色、蓝色、绿色等颜色是属于街头的颜色，染成这种颜色就不要出入高档正规的场所了，以免遭人耻笑。

3．发型要与宴会场合相匹配

如果参加的是朋友、亲戚、同学间组织的宴会，一般以温馨和谐为主线，发型自然可以随意些；但是参加正规的社交宴会或者商务宴会时，人们对发型的基本要求是庄重和保守，决不能过于新潮、前卫。太过新潮和前卫的人留给人们的印象往往是不稳重，不值得信任，如果你在别人心中留下了这样的印象，无论你的职场还是事业都要前途堪忧了。

一般来说，出席宴会时发型要大方、高雅、得体、干练，前发不要遮眼、遮脸为好。男士不留披肩长发，不剃光头，不留怪异发型；女士也要根据自己的身材肤色等特点选择适宜的发型和颜色。

4．不要在饭桌前整理头发

整理头发是一种私人性质的行为，和前面提到过的化妆一样，你更希望别人欣赏到的应该是结果，而不是过程。所以当众整理头发是一种很失礼的行为，正确的做法应该是在化妆间、休息厅或洗手间内进行。

好的发型，可以提高你的整体形象。参加宴会，别忘了打理好你的头发，要知道发型不仅反映自己的个人修养与艺术品位，还是自己个人形象的核心组成部分之一。千万别让一颗“鸡窝头”毁了你的前途和事业。

第八章

宴会达人不可不知的进餐礼仪

我国是个礼仪之邦，
非礼勿视，非礼勿听，非礼勿言，非礼勿动的古训
早就潜移默化地渗透到我们的血液之中。
宴会作为最为常见的社交形式，
最能体现一个人的文化修养和道德素质的高低。
相信没有人愿意因为失礼而成为众人关注的焦点，
给人们留下不良印象。
由此可见掌握礼仪在社交宴会中的重要性，
那么，就让我们一起学习宴会中的大小礼仪吧。

寒暄和问候的尺度

宣暄，也就是嘘寒问暖；而问候则是指问安、问好。这两个词的词义相近、应用情景也比较相似，都是用来泛指人们相逢之际打招呼、问好的话。寒暄和问候的主要用途，是在人际交往中打破僵局、缩短距离、摆脱沉闷，是人与人之间一种语言交流和情感沟通的有效形式。

一般来说，宴会中主动与人打招呼，代表着向对方表示自己的敬意，有发起谈话的欲望，或是向对方表达了乐于与之结交的愿望。这时，如果对方也同样有交流的期待，往往会对你的寒暄和问候积极回应，于是，双方就在心照不宣中达成了继续交流和沟通的意愿。

寒暄和问候作为一种社交礼仪，是需要掌握尺度的，不能冷冰冰的不近人情，也不能过度热情，这个度要视时间、场合而定。

案例一：

宴会就要开始了，小李去洗手，迎面看到王主任从洗手间出来，就热情地打招呼："王主任，您吃过了！"王主任一脸的不高兴，"哼"了一声走过去了。

案例二：

小王约了朋友去餐厅吃饭，走进餐厅意外的发现好友小张和女朋友也在。

小王高兴极了，赶紧走过去，"小张，好久不见，最近还好吗？这是你的新女朋友吧？走，一起吃吧！"说着，拉起小张就向自己的包间走去。

点评：

有句老话说，礼多人不怪，这话真的正确吗？其实，礼貌欠周固然惹人不快，礼貌过度也一样会令人难堪。温文尔雅的绅士风度往往比热情如火更令人心折。上面提到的这两位朋友一个是在错误的地点选择了错误的问候语，另一个则是热情过度了。

所以说，在与他人见面时，若能选用适当的寒暄语，往往会为双方进一步的交谈做出良好的铺垫。那么，宴会中的寒暄和问候到底需要注意哪些问题呢？

要主动打招呼

宴会中人，谁不喜欢自己被别人尊重和注意呢？而主动打招呼所传递的信息是："我的眼里有你"。所以，积极主动地跟别人打招呼的人，在宴会中总是能让人高看一眼，也经常可以收到满意的回报。

1．对熟人主动打招呼增进感情

有很多人不重视和熟人打招呼，觉得经常见面，用不着每次看见都打招呼。其实，碰上熟人，更应当寒暄几句，如果视若不见，难免显得自己妄自尊大，可能会伤了感情。

2．对陌生人主动打招呼并不意味着低声下气

有人认为，主动跟别人打招呼代表比别人低下，其实恰好相反，主动打招呼说明你有宽广的胸怀和积极的人生态度。另外，有人介绍陌生人给你认识的时候，于情于理都要寒暄几句，在这种时刻一言不发，是极其无礼的行为。

3．对领导主动打招呼是职位晋升的通道

职场应酬或是同事聚会中，见到领导主动打招呼会给领导留下热情自信的印象；而见了领导躲着走，则会让领导认为你没有礼貌、不合群。对于领导来说，愿意巴结他的人很多，不会缺少你的一声问候，可是对你影响却很大，得不到领导的认可和赏识，怎么会得到提升呢？

4．对被冷落的人主动打招呼可能会换来真诚的感谢

在宴会中，一些普通的参与者经常被冷落在一旁，而人们的目光往往只是在追逐显赫的成功人士。对于那些被冷落的人，一声主动的问候可能对他意义非凡、弥足珍贵，会给他留下深刻的印象。也许在未来的某一天，你会发现当时的无意之举会给你带来丰厚的回报。

灵活选择打招呼的方式

打招呼的方式是多种多样的，可以是微笑、点头、握手、招手、拥抱等，根据亲疏程度和地域文化的不同，打招呼的方式也不同。

在宴会中，跟别人打招呼要根据当时的具体情况来决定打招呼的方式。如果大家都坐在座位上互相打招呼时，微笑着点点头或者欠欠身就可以；如果双方都处于站立状态并相距一定距离跟朋友打招呼时，要微笑着向对方招手，或者高声说一声“你好”；如果在拥挤的电梯里，或者餐桌上没有人说话，你最好也不要开口，适时地点头、微笑就可以了；在多人的聚会或者不便深入接触的时候，可以用招手的方式打招呼；在某些正式场合，依据文化习俗的要求，可能还需要拥抱。

常见的打招呼的语言

和别人见面打招呼时，最常用的问候语言是“你好”，而对长辈和领导要用“您好”，这也是最简洁明了的打招呼方式。还有一些比较有中国特色的打招呼语言，例如，“你吃了吗？”对于好久不见的同事或朋友，应当说：“好久不见，最近忙吗？”之类关心和问候的话。

当然，还有一些特定场合的问候语也很常用。初次见面可以说“很高兴能认识您”“见到您非常荣幸”“早听说过您的大名”“久仰”“幸会”等。熟人相见，用语则不妨显得亲切一些，具体一些，可以说“好久没见了”“你气色不错”“今天天气不错”等。

在正式场合，有些类型的寒暄用语最好不要说，比如：带有戏弄性的问候；牵涉到个人私生活、个人禁忌等方面的话语，以及过于程式化的问候。

总之，寒暄语不一定具有实质性内容，而且需要因人、因时、因地而异，需要注意把握尺度。其主要特征就是友好与尊重，既不容许敷衍了事般地打哈哈，更绝对不可用以戏弄对方。寒暄和问候是联络感情的手段，沟通心灵的方式和增进友谊的纽带，绝对不能轻视和小看。

座次安排大学问

对于一贯讲究礼仪的中国人来说，宴会的座次安排是个大问题。座次要如何安排才更合乎“情”“礼”，才能拉近宾主之间的距离，才能让宾主尽欢，才能让对方认可，继而真正达到请客吃饭的目的，往往是初涉社交宴会场的朋友最关注的问题之一。

小王刚刚大学毕业，一直没有找到合适的工作，赋闲在家。前不久，在朋友的介绍下，她找到了一份满意的工作。为了感谢自己的朋友，也想借机和公司的领导拉近关系，她决定请他们吃顿饭。

为了表示自己的诚意，小王特意订了酒店的一个豪华包间。晚上，领导和小王的朋友如约赴宴。作为主人，小王主动坐在了对门的主位上，并没有领会朋友对她的示意。小王就座后，朋友无奈，只好坐在小王左侧，并空出了一个位置，希望领导可以坐在他和小王之间。可小王仍旧没有意识到，领导也没有多说，顺势就坐在了小王朋友的左侧。

宴会上，小王一直觉得很别扭，因为领导和她之间隔了两个位置，虽然很想跟领导说说话，拜托领导以后多关照自己，但是距离太远，对方也只顾着和自己的朋友聊天而不得不作罢。

整场宴会下来，气氛比较尴尬，大家只是勉强吃了点东西，就匆匆结束，原本出去唱唱歌的计划也取消了。

点评：

在这场宴会里，我们不难发现小王做得很不好，首先她不必订那么大的房间，即使一定要定，最好也要再请几个人捧捧场；其次主位是应该让给领导的，即使领导不坐也要在礼数上周到些；最后，对于人数较少的宴会，应该安排客人坐得集中一点儿，这样更便于沟通。

这只是一个最简单的宴会座次的案例，道理也很容易讲清楚，在这里引用只不过是为了更好的理解座次在宴会中的重要性而已。而生活中绝大多数宴会都要比这个复杂得多，要想妥善安排，一般还需要了解以下一些知识。

不同座次的含义和地位不同

中国古代建造的房屋大都是坐北朝南的，都会在厅中朝南摆放两个座位，一东一西。招待来客时，主人总是先把客人迎到西边的座位上，然后自己才在东边的座位上坐下。《礼记》中就有“主人就东阶，客就西阶”的说法。再加上中国自古以来就有“以左为尊”的传统，逐渐形成了中国式宴席“尚左尊东”“面朝大门为尊”的礼法。

总的来讲，宴会使用的若是圆桌，则正对大门的座位为主位，主位左右两侧的位置，则以离主位的距离来判断，越靠近主位的位置越高，相同距离则左侧尊于右侧。若为八仙桌，如果有正对大门的座位，则正对大门一侧的右位为主位。如果不正对大门，则面东一侧的右席为主位。

如果是婚宴或者公司聚会之类参与人数较多的大宴，桌与桌间的排列讲究首席居前居中，也就是最前面一排居中的桌子是首席。左边依次顺序排列是2、4、6席，右边则为3、5、7席，可以适当根据主客身份、地位，远近亲疏落座。

主位应该谁来坐

一般来说，如果你是被邀请参加宴会的，那么听从主人的安排入座就可以了。如果你是主人，你应该提前到达，然后在靠门位置等待，并为来宾引座。不过，座位的尊卑虽然搞清楚了，但如何安排又是个问题，尤其是主位的安排往往很费脑筋，因为这个位置很敏感，搞不好是要得罪人的。

首先，你要对前来参加宴会的人了然于胸，谁应该坐哪里都要提前有计划和安排，如果是正规宴请可以提前准备好名牌。

其次，顾名思义，主位大多数时候是由主人坐的。但是，如果你的老板也出席宴会的话，你应该将老板引至主座，请客户最高级别的坐在主位左侧的位置。还有一种情况是，如果主宾的地位很高，或者是你有事相求，恭请他坐上主位也是常有的事情。

最后，请客吃饭，如果你自己没有坐上主位，也最好要在主位两侧合适的位置相陪。如果你所在的公司或者团体已经由比你身份更高的人陪客的时候，也不妨坐在门口的埋单位，显得更有诚意。

不要坐在客人的正对面

在卡座里吃饭时，除了那些热恋中的，关系好得蜜里调油的男女朋友之间，轻易不要面对面的坐，可以稍微错开一点儿。

中国人大多比较内敛，比较腼腆，面对面的坐着会给对方心理上施加压力，是一种对抗性的座次安排。一般来说，这种入座方式降低说服对方的可能性，除非你是别有用心，有意为之。

不要选择独立的位置

吃饭的人比较少，而饭桌比较大的时候，为了使宴会显得不太空旷，有些朋友往往乐于选择独立的位置，也就是左右都不和别人相邻的位置。这看起来是照顾大局的表现，其实并不是一种好的选择。因为坐在这种位置是一种无声的语言，让其他宾客认为你对他们的言谈不感兴趣，或者怀有敌意，不利于你的社交活动。

无论出于什么目的，设置宴会都不可避免的牵涉到你的人脉关系和社会关系，而座位安排可以说就是社会关系的一种影射。作为设置宴会的一方，坐席的安排务必要放到很高的级别去研究和重视，哪个人该坐哪个位置必须详加考虑，绝对不可失礼。

筷子、餐巾和牙签

宴会中最常见的餐具就是筷子、餐巾和牙签了，这些小东西对于每一个中国人来说都是熟悉的不能再熟悉的，可是你真的了解使用它们的奥妙吗？其实，这些小事情如果能做好，往往更能彰显你的魅力，不见得比一套名牌西装或是珍贵首饰的效果差。

筷子，中国人的身份证

筷子可谓是中国的国粹了，其历史可以追溯到商代。它既轻巧又灵活，在世界各国的餐具中独树一帜，被西方人誉为“东方的文明”。作为一名中国人，如果使用不好筷子，绝对是一件足以蒙羞的事情了。

受中国文化的影响，日本、朝鲜、越南等亚洲国家，都以筷子为餐具。据一些专家学者研究显示，筷子对人的身体健康也是很有好处的，于是近年来，筷子开始漂洋过海，在欧美国家受到追捧。

但是，中国人在使用筷子时是有讲究的，也有诸多忌讳，在宴会上要千万注意。

1. 忌敲筷，不能随意用筷子敲打碗碟盏杯，有催主人赶快上菜之嫌。

2. 忌掷筷，发筷子时，要双手理顺，轻轻将筷子放在每个人的面前，不能随手乱掷。

3. 忌叉筷，筷子不能交叉摆放，要将筷子头尾有序整齐平行地摆放。

4. 忌插筷，不能将筷子插在饭里或菜里，因为根据民间习俗，那是祭祀亡人的方法。

5. 忌挥筷，不能在菜盘里乱翻，这样有贪吃、挑食之嫌，很不文雅。

6. 忌舞筷，吃饭时不能拿着筷子当道具，在餐桌上乱舞，这也是不文明的象征。

7. 忌搁筷，在船上吃饭时，食毕，不能将筷子搁在碗上，这样就意味着船要搁浅了，是船家之大忌。

餐巾，你真的会使用吗

在入席之前，每位客人的面前都会有一条餐巾备用，相信大家并不陌生，但说到餐巾的使用方法，并不是每个人都那么了解。其实餐巾不仅起着清洁的作用，还有很多信号的作用。

1. 餐巾可以暗示宴会的开始和结束

主人拿起餐巾就宣布了宴会的开始，这是餐巾的第一个作用。客人看到主人先拿起餐巾，才能随后拿起，这也是宴会的基本礼节。反过来说，主人把餐巾放在桌子，通常是宴会结束的标志，一般一定要等主人做出这个动作后才可以离席。

2. 餐巾要放在腿上

家庭日常进餐时，经常将餐巾塞在领口，这么做在正式的宴会上就不允许了。餐巾只能铺在腿上，不能放在别的地方。一般可以把它叠成长条形或者叠成三角形铺在腿上，避免吃饭时菜肴、汤汁把裙子或裤子搞脏了。较大的餐巾一般都只打开一半，对折后摊开使用。

3．餐巾不是毛巾，更不是抹布，只能擦嘴

餐巾可以预防食物掉落或者调味汁滴落，弄脏衣物。但是，最主要的作用还是用来擦拭嘴巴。用餐巾擦嘴时，要用手指轻揩，动作要优雅、柔和，而不要团成一团或者太过用力，更不要用它擦脸、擦桌子。

许多人饭前都会用餐巾或餐巾纸将自己要用的餐具擦一遍。这也许是一个好的卫生习惯，但是，这代表了你对主人和服务人员的服务不信任。这是对主人的污辱，是极其失礼的行为。

4．中途离开餐巾可以放椅面上

餐巾摆放在桌上通常意味着你已经离席，这时主人和服务员就不会继续为你上菜了，甚至可能撤去你的餐具。一般而论，进餐一半回来还要接着吃，可以把餐巾叠好放在你座椅的椅面上，或用盘子、刀子压住餐巾的一角，让它从桌沿垂下也是一种正常的处理方式。

5．餐巾用毕无须折叠整齐

用餐完毕后，首先要将腿上的餐巾拿起，随意叠好，再放在餐桌的左侧，然后起身离座，千万不要等起来后才甩动或折叠餐巾。餐巾用完后无须折叠得太过整齐，但也不能随便搓成一团。

使用牙签的礼仪

牙签主要用来剔牙，而当众剔牙一直都被认为是一种不文明的行为。所以用餐时，尽量不要当众剔牙，以免破坏别人食欲，也破坏自己形象。西餐桌上一般不准备牙签，所以你在西餐桌上也不要去找牙签。

中餐的讲究没有西餐那么多，也允许使用牙签。非剔不可时，应该以另一只手掩住口部，剔除来的东西切勿当众展示，或再次放入口中，更不要乱弹、乱吐。剔牙之后，不要长时间叼着牙签，取食物时也不要用牙签乱扎取。

见微知著，筷子、餐巾、牙签这些不起眼的小东西的使用往往可以看出一个人的素质和修养。没有人愿意和素质低的人交流，也没有人愿意和修养差的人沟通，而没有了沟通和交流，宴会也就失去了意义。

你，带名片了吗

拓展人脉，结识贵人是宴会的最重要目的之一，也是“宴会达人”们流连于大小宴会的最重要原因。而宴会中与人结识的最基本手段就是交换名片，所以，参加宴会千万不要忘记带名片。另外，一个没有名片的人，在社会交往中是不被看重的，往往被视为没有地位的人；同样的道理，不随身携带名片的人，通常被认为是不尊重别人的人。

第一次被公司派去参加社交晚宴，对于我来说，是一次难得的经历。

赶到晚宴现场时，我被镇住了，足足上百位俊男美女、名流贵妇，或围成一圈侃侃而谈，或三三两两低声窃语，与之相比，我显得是那么微不足道。有心想融入其中，却又不得其法。

好不容易看到一位先生好像有空，我快步走了过去，正想开口搭讪，可惜却被别人抢了先。于是，拼命鼓起的勇气一泄到底。

正在沮丧之际，忽然感到肩膀被人轻轻拍了拍，回头一看，是一位看上去很有气质的老者。“您是……”我一下愣住了。天啊！怎么是他？我只是在电视里见过他，一位这个城市非常著名的公司老总。

“小伙子，第一次来吧？”他笑着对我说，“有点儿紧张，一眼就看出来了，和我当年差不多。”“是的，先生！”我脸涨得通红，一时也不知道说些什么。

他看出了我的窘态，又笑了笑，“好吧！我帮你开个头，你是不是现在应该对我说些什么呢？”我恍然大悟，急忙按着已经不知道私下排演过不知道多少遍的程序，掏出名片，恭恭敬敬地递了过去，嘴里说着：“苏先生您好，我是……”

“干得不错！”他也掏出了一张名片递给我，“我很看好你，年轻人，好好干！”他又主动和我握了握手，低声对我说：“别害怕，其实，这里面至少有一大半人比你还紧张呢！”

那天晚上，我像打了兴奋剂一样到处乱窜。回去之后发现，我竟然和人交换了差不多70张名片，公司老总也对我的表现大加赞赏。

点评：

很多人都认为，那些有身份和地位的名人，往往不愿意和别人交换名片，其实这是一种错觉。主动和别人交谈和交换名片是社交场合，尤其是社交宴会的规则，只要他肯来参加这种聚会，一般都不会因为身份和地位就把自己孤立起来。

但是，名人毕竟是名人，他不拒绝和人交换名片，并不一定意味着要和你交换。想要成功地和他们交换名片并结交，还是需要一定的策略和智慧的。一般来说，社交宴会上与人结识一般可以分为三步，介绍、交换名片、握手。

介绍及自我介绍

与人结识的第一步当然是介绍。如果有人为你介绍当然是最好的，如果没有就只好自我介绍了。自我介绍最重要的就是要善于利用时机，当对方有兴趣、有空闲、情绪好、干扰少或者有要求时，都是你自我介绍的好机会。

自我介绍时，要讲清自己的姓名、身份、单位，对方则会随后自行介绍；为他人介绍时还可说明与自己的关系；介绍某具体人时，要有礼貌地以手示意，而不要随意指点。

交换名片的方法和礼仪

1. 名片最好放在专门收藏名片的皮夹、名片盒或名片夹里。名片和收放名片的夹子，要放在易于掏出的口袋或皮包里，但不能放在臀部后面的口袋内。

2. 面带微笑，注视对方，将名片正面对着对方，用双手的拇指和食指分别持握名片上端的两角送给对方。

3. 接名片时也要用双手，并向对方道谢或者点头致意，然后要认真地看一看，如果有不认识的字可以现场询问，然后将名片放在合适的地方，不要随意乱塞，更不要拿在手中玩弄，或者随意放在桌面上。

4. 参加餐宴活动时，名片都不能在用餐时发送，也不要随意在一群陌生人中到处传发自己的名片。

握手的方法和程序

握手是大多数国家相互见面和离别时的通用礼节，是结交新朋、老友会面的常规动作。在一般情况下，握一下即可，不必用力；关系亲近的往往边握手边问候，甚至双手长时间地握在一起；年轻者对年长者，身份低者对身份高者则应稍稍欠身，双手握住对方的手，以示尊敬；男子与女士握手时，往往只握一下女士的手指部分。

握手最重要的是先后顺序，一般应由主人、年长者、身份高者、女士先伸手，客人、年轻者、身份低者需等待对方伸手后再握。军人戴军帽与人握手时，应先行举手礼，然后再握手。

介绍、交换名片、握手寒暄，基本上就是宴会上与人结识的三部曲。其中介绍只是“引子”，握手寒暄是必要的程序，交换名片才是目的。成功交换到名片，你们彼此之间就都有了对方的影子，也就有了将对方纳入自己人脉圈子的可能。还是那句老话，名片很重要，你带了没有？

烟，能不能抽

国人最常用的搭讪方式就是敬烟套近乎，求人办事最老套的方式就是送烟酒，宴席上吞云吐雾更是家常便饭。现在，越来越多的人意识到吸烟有害健康，每年5月31日都是“世界无烟日”，欧洲理事会常任主席范龙佩就曾要求过各国领导人到餐厅外去吸烟，国内也已经自2011年5月1日开始在公共场所全面禁烟。那么，宴会上，烟，到底还能不能抽呢？

我在西北工作的时候，曾经有位客户对我非常好，几乎是有求必应，我叫她高姐。我很感激她，但也很疑惑，我可是不止一次看到她把别的厂家骂得狗血淋头啊！

一次，我请高姐吃饭，酒足饭饱之际不由得提出了这个问题。

“其实原因很简单。”高姐沉吟着说，“你是到目前为止，唯一的一个有烟瘾，但从来不在我面前吸烟的人，即使我已经告诉过你我并不介意。”

“不论是我们自己单位的人，还是像你这样的销售人员，在我面前吸烟的人多了，这些年我也早已经习惯了。所以每当别人问我是否介意的时候，我总是说，你请便。可是你从来没有问过我，实在忍不住的时候就匆匆跑出去，一两分钟解决问题。现在像你这样肯替别人着想的男孩子越来越少了。”

点评：

能不能抽烟，如何抽烟的事情可谓是仁者见仁智者见智，并无一定之规。中国的事情，总是上有政策，下有对策。烟，并不是区区一条简单的禁烟令就可以禁止得了的。但是，宴会上，能否抽烟，如何抽烟，什么时候抽烟的确是一个值得探讨的问题。具体说来，还有以下几条意见可供参考。

某些宴会，还是不抽烟的好

对于商务宴会来说，除非双方的领导抽烟，并且提议或者暗示你可以抽烟，其他情况下还是不抽烟的好；而在大型的社交宴会上，烟基本上被禁止了，如果你一定要抽，可以请服务生引领你去吸烟区或者干脆到酒店外面去吸烟。

一般来说，禁烟法是必须遵守的，尤其是在正式的宴会上。这两种宴会都是比较正式的场合，在这种场合，没有人愿意冒天下之大不韪做出失礼的事情，你最好也不要做。

也有些宴会，你“必须”得抽

请地位尊崇的人吃饭，一般包括请领导吃饭，请长辈吃饭，或是求人办事请客吃饭，如果请客的对象抽烟，那么，你也就“必须”抽烟了。对于朋友宴会和同事宴会这种比较平等和随意的宴会，是否抽烟就看你的个人意愿了，偶尔凑凑热闹，与众同乐也是值得做的事情。

这种宴会，不管你是否抽烟，不管你是宴请或赴宴，最好还是要带上烟。敬领导烟，陪领导抽烟都是必须要做的事情。俗话说，“烟酒不分家”，抽烟喝酒是最容易拉近人与人之间距离的事情了，有这种可以和领导近距离接触的事情当然不可以错过。给同事和朋友发烟，也是联络感情的好办法。

如果你不抽烟的话，你可以仅仅把烟夹在手指之间，偶尔象征性地“吸一下”，大部分还是任其自行烧掉，用不着勉强自己。

敬烟以及点火

如果你是宴请者，一定要在客人敬烟之前先敬烟；敬完烟时，最好也自己点上一根表示尊敬；如果是别人敬你烟，最好也不要拒绝，除非你手上已经有了一支点着的烟。

当你敬完烟，最好给客人上个火，如果客人一再坚持不要，你就不要太坚持了；如果是别人给你上火，那你可以先是推辞，如果实在推辞不掉，必须得双手合拢去挡火，并主动把烟凑过去，点完后道谢。

如果是领导或者其他地位较高的人给你发烟，不要不管不顾的自己抽起来，而是要首先表示感谢，然后主动给对方把火点上，最后再自己给自己点着。

吸烟时，请注意自己的姿态

吸烟不是一个好习惯，但有些时候，吸烟又与优雅、文化、独立等词语相关，成为文化审美的某种象征，从吸烟的姿势往往可以看出这个人的职业和修养。所以，纵使你无法戒除吸烟这种习惯，那么留意一下自己吸烟时的姿态，展现出你的优雅和风度也未尝不是失之桑榆，收之东隅的一件美事。

烟民们应该知道的一些事情

1. 宴会当中，尽量少吸烟，更不要将烟喷到别人脸上。因为烟味不但会使饭菜失去香味，也会使旁人感到不舒服。

2. 中式宴会最好等送来水果后再拿出烟来，西式宴会要喝过咖啡以后才可以抽烟。

3. 如果要抽烟，请先征旁人的同意，尤其是女士的同意。千万不要在孕妇或者哺乳期妇女的面前抽烟。

4. 不要在烟快烧到烟嘴的时候才熄灭，最好在剩1厘米左右时就灭掉。

5. 不要用食物器皿充当烟灰缸，吸烟过程中要记得随时将烟灰、烟头放入烟灰缸中并弄熄。

吸烟有害健康，吸烟不是一件好事，不过宴会中是否可以吸烟还要看人、看事、看环境。有些时候需要遵守规则制度，但有些时候也需要灵活变通，毕竟，香烟对于拉近人际之间的距离，融洽关系、寻找话题方面还是有一定作用的。

这时你该去洗手间了

洗手间，是供人方便和洗手的地方，每家饭馆都有，是宴会中人光顾最为频繁的地方之一。但是，你知道吗？在现代宴会中，洗手间除了其本职的功能之外，还有一些特殊的作用。一位朋友曾对我说过他的一个小心得，还是挺有意思的。

有一回，他参加宴会，坐到了一个不该坐的位置上。结果在主人婉言相劝下更换了位置，弄得十分尴尬。后来，他痛定思痛，终于想出了一个妙法。

从那以后，这位朋友每次参加宴会时，不管有无尿意，总要先上一回洗手间，并故意在里头待久一点，直到估计众人都到齐了，才开门出来，基本上剩下的位置就是他的，很少会出错。

点评：

这也算是洗手间的妙用之一了，尽管看来有些惊弓之鸟的味道。其实，解决问题的方法不应该是逃避，积极进取才是取胜之道。不过，话说回来，遇到不好解决的问题暂时退避一下，避其锋芒，也是可行的。

上面的例子不过是投机取巧罢了，洗手间的用途当然不止于此，笔者综合多年来在社会宴会上的一些经历，也有了一点心得，不妨与各位共享。

整理仪容，补妆

对于爱美的人来说，保持仪表是一件很重要的事情，不过千万要记住，宴会上可不是你整理仪容和补妆的地方，如果你有需求，最好还是赶快去洗手间吧！

为什么这样说呢？有以下几条原因。如果刚刚会面就急于补妆，则会让人感觉到不重视；如果在宴会进行中补妆，又会影响别人吃饭的心情；同时，当众整理仪表往往会让人产生距离感，认为你很麻烦，不够坦诚；最后，整理仪容和补妆这种事，让别人看到的应该只是结果，而不是过程。

临时吸烟区

前面刚刚讨论过宴会中吸烟的问题，很多时候宴会中是不方便吸烟的，有些饭店也未必设有专用的吸烟区，那么有着排风系统的洗手间往往是一个比较合适的选择。

暂时离席的借口

宴会是一个成员成分比较复杂的场合，并不适合做接打电话、处理公务等比较私密或者重要的事情。有时又不希望别人知道自己是去做这些事情，那么，去洗手间是一个比较合适的暂时离席的借口。

喝酒的避难所

中国的宴会和酒局其实是一个意思，国人总是说“无酒不成席”，也就是这个道理。参加宴会，酒是很难回避的一个问题，这就让许多酒量欠佳的朋友苦恼不已。

所以，当自己身体不适，或者席间“战况激烈”的时候适当回避，有时也是不得已的事情，而去洗手间还是最合适的借口之一。当然，这种暂避不可以离开太久，每次宴会也最多可以使用一两次而已，多了就难免遭人腹诽。

男人喝酒往往讲究豪爽、尽兴，喝多酒就在所难免了，醉倒在饭桌上，甚至扶着桌子吐的情况也不少见。其实这是很失礼的事情，正确的做法应该是，感觉自己喝酒已经超量的时候，要尽快离开饭桌，到洗手间去洗洗脸，清醒一下，必要时可以先吐出来，免得在大庭广众之下丢丑。

避免尴尬

宴会总是要吃饭的，而人们吃饭时往往是最讲究的，所以，有些不宜在饭桌上做出的不雅行为最好还是暂时离席，去洗手间解决为好。这些行为主要包括：擤鼻涕、吐痰、打喷嚏、处理衣物上不小心弄上的污物等。

宴会是一个公共的空间，所以不可避免有很多事情不宜当众处理；相比之下，洗手间则是一个比较私密的空间，很多公共空间忌讳的事情都可以放到这里来处理。生活中，当我们在宴会上遇到了一些可能令人尴尬的事情的时候，其实应该想一想，是不是该去洗手间了。

形象从“吃”中来

老祖宗讲“站有站相，坐有坐相，吃有吃相”，也就是说，吃饭也是要注意形象的。为什么呢？佛家有“相由心生”的说法，意思是一个人的个性、心思与作为，可以通过外部形象表现出来。

日本曾有这样一个传说，永禄时期，力量最雄厚的是北条氏康，他称霸于关东地方。有一次，北条氏康在战场上同长子北条氏政一起吃饭，北条氏政吃了一半又往饭里加了一碗汤。这本是一件小事，但北条氏康看在眼里，记在心上。他想，为什么北条氏政连自己饭量有多大都没有数呢？从这件事来看，北条氏政是个没有多少远见的人。

北条氏康的担心，最后不幸变成了事实。三十年后，北条氏政被丰臣秀吉的大军围困，同弟弟北条氏照悲惨地战死了。称雄一时的北条氏就此灭亡。

点评：

北条氏康显然有些小题大做了，这个故事只是一个用来突显主人公有远见的传说而已，实际上有没有发生过估计都很难考证。不过中国倒是自古以来就有以小见大、见微知著的传统，著名的“一屋不扫，何以扫天下”说的也就是这个意思。

中国人一般都很讲究吃，同时也很讲究吃相。早在两千多年前，古人就已经形成了一套相当完善的饮食礼仪制度。这套制度发展到今天，又结合了一部分西方的饮食礼仪，对吃相的讲究也就越发严格了。了解和掌握这些礼仪，对我们在宴会中“吃”出好形象有很大帮助。

关于宴席进程的礼仪

1. 入席后，不要立即动手取食，要听主人安排。只有主人举杯示意开始后，客人才能开始，而且要注意不能抢在主人前面。

2. 要控制自己进餐的速率，最好与男女主人同步，不宜太快，亦不宜太慢。

3. 在主人还没示意宴席结束时，客人不能率先离席。

关于吃菜的注意事项

1. 夹菜要文明，要等到菜肴转到自己面前时再动筷子，不要抢在邻座前面，一次夹菜也不宜过多。

2. 不要挑食，不能只盯着自己喜欢的菜吃，更不能急忙把喜欢的菜堆在自己的盘子里。

3. 自用餐具不能伸入公用餐盘夹取菜肴，取菜舀汤应使用公筷公匙。

4. 要细嚼慢咽，不能大块往嘴里塞，狼吞虎咽，这样会给人留下贪婪和粗鲁的印象。食物还没有咽下前，不能再吃新的食物。

5. 不要一边吃东西，一边和人聊天；同样的道理，他人在咀嚼食品时，也不要和他说话或者敬酒。

关于姿势动作的要点

1. 用餐的动作要文雅，夹菜时不要碰到邻座，不要把盘里的菜拨到桌上，不要把汤泼翻。

2. 吃菜时应该是食品就口，而不是口就食品。换句话说，应该是将食品送入口中，而不是伸嘴去吃食品。

3. 送食品进口时，两肘应略向内靠，千万不要甩开膀子吃，那样会干扰邻座客人。

4. 嘴里的骨头和鱼刺不要吐在桌子上，可用餐巾掩口，用筷子取出来放在碟子里。

5. 如欲取用摆在同桌其他客人面前的调味品时，可以请邻座客人帮助，不能伸长手臂去拿。

6. 进餐过程中不要玩弄碗筷，不要弄响餐具，更不要用筷子指向别人。

7. 不要用手指去嘴里乱抠，应用牙签，剔牙时要用手或餐巾掩住嘴。

8. 用餐结束后，可以用餐巾、餐巾纸或服务员送来的小毛巾擦嘴，但不宜擦头颈或其他部位。

对意外事件的处理

1. 不要在餐桌上做出咳嗽、打喷嚏、打饱嗝等不雅行为，如果控制不住，也应说声“对不起”。

2. 掉在桌子上的菜，不要再吃。不小心将餐具掉落，应该请服务生捡起或换过。

3. 如果意外将餐具打破，应首先说“对不起”，然后请服务生代为收拾。

4. 如不慎将酒、水、汤汁溅到其他人衣服上，暗示歉意即可，不必郑重赔礼，那样反而会使对方更难为情。

随着职场礼仪越来越被重视，商务饭桌上的吃和吃相也更加讲究。现在的年轻人，大多觉得这些礼仪过于拘谨烦琐，限制了自由，但不可否认的是，正是由于这些礼仪的存在，才能使整个宴席的过程和谐有序，确保了主客之间的感情交流。

虽然，吃相好未必代表做人就一定好，但是看一个人的吃相至少就可以观察到一个人品性的一部分。礼仪，是人类通往文明的桥梁；而吃相，则是个人形象的缩影。

不雅的坐姿会降低你的分数

宴会除了要有吃相之外，坐相也同样不可小视。在餐桌礼仪中对坐姿也有着严格的要求和规范。好的坐姿不仅看起来端庄优雅或者风度翩翩，更重要的是可以体现个人的气质、修养和个性。宴会中人人都想给客人留下良好的印象，坐姿是否正确可能影响着你在别人心目中的得分。

宴会中几种常见的错误坐姿

1．入座时离椅子过近

这时，坐下的过程中容易碰到椅子，并发出声响，而且臀部会完全坐满椅子，刚坐下时就靠到椅背上是不礼貌的事情。

改正方法：注意你与椅子间的距离，不能靠得太近，否则就会坐得太满；当然也不能太远，否则就会跌坐地上了。

2．过于前倾，容易走光

为了保持身体平衡，人们在坐下时常常上身前倾。然而，这样的姿势是不优雅的，这样的动作还可能导致女士臀部和胸前走光。

改正方法：保持后背挺直，笔直坐下。注意只坐椅子的前一半，这样身体的重心刚好在大腿上面，便于稳定双腿。如此坐下，可以牢牢保持身体的姿态。

3．松软地完全靠在椅背上

有些人坐下后的姿势是，全身松软地完全靠在椅背上，这种姿势也许很舒服，但非常不得体，身体也会因靠在椅背上而显得无精打采。

改正方法：背部肌肉绷紧，与地面垂直，双膝并拢，双手叠放在膝盖上面，大腿与小腿呈90°，双脚并拢稳稳踏在地板上。请记得，坐椅子前端1/2处，是能够保持身体活动自如的关键，这样才能表现出优雅的坐姿。

4．两腿分开，双手撑住上身

两腿分开，整个人就会松垮并难以自持，于是只好用双手撑住上身。这是一种最难看的姿势，给人以缺乏教养的感觉。懒洋洋地坐在椅子上，会给人一种无聊的观感。

改正方法：挺直上身，双脚并拢，并在同一方向。双腿侧放时，要注意脚尖处不要超过肩的外侧，太过份就难保持上身直立了。

5．翘二郎腿时，双脚分离，整个人靠在椅背上

这代表你对他人不感兴趣，尤其当你把双手交叉在胸前时，就好像想与外界隔离，把自己封闭起来一样。在人际交往中，假如你的肢体语言传递出不想被打扰的信号，人们自然会对你望之却步。

改正方法：听别人说话时，最好避免二郎腿的坐姿，应双腿并拢坐正，身体微微前倾以示专注。

餐桌礼仪对坐姿的基本要求

1．餐桌上的通用标准坐姿

坐在餐桌旁的时候，身体应该保持挺直，两脚齐放在地板上，双眼平视前方，这就是餐桌是的通用标准姿势，在任何场合都适用，用不着担心失礼。当然，这种姿势和军人的军姿还是有所区别的，讲究的不是军人的虎威，而是一种在庄重得体之余还略有放松的感觉，但是放松也不是像布娃娃一样，弯腰驼背地瘫在座位上。

2．双手应该如何摆放

吃东西时，双手自然各尽其责，也无须多说了。暂停用餐时，把一只手或两只手的手肘撑在桌面上，双手扶着下巴或者脸颊，并无伤大雅，因为这是与人热烈交谈时自然而然会摆出来的姿势。不过，吃东西时，手肘最好还是要离开桌面。

停止进食的时候，最好让双手保持静止不动。比如说，把双手放在桌面上，以手腕底部抵住桌子边缘，或者把手放在桌面下的膝盖上，这些都是比较合理的选择。总比用手去拨弄盘中的食物，或玩弄餐具、头发、打火机要好得多。

几种标准规范的女士坐姿及其含义解析

1．两腿紧闭，与地面垂直，上体挺直，坐正，两手分别放在双膝上

坐姿解析：这是个安静的女生，不会轻易对别人敞开心扉，尤其是陌生人或者权威人士。要想打动这种女士，最好是通过耐心而又通情达理的交谈。

2．将左腿微向右倾，右大腿放在左大腿上，脚尖朝向地面（切忌右脚尖朝天）

坐姿解析：这种坐姿给人以高贵、典雅的美感。这是个性格外向且充满自信的女生，有人相伴时通常会侃侃而谈，毫无拘束感。大多数人会觉得她非常可爱，也有一部分人却会觉得有些讨厌。她的优点在于诚实、坦率和忠诚，而缺点则是反复无常的脾气，另外还缺乏一点与人交往的技巧。

3．上身挺直，双腿并拢，两脚交叉，双手叠放，置于左腿或右腿上

坐姿解析：这是个很有头脑的人，坚韧且喜欢观察别人。她能够迅速做出决定并将其贯彻下去，完成目标是她唯一的目的。她有时可以非常健谈，甚至有些争强好胜；但是只要自己想安静，就可以突然沉默下来。与这种女士沟通，要以理服人，要有逻辑性，放弃那些别出心裁的花招吧。

4. 著名的S型女士坐姿。坐正，上身挺直，双腿并拢，两腿同时侧向左或侧向右，两脚并放或交叠。双手叠放，置于左腿或右腿上

坐姿解析：这种女士在典雅时尚方面往往有着灵敏的嗅觉，她可以凭借自身的魅力结交朋友、征服对手，不喜欢采用对抗性的手段来解决。与其交流，最好多说些入耳的好听的话，因为她比较容易被他人的谄媚所蛊惑。

“坐如其人”，一个人的坐姿也是他个人素养和个性的体现。宴会中得体的坐姿可以塑造出你良好的形象，在其他宾客的眼中自然得到了加分；而错误的坐姿，则会给人一种粗俗和没有教养的印象，减分也是理所当然的事情。那么，亲爱的朋友，加分还是减分，你的选择是什么呢？

不要忘了说感谢

得到他人帮助后，及时表示感谢是个人素质修养的具体表现。宴会也是如此，被别人宴请，不论他的真实意图如何，表示一下感谢是必须要做的事情。可是，你知道如何表示感谢吗？要知道，表示感谢也要讲究一定的技巧。

小李收到同事小苏的聚餐邀请，参加了小苏筹备的一场同事聚餐。聚餐刚刚过半，小李接到了家里的电话，孩子有点儿发烧，让她早点儿回家。

小李心急如焚，马上站起来请假，说：“各位，不好意思，孩子病了，我得马上回家。”说着，就转身向门外走，浑然没有注意到小苏脸上闪过的一丝不快。

走到门口，小李又忽然想起了什么，回头对着两个同事说：“张姐、王姐，你们二位要不要一起走，我们顺路，我开车可以送你们。”于是，三人在众目睽睽之下匆匆结伴而去，没有顾得上满脸通红的小苏。

自此，除了必要的工作联系，小苏再也没有和小李说过一句话。

点评：

小李的问题在哪里呢？首先就是她没有对活动的组织者说声谢谢，中途离席本就是一件比较失礼的事情，连一句表示歉意和感谢的话也没有就更失礼了，即使小李有大家都可以体谅的原因，但小苏不高兴也是情理之中的事情；其次，小李不应该鼓动其他人也跟着她一起走，这完全可以被视为是一种“闹场”的行为，精心策划的活动被无端打乱甚至搅散，这是活动组织者无论如何也难以原谅的。

看了上面的案例，相信各位对“谢谢”两个字的重要性应该有了一定的了解。“谢谢！”虽然只有两个字，但如运用得当，却会让人觉得意境深远，魅力无穷。如果不说，或者说的不得法，可能就会显得虚伪，甚至可能会词不达意，招致误解。于是，什么时候说，怎么说“谢谢”就成了宴席中需要了解的事情。

宴席中，何时最适合表达谢意

一般地说，宴席中的任何时候都是可以向主人表达谢意的，但有三个时刻是最适合的。

1．向主人敬第一杯酒的时候

宴席总是离不开酒的，既然要喝酒就免不了互相敬酒。向宴席的组织者，也就是主人敬酒是每个参加宴席的人都会做的一件事。当轮到你向主人敬酒的时候，就是你说“谢谢”的第一个机会。

同样的话，如果说的人多了，人们往往对说在前面的记忆比较深刻，抢在前面说比后面说的效果好些。当然，如果你前面的人都向主人致谢了，你也可以暂时不说，继续寻找下一个机会。

2．第一次和主人私聊的时候

宴席是沟通和交流的地方，宴席中人们之间总是免不了私聊几句，宴席的主人一般也会是聊天的中心。当你和宴席主人私下聊天的时候，第二个机会也就到了。原因很简单，相比于公众场合的讲话，人们往往对私聊时的一些言论更加信任，所以这个时候说声谢谢，更会让人相信你的真诚。

3．离席、散场的时候

如果前面的机会你都没有抓住，那么离席和散场的时候就是最后一个机会了。天下没有不散的宴席，再好的宴席也终归有结束的时候。宴席结束时，免不了都要和主人握手告别，这时候说声谢谢还为时不晚。

还有一种情况，就是案例中提到的，需要中途退场的时候。中途退场通常是会引起主人的不快的，一般最好不要这样。但是如果不得不退场，就要仔细斟酌，给出最合理的原因，表达出自己最真诚的歉意，以及对主人致以最真挚的感激，不可以一溜烟便不见了。

另外，千万不要犯案例中小李的错误，有些人中途离去时，会问她所认识的每一个人要不要一块走，结果本来热热闹闹的场面，可能一下就提前散场了。这种事情，是最难被宴会主人谅解的，一个有风度有修养的人，绝对不能犯这种错误。

怎么样真诚的说一声“谢谢”

人性本善，绝大多数人都不会介意向对自己有恩的人说句谢谢，但问题是很多人并不会说这句话，有的时候词不达意，有的时候让人觉得没有诚意，甚至有的时候反而引起误解。其实，只要注意了下面的几点，说句谢谢也不是太难的事情。

1．表示感谢时，最好要加上被感谢者的称呼，以示郑重

例如：“马小姐，我专门来跟您说一声谢谢”“李哥，多谢了”，越是这样说，越是显得正式，也越是容易被接受。

2．表示感谢，有时还有必要随便提一下致谢的理由，免得对方感到空洞

例如：“王总，谢谢您对我工作上的指点，我敬您一杯。”“张姐，今天的晚餐很美味，多谢您的邀请。”

3．表示感谢，最重要的莫过于要真心实意

为使被感谢者感受到这一点，务必要说得认真、诚恳、大方，话要说清楚。同时表情要加以配合：正视对方双目，面带微笑，必要时，还须专门与对方握手致意。

4．表示感谢时，最好是单独感谢每一个人，不宜同时感谢多人

把“谢谢大家”这种话，还是留给领导和宴席的主人去说吧！

感谢，也是一种赞美！如果对它运用得当，就可以表示自己对他人的恩惠领情不忘，知恩图报，而不是忘恩负义、过河拆桥之辈。给双方在今后“下一轮”的双边交往奠定基础，所以，参加宴席，请不要忘记真诚地说声“谢谢”，也许就是这么简短的一句话，会使你今后能赢得更好的回报。

第九章

谈吐和表情，加分还是减分

善于交谈的人，往往生意场上一帆风顺，交际场上得心应手。
宴会是个交谈的好地方，
但交谈一定要注意谈吐和表情，
优雅的谈吐体现着一个人的文化修养，
同时也是礼貌、礼节的表现。
谈吐优雅、表情妥帖，
才能赢得他人的好感。
如果不注重提高个人素养，
即使说得再多，
也会大打折扣，
不夸张、不做作、恰如其分的表情则反映了一个人的城府和阅历。

最有魅力的声音

酒过三巡菜过五味之后，宴席就逐步进入了状态，这时候宴席的主题也就由喝酒吃菜过渡到谈话和交流上了。一般来说，在沟通和交流的过程中，每个人都希望自己可以在谈话中控制节奏、感染别人、打动别人，进而达到自己的目的。

心理学家研究发现，人与人之间的交流58%是通过视觉、35%是通过听觉来实现的，只有7%是通过语言来实现的。这35%的听觉交流包括音质、音频、语调、语气、停顿等称为副语言的内容。

换句话说，人们在交流中更关注的是听到了什么声音，而不是听到了什么内容。第一次知道这个结论的时候，我也觉得异常的惊讶。

其实仔细想想也并不奇怪，歌迷们喜欢一位歌手往往未必是喜欢哪首歌，而是因为这首歌是他（她）唱的，这也就是声音的魅力吧！那么，我们在宴会交流的时候是不是也应该注意一下声音的魅力呢？

看过《窈窕淑女》这部电影的人都知道，一个卖花的乡村女孩是如何被培养成贵夫人的。训练从什么开始？语言，首先要做的就是改掉她的地方俗语和口音，在留声机前一遍又一遍训练语音和语调，之后才是着装、姿态、社交、礼仪等。

那么，我们是否也有必要训练一下自己的声音呢？训练又应该从哪里开始呢？以下几条建议或许对你有所帮助。

1．调整自己的语调

宴会交流时要有语调变化，合理地运用语调，才能有效地润色语言，促进思想沟通，使语言表达更加确切，从而增强语言的表现力。因此，学会如何运用语调，对于提高语言的表达能力是十分有益的。

语调要有抑扬顿挫，要有节奏感，不能过于平淡、乏味。如同念经文催人入眠的语调，是很难打动别人，得到认同的。语言要有感情，那些高昂、激越、紧张、热烈、愤怒、仇恨、低沉、悲哀、凄凉、沉痛等情绪都是要通过语调表现出来的。

2．灵活掌握谈话的音量

音量是指声音的强弱、大小。不少人在交流中往往把握不好自己的音量，音量过大容易给别人过于霸道，以自我为中心的印象；音量过小又容易给交流者造成底气不足和过于软弱的感觉，也显得没有权威性。

宴会交流时，要根据谈话的内容和环境灵活掌握音量。如果周围环境比较安静，或是谈话内容相对私密，就需要降低音量；但如果是在一个嘈杂的环境里交流或者是有话要对大家讲，提高音量就不可避免了。

总之，音量的掌握要把握适度的原则，要想说话有魅力，显示优雅的谈吐，首先就要自我检讨一下，说话的音量是不是恰到好处。要知道，最亲切感人的语言，往往不是“吼”出来的。

3．要控制自己的语速

交流时，适当的控制语速也是十分必要的。语速过快不仅容易造成理解方面的障碍，也会让对方感觉到你的紧张情绪，甚至怀疑你表达内容的真实性；语速过慢则又缺乏生气，甚至有摆谱的感觉。

一般来讲，适当的降低语速可以增加自己思考的时间，少犯错误，同时也可以加强语言的感染力；而在合适的时候提高自己的语速，往往可以表达出你对某件事情的重视以及事情的急迫性。

4．要有合理的停顿

与人交流时，尤其是在你发表长篇大论的时候，千万不要把你的听众当成“垃圾桶”，把自己的观点一股脑地丢进去，而是要适当的停顿，给人理解和领会你思想的时间，同时也可以有效强化重点。

停顿要注意两件事情，其一是要注意停顿的时刻，一般可以选择在你抛出自己最重要的论题的前后，这时候适当的停顿既可以给人准备的时间，又有助于对方理解；其二是要掌握停顿的时长，时间过短不利于对方理解，时间过长则容易破坏节奏。

5. 尽量避免地方口音

虽然说，标准的发音并不一定是最有魅力的声音，声音的魅力在于是否能够恰如其分和因地制宜地运用，但交流中过重的地方口音也不是理想的表达方式。除非你是在和自己的同乡交流，否则还是尽量用标准的普通话最好。

地方口音过重带来的最大问题是歧义。中国一直都有“十里不同音”的说法，很多地方口音对于外地人来说，往往和外语没有什么区别。交流的第一要素就是要能听懂，话都听不懂了，交流也就失去了意义。

声音是由人体器官发出的，自然就反映着人体的很多状态，如情绪、情感、年龄、健康状态、喜好等。有专家认为，人们往往通过声音交流判断你的性格是友好、热情、诚恳还是冷酷、无情、狡猾。一般来说，宽厚、低沉的声音让人感到有权威、可信、可靠、有安全感；温婉的声音，会让人产生信任感；甜美的声音，让人更加乐于倾听。

声音是一种能量，能影响和作用于他人；声音能够表现个性，传递性情；声音是身体最美的旋律，它自然天成，魅力持久，而且可以在后天的努力之下越来越美。很多人都懂得穿衣打扮，懂得学习礼仪，但不懂得声音。其实，调整和改变自己的声音，打扮出适合自己的最有魅力的声音，你的工作和生活都会顺利和愉悦很多。

餐桌交谈的分寸

宴会，总是要有目的，我们不可能无缘无故请客吃饭，也不会无缘无故地参加别人的宴会，任何一顿饭，都或多或少有其缘由。但无论如何，请客吃饭只是一种形式而已，饭桌上的交流与沟通才是重中之重。为了在宴会上完美地实现自己的意图，善选话题，掌握交谈的分寸是很有必要的。

祢衡自幼聪颖好学，博闻强记，有过目成诵、出口成章的才能。孔融曾上书汉献帝，说他“淑质贞亮，英才卓烁”，是不可多得的人才。祢衡不满曹操僭上专权，屡屡与人议论时事，讥讽朝政，曹操十分不满，于是强征祢衡为鼓吏，想借机羞辱他。

一次，曹操大宴宾客，命令祢衡击鼓助兴，祢衡穿着破旧衣服，走到曹操面前时，故意停了下来。在廷吏大声呵斥下，祢衡这才在大庭广众之下慢慢换上击鼓衣，随即演奏了著名的《渔阳三鼓》，听者莫不感慨。

事后，孔融从中周旋，说祢衡准备登门谢罪。曹操十分高兴，特意准备了高档宴席等着祢衡。不想，祢衡却身着布衣疏巾，手持木棒，来到曹操门前，戳地大骂。曹操实在受不了他，于是把他推荐给了刘表。

祢衡在荆州，虽然刘表待之甚重，但他对刘表也经常有所侮慢。刘表又把他送给了江夏太守黄祖。

某日，黄祖在江中船上大会宾客，祢衡言行不逊顺，黄祖丢了面子，就大声呵斥了他几句。祢衡瞪着黄祖说：“死公，云骂道！”（意思是说：死老头子，你骂什么！）黄祖于是大怒，下令将他推出杀之，时年26岁。

点评：

祢衡的确有才学，著名的《渔阳三鼓》《鹦鹉赋》都是出自他的妙笔，不过不得不说，他的情商实在是太差了，几次在宴席上桀骜不驯，最终误了卿卿性命，是可悲还是可叹？可以说，祢衡是典型的宴席上不会说话的代表了。

那么，宴席上到底应该如何说话呢？首先还是合理地选择话题，真正的高手在交流的时候往往会施展他的四大法宝：聆听、赞赏、提问、讲故事。

首先，你必须学会“聆听”的能力。人们往往很讨厌那些滔滔不绝、表现欲望强烈、喜欢打断别人说话、只顾讲自己的人。当你的交流对象肯开口时，你最好张大耳朵仔细听。肯对你说话虽然未必代表认同你，不过起码你们之间已经具备了继续沟通的基础。

聆听的另一个目的就是收集信息。通过聆听，你可以得知你的交流对象渴望什么、讨厌什么、在意什么。为了继续加强他对你的认同感，这时候就有必要适时地对他的言论表示赞赏。通过赞赏，你们之间对事情的态度与价值观就暂时达成了一致，沟通的效果也就进一步的增强了。

但是，有的时候仅仅倾听和赞赏还是无法达到效果，这时应该怎么做呢？

关键就在于使用开放式的问题去引导对方说话。没有话题可聊时，发问是制造话题、延续话题的有效技巧，可以利用问题来引导双方交谈的方向。常用的问题有很多，比如“这么艰难的日子您都挺过来了，能说说当时您是怎么做的吗？”“您的公司发展到现在，遇到的最大机遇和挫折是什么？”等。

沟通是双向的，仅仅带着耳朵绝对不是一个好的交流对象，所以，你还要学会讲故事。交谈中，你如果能适时地发表对谈到的事情某些独到的见解，或是触发他的思绪，点出他不曾察觉的微妙之处，并以类似讲故事的情节作描述，对你的谈话对象的触动将是无与伦比的。

一般来说，上面谈的“四大法宝”对于制造话题还是比较有效的，但是要想达到有效的沟通还要注意掌握话题的尺度和分寸。尺度和分寸掌握不好，再好的话题也达不到应有的效果。

宴席中最常见的话题有两个，一是喝酒，二是讲段子。喝酒固然要把握好尺度，说段子也应该掌握好分寸。自己喝多了，难免胡说八道；把客人放倒了，也未必会有好的效果。比如该谈的事没谈，或者本来谈妥了，客人却因为醉酒而忘了。讲段子也要注意投客人所好，一般要不失高雅、诙谐幽默，不要乱开玩笑，更不要和对方因非原则的问题起争执。

尺度和分寸应该如何控制呢？几乎每位成功人士都熟悉的“5W1H原则”应该对你有所帮助。

1．同谁（Who）交谈

与不同身份的人交谈的态度和语气当然是不一样的，与朋友交谈要轻松随意；与同事交谈要理直气壮；与客户交谈要投其所好；与领导交谈要言辞谨慎；与下属交谈要提纲挈领。明确交谈对象是奠定基调的第一原则。

2．为什么（Why）要交谈

宴席有其目的，谈话自然也有，不过谈话前最好还是再次明确交谈目的。这个问题需要深思熟虑，不然就有可能劳而无功，枉费口舌。

3．采取哪一种方式（Which）进行交谈

谈话的方式是要仔细斟酌的，与不同的人谈不同的事情所采用的方式大多是不同的，不可千篇一律、照本宣科。

4．谈什么（What）内容

如果不加以控制，酒桌上的话题是很容易偏离主题的。如果不明确交谈主题，就很容易东拉西扯，不得要领，最终结果可想而知。

5．在哪里（Where）进行交谈

不同场合下的交谈是不同的，谈判桌和酒桌不一样，宴会和办公室也不一样。不同的地点谈话的氛围、态度与主题等也有所不同。所以，明确交谈场合也是很有必要的。

6．怎样交谈（How）效果更好

交谈中如能正确使用一些技巧，往往会起到事半功倍的功效；如果不讲技巧，其结果可能是事倍功半，甚至是事与愿违。

酒桌上，宴会中，“话不投机”的事情数不胜数，“交浅言深”的故事也不知发生过多少次了。究根结底，大多是沟通惹的祸。其实，不论同他人所进行的交谈是正式的还是非正式的，若想取得较好的交谈效果，促成交谈对象彼此之间的理解与沟通，就必须善选话题，谈话时也要张弛有度，注意分寸。

嘴比脑快的下场

宴席是要办事情的，办事情总是要谈的，谈当然就要说话，说话自然要注意分寸。所以宴席上说话就一定要谨慎，不小心说出得罪人的话，事情也就办砸了，宴席也就失去了应有的意义。

古时候有个人请客，看看时间过了，还有一大半的客人没来。主人心里很焦急，便说：“怎么搞的，该来的客人还不来？”

一些敏感的客人听到了，心想：“该来的没来，那我们是不该来的吗？”于是悄悄地走了。主人一看又走掉好几位客人，越发着急了，便说：“怎么这些不该走的客人，反倒走了呢？”剩下的客人一听，又想：“走了的是不该走的，那我们这些没走的倒是该走的了！”于是又都走了。

最后只剩下一个跟主人较亲近的朋友，看了这种尴尬的场面，就劝他说：

“你说话前应该先考虑一下，否则说错了，就不容易收回来了。”主人大叫冤枉，急忙解释说：“我并不是叫他们走啊！”朋友听了大为光火，说：“不是叫他们走，那就是叫我走了。”说完，头也不回地离开了。

点评：

这是个流传已久的笑话，故事里的那位主人的冲动和鲁莽令人忍俊不禁。但是，你知道吗？其实好多时候我们自己的行为和他相比也不过是五十步笑百步罢了。日常生活中“嘴比脑袋快”的人可不止他一个。

据说在庆祝十月革命15周年的晚宴上，情绪高涨的斯大林当着众人的面，对他的妻子娜佳喊道：“喂，你也来喝一杯！”

娜佳是一位个性极强且年轻气盛的女人，她从来就不认为自己是附属物。她听了此话，感觉受到了羞辱，一时又没有化解的方法，于是就大喊一声：“我不是你的什么‘喂’！”接着便站起来，在所有宾客惊愕的目光中走出了会场。

第二天早晨，时年32岁的娜佳躺在了血泊中，手里握着一把手枪。

点评：

这应该只是个传说，是否属实我也无法得知。就事论事地讲，如果斯大林在家里对妻子说这句话并没有什么不妥，并且这还是一句充满人情味的话。可是，当着苏联党政高级官员和外国代表的面，在这么重要的场合上说这话就显得不够庄重和得体了，甚至可以说太随意了一点。这是一个典型的“嘴比脑快”的案例。

斯大林这么说其实也不是有意的，如果娜佳聪明的话，顺势响应，一起举杯相庆也就过去了，至多不过是面子上稍稍有点儿不好过，其实也没有什么大不了的。可偏偏娜佳又是一个嘴上不服输的主儿，一定要为了面子争一时之长短，来了个“针尖对麦芒”，于是两个人都下不来台了。对于这个案例，我实在是有些无语，只能说，两个“嘴比脑袋快”的家伙凑到一起了，真可谓是“物以类聚，人以群分”啊！

现实生活中，这种事情绝不少见，那么应该怎么做才能尽量减少这种事情的发生呢？有四个词或许有些用处，那就是：收敛、耐心、控制、思考。

关于收敛

刚刚步入社会的年轻人，人脉网络大都还没有形成。而在没有任何有利的人脉关系下，收敛自己的性子是很有必要的。涉世之初，我们毕竟不太了解这个社会的固有模式，如果只是单凭自己敢想敢做，就一味地去闯荡，那你将很快就被社会淘汰。因为现代社会是容不下“猛张飞”的，有勇无谋的人只会让事情变得更加糟糕。

对于年轻人来讲，过于激动或冲动的行为，结果往往都一样，最终受伤害的还是自己，使了性子，伤了感情，讨了没趣。所以，收敛性子，不要冲动，实际是保护自己，适应环境的最好方法。

关于耐心

德国有一句谚语说：“耐心是一株很苦的植物，但果实却十分甜美。”这句话对于一些初出茅庐、意气风发的年轻人来说尤其合适。说话做事总是“不分三七二十一”，想到就要说，就要做，没有丝毫耐心，遭受挫折是在所难免的事情。

毫不夸张地说，一个人有多大的耐心，他的成功概率就有多高。反过来，没有耐心的人终将一事无成。所谓的耐心，就是甘于把时间投入到简单、枯燥但是最终会意义非凡的重复和等待当中去。

关于控制

要学会如何管理和控制自己的情绪，不能任它们不分场合、不分地点、不分对象，肆无忌惮地发作。不论发生了什么事情，务必要努力的克制自己，不能随意发怒。其实，暴躁而易发怒的人并不可怕，真正可怕的人是善于控制自己情绪的人。

怒气似乎是一种能量，如果不加控制，它会泛滥成灾；如果稍加控制，它的破坏性就会大减；如果合理控制，甚至可能有所收获。

关于思考

说什么话，一定要经过头脑思考后，才可以表达出来。因为通常经过思考

“过滤”后表达出来的话语，一定要比你心直口快出来的要妥当的多。别再让人把你当成小孩子来看待，别再用心直口快来标榜自己，一定要“三思而后行”，不要去做“情绪”的奴仆。

说话前“三思而后行”，这样你才能在各个场合，各个层次的人群中游刃有余，成熟的人不是不说话，更不是少讲话，而是分场合讲话，该你讲时要充分展现自己的能力，不该你讲时一定要沉得住气。

人不可以不守诚信，说出的话是要兑现的，即使是宴席上的“酒话”，说出去的话就像泼出去的水，往往令你没有改变的机会，也没有改变的余地。所以说话之前，表态之前，要深思熟虑，要先动脑子再动嘴，不能嘴巴比脑子快。如果嘴巴比脑子快，你说的话很难经得起推敲和检验。伤了和气，影响团结事小，耽误了事情，犯了错误，就悔不当初了。

适度的恭维，获取别人的好感

人人都愿意听恭维话，这是人之常情，宴席中人也是如此。《论语》上说：“人告之以过则喜”，这是圣人的言行标准，是美好的愿望，生活中千万不要信它。人们常说：“忠言逆耳利于行”，但这个世界上真正能听得进去逆耳忠言的人，其实也没有几个。所以，要想得到别人的好感，还是适当地说几句好听的恭维话吧！

清人方飞鸿所著的《广谈助》中有这样一则趣话：一士生平极谄，死见冥王。王忽撇一屁，士拱揖进辞云：“伏惟大王，高耸尊臀，洪宣宝屁，依稀丝竹之声，仿佛麝兰之气！”王大喜，命牛头卒引去别殿，赐以御宴。至中途，士顾牛头卒谓曰：“看汝两角弯弯，好似天边之月；双眸炯炯，浑如海底之星！”卒亦甚喜，扯士曰：“大王御宴尚早，先在家下吃个酒头去了。”

点评：

这就是恭维的威力了，连鬼神都难以免俗，何况我们这些俗世的人呢？每个人都喜欢好听、顺耳的话，同事和领导也不会例外。说几句表扬别人的奉承话并不难，不时地夸奖别人几句是很多宴会中正常的交流方式，也不能算是“拍马屁”，从某种意义上可以说是一种社交礼仪。下面首先来谈谈恭维在宴会社交中的作用。

1．恭维话说的好会增强你的人际关系

想要出人头地，赢得上司的青睐和同事间的认同是必不可少的。而宴会中适时地夸奖赞美别人，那是对对方的肯定，也体现了你对他的尊重。说恭维话是成为一个受欢迎者的必备手段，容易拉近人与人之间的距离，让他人更容易接纳自己，是建立良好人际关系的基石，更是事业成功的良性催化剂。

当然，增强人际关系还有很多方法，比如赞成他人的意见，帮助他人做事等，不过恭维往往是最有效的。有了良好的人际关系会让你凡事顺心如意，当你遇有困难之时会有人雪中送炭，当你春风得意之时亦有人锦上添花。

2．说恭维话有助于自己达成目标，起到事半功倍的效果

职场上拼搏，想要取得成功可谓是难之又难，个人努力、天分、运气、贵人缺一不可。而巧妙地运用恭维奉承的手法，通常可以让你的上级更欣赏你，让你的同事更热心地帮助你，让你的工作得以顺利完成，事业的成功也就离你也就不远了。

宴会是一个最方便说恭维话的地方了。酒过三巡，菜过五味，在酒精的刺激下，人们常会说一些“心里话”。这个时候说几句让人“暖心窝子”的奉承话，往往让人觉得既可信，又不唐突，很容易就会认可你，帮助你。

3．说恭维话的人更容易展现自己的优点

宴会中恭维别人的过程往往也是展示自己的过程。犹太人有一句谚语是：“唯有赞美别人的人，才是真正值得赞美的人。”这句话很是精辟，其实中国也有类似的话：“花花轿子人抬人”。

当你绞尽脑汁地恭维别人的时候，往往也是别人挖空心思发掘你的优点的时候。所以说，恭维别人的过程往往比较容易将自已的优点展现给对方或周围的人，从而让他人发现自己的优点并有可能得到赏识。

虽然人人都爱被恭维，但并不是任何恭维的方式都能轻易为人所接受，并不是任何恭维的话语都能深入人心。萧伯纳曾说过："每次有人吹捧我，我都头痛，因为他们捧得不够。"可见恭维他人，也是一门艺术，也是需要技巧和慧根的。

下面就来介绍几种常见的恭维和奉承的技巧和方法：

1．说恭维话不是拍马屁，也要实事求是

很多人都觉得恭维就是"拍马屁"，就是逢迎，其实并不准确。恭维别人一般都是要以事实为依据的，这是恭维与阿谀奉承的本质区别。可以说，奉承是一种"有原则"的"拍马屁"。

说恭维话一定要先盯住别人的闪光点，找到对方的优点和长处，然后再毫不吝啬地发表自己的溢美之词，而不能过于夸张地瞎吹、乱拍，指鹿为马和颠倒黑白的话更不能轻易出口。

2．说恭维话要以人为本，讲究场合

除了死人之外，没有人不喜欢听恭维的话。所谓马屁拍到了马脚上，不过是没有拍对地方，没有把对方拍舒服而已，说恭维话也是如此。

说恭维话是要以人为本的，要根据不同人的爱好特点的不同而灵活掌握方法。事业型的人你可以夸他的工作成就，家庭型的人你可以夸他家庭和睦，内向型的人你可以夸他沉稳睿智，外向型的人你可以夸他开朗自信，如此而已。

当然，恭维奉承也是要讲场合的。宴席上的奉承和办公室也有所不同，应该以酒肉、风月为主，适当的掺杂一些工作上的事情即可，千万不能完全集中在工作上，那就失去了宴席的意义。总之，奉承话也是要讲究适人、适时、适境、适度的。

3．恭维别人要一视同仁，不要有等级之分

人人都爱巴结领导，但说恭维话也不能只盯住领导，那就真的成了"马屁精"了。对同事更不能吝啬，他们是你工作中最重要的部分，对同事多点赞美之词，才会使你在对领导行赞美之仪时不会显得那么突兀。

另外，宴席中人往往只有一两个是你有所求的，恭维他们是应该的，但也不能忽略了其他人，也要尽量做到一视同仁。有所求、有所用时就拍马屁；没所求、没有用时就放弃，这样的人往往会遭人鄙夷的。

4．恭维也要从自己开始

首先，做好自己的本分才是一切的基础。的确，说恭维话，处理好人际关系可以很容易的获取到某些利益，但这只是短期行为，并非是长远之计。自己要是没有本事，就算坐到高位也早晚会掉下来。俗话说：“打铁要靠自身硬”就是这个道理。

另外，不要拒绝别人的赞美。工作中的人都想在自己的事业上有所作为，也大都崇拜那些一身正气努力工作的人。所以当那些奉承话被施加到自己的身上时，往往会下意识的拒绝，其实这很不好。因为拒绝对别人的赞美是一种小心眼的表现，并不能说明你的正直，反而衬托出你不够自信，没有底气。要知道，外圆内方才是大家的风范。

有人说，“每一个人的身体里事实上都住着两个人，一个是他真正的自己，另一个是理想中的自己。”渴望被肯定、被重视，是每一个人内心亟待解决的“饥饿”，而恭维则是满足这种内心饥饿的最好食粮。因此，掌握了恭维也就掌握了打开世人心灵的钥匙。

你对别人傲慢，对别人有偏见，反过来，别人也会同样对你。你以一个人的力量对抗所有人，最后除了惨败之外，很难想出还有其他的可能。同样的道理，你对别人有好感，适度的恭维和赞扬别人，别人也会类似的对你，如果你周围的绝大多数人都对你有好感，你想不成功都很难。可惜的是，很多人都想不通这个简单的道理，仿佛不嚣张不傲慢就显不出他的与众不同一样。

妙语成珠，巧妙化解尴尬

请客吃饭，吃的就是一种氛围，一种心情。氛围融洽了，心情好了，事情也就好办了。所以，对于宴席组织者来说，宴席冷场是一件极其可怕的事情，是他无论如何都要避免的事情。对于参与者也是一样，能主动站出来化解尴尬场面的宾客，在任何宴席中都会受到欢迎的。

解缙陪同朱元璋在金水河边饮宴垂钓，整整一个上午毫无所获。朱元璋十分沮丧，便命解缙写诗以记之。没钓到鱼已经够扫兴的了，这诗怎么写？若是写的不好，无疑是火上浇油，以朱元璋的脾气，恐怕是要大祸临头了。

解缙真不愧是大才子，很有机智，稍加思索便脱口而出：“数凡绝丝入水中，金钩抛去永无踪，凡鱼不敢朝天子，万岁君主只钓龙。”朱元璋龙颜大喜，解缙顺利过关。

点评：

朱元璋的命令一下，解缙立即就陷入到两难的尴尬之中了，如果按照实情描述，说朱元璋一个上午没有钓到一条鱼，那无疑是讽刺皇帝陛下不会钓鱼，以后还想不想混了？可是如果选择“拍龙屁”，吹嘘皇上如何如何的钓术精湛，不但自己违心，而且在皇帝那里也会被打上“阿谀奉承”的标签，对自己今后的发展也是极其不利的。

估计朱元璋的命令也是脱口而出，没有仔细斟酌。下这样一个命令，将自己器重的大臣陷入了两难，估计也不是他所希望的事情。但，毕竟他是皇上，金口玉言，也没有收回的道理。

不过解缙的确是聪明，“凡鱼不敢朝天子，万岁君主只钓龙”，在文笔上虽然没有什么可称道的，但用在此处堪称绝妙。一方面，解缙如实描述了朱元璋没有钓到鱼的事实，没有失了自己文人的风骨；另一方面，他巧妙地偷换了概念，把没有钓到鱼描绘成了普通的鱼没有资格让皇上钓，化解了尴尬，同时也着实狠狠地拍了朱元璋的马屁，难怪皇帝龙颜大喜。

宴席中，经常会遇到尴尬的场面，这时我们切不可让饭桌温度冷却下来。而审时度势，准确把握尴尬双方的心理，然后运用说话技巧，借助恰到好处的话语及时出面打圆场，化解尴尬，维护交际活动的正常进行，就显得十分重要和宝贵。下面就简单介绍几种常用化解尴尬的技巧。

1．转移话题，暂时回避

宴席中，我们常常会遇到一些不便回答的问题，比如，客户问到公司的一些商业机密，或是被人问到一些比较私人的问题等。这个时候，不回答可能会得罪人，恼羞成怒自然有失风度，回答又难免尴尬，所以转移话题，暂时回避是比较好的选择。

张小姐体型比较丰腴，曾多次尝试减肥，但一直没有效果，只好听之任之了。

某日，在宴席上，一位同事问她：“小张，你最轻的时候有多重？”

张小姐笑了笑，“听妈妈讲，好像是6斤多吧！”

还有一种情况，如果宴席中的两个人或者两方人为了某个问题争论不休，矛盾比较尖锐甚至难以缓和的时候，你可以以第三方的身份通过转移话题，用一些轻松、愉快的话题来活跃气氛，转移双方的注意力，或者通过幽默的话语将严肃的话题淡化，使原来僵持的场面重新活跃起来，从而缓和尴尬的局面。

宴席上，两位足球迷在争论到底是贝利伟大还是马拉多纳厉害。双方引经据典，各不相让，宴席中好多人都加入了战团，一时有愈演愈烈之势。

“我觉得他们都不行！”从来没有发表过意见的小王突然说话了。

“还是陆俊厉害。他们三个同时在场上，我觉得能决定比赛胜负的肯定不是两大球王。”小王一语惊人，众人拊掌大笑，于是话题转向了抨击中国足球。

2．给你的对手找个台阶下

宴席上，某些人说了不合时宜的话或者做了不合时宜的事情是常有的。如果他们得罪的恰好是你，那么请一定要记住，最好不要轻易反击。别人因鲁莽而得罪了你，已经将你推上了道义的制高点，这时最需要做的不是反击，而是原谅。

反击的结果往往只是两败俱伤，而换一个角度或找一个借口，以合情合理的解释来证明对方有悖常理的举动在此情此景中是正当的、无可厚非的、合理的，这样一来，对方的尴尬解除了，气氛和谐了，你的形象也高大起来了。荀子有句名言：“君子贤而能容罢，知而能容愚，博而能容浅，粹而能容杂。”说的也就是这个意思。

从前，有一位高僧受到邀请去参加一个大型的素宴。吃饭的时候，高僧发现在一盘菜里竟然有一块猪肉，高僧的徒弟故意用筷子把肉翻出来，打算让主人看到，去惩罚厨师，没想到高僧却用自己的筷子把肉掩盖起来。一会儿，徒弟又把猪肉翻出来，高僧再度把肉遮盖起来，并在徒弟的耳畔低声说：“如果你再把肉翻出来，我就把它吃掉！”

事后，高僧对徒弟说：“每个人都会犯错误，无论是有心还是无心。如果让主人看到了菜中的猪肉，盛怒之下他很有可能当众处罚厨师，甚至会把厨师辞退，这都不是我愿意看见的，所以我宁愿把肉吃下去。”

3．善意曲解，偷换概念

对于宴席中的某些尴尬场面，有时可以采用故意“误会”的办法，故意从善意的角度来做出有利于化解尴尬局面的解释，即对该事件加以善意的曲解，对引起误会的概念做巧妙的偷换，从而将局面朝有利缓解的方向引导转化。

前面的案例中，解缙就是把朱元璋钓不到鱼曲解为皇帝只能去钓龙，将不会钓鱼的概念偷换为鱼不敢见皇帝，从而化解了双方的尴尬。

宴席是一个舞台，舞台上的表演可以充分展示出一个人的才华、能力、修养和风度。可能只是简单的一句话，就化解了困扰双方的尴尬；有时一句诙谐幽默的语言，会给客人留下深刻的印象；也许只是不经意的妙语，就使人无形中对你产生莫名的好感。

炫耀自己，令人生厌

宴会谈话应该避免以自我为中心，要给别人讲话的机会。交谈的过程也是信息的相互交流过程，只有出现双方都感兴趣的话题时，才预示着谈话正趋向成功。因此，谈话应避免滔滔不绝，自以为是，炫耀自己，忽视他人。谈话中要随时注意对方的反应，观察对方的表情、动作，以判断其对谈话的关注程度。一旦发现对方对话题不感兴趣，要立即调整话题。

西晋权臣石崇与贵戚王恺斗富，“争为侈靡”。王恺用麦芽糖洗锅，石崇就用蜡烛代替柴草来煮饭；王恺用紫色的蚕丝作路两旁的屏幕，长达40里，石崇就用锦作屏幕，长50里；王恺用赤石脂当涂料，石崇用香料和成泥来刷墙。

王恺请客，把晋武帝所赐的珊瑚树拿出来当众炫耀，高二尺多，堪称稀世珍宝；石崇当场用铁如意将其击碎，然后取出他所藏的六、七株珊瑚树，每枝高达三四尺，光彩耀目，让王恺随意挑选。

石崇每次请客饮酒，常让美人斟酒劝客。如果客人不喝酒，他就让侍卫把美人杀掉；豆粥是较难煮熟的，可石崇想让客人喝豆粥时，只要吩咐一声，须臾间就热腾腾地端来了；每到了寒冷的冬季，石家却还能吃到绿莹莹的韭菜碎末儿，这在没有暖房生产的当时可是件怪事。

然而“木秀于林，风必摧之”，巨额的财富终于为他带来了杀身之祸，就是这个“富可敌国石季伦”，后来却因与人争一小妾绿珠，被孙秀矫诏杀之。

点评：

石崇的宴席可谓是极尽炫耀之能事了，可是比现在的那些“暴发户”们夸张的多，称得上是“奢我其谁”的老祖宗了。小时候，每次读到关于“石崇斗富”的故事时，都会以为石崇是个傻子，相信许多朋友也会有同样的想法，不是傻子怎么总做傻事呢?

其实，石崇在西晋文坛上的名气不小，他和当时的名士左思、潘岳等二十四人曾结成诗社，号称“金谷二十四友”，他们的存诗占了西晋文士诗歌的一半。所以，石崇非但不傻，反而是个才子，只不过没有看穿世事人情罢了。

相传，石崇在被押赴刑场的途中对押送他的人说：“这些人，还不是为了贪我的钱财！”押他的人说：“你既知道人为财死，为什么不早些把家财散了，做点好事？”石崇此时才悟出了炫富害己的道理，无奈悔之晚矣。

话说回来，爱美之心人皆有之，这是人的天性。炫耀是表达美的一种方式，是对自己内心的美的一种展现，也无可非议。孔雀开屏是炫耀自己的美丽，公鸡报晓是炫耀自己的嗓音。动物炫耀是一种本能，这种本能在人类身上也同样存在，但人是有思想，有意识的高级动物，所以要掌握原则才是重要的。因此，炫耀本身并不错，错的是要注意场合，把握分寸，不要过分。

宴席上，总有这么一群人，喜欢炫耀自己。有资本的炫耀资本，有权力的炫耀权力，什么也没有的就只好去炫耀口才，尤其是在有异性在场的场合，或者酒足饭饱之后。

不少人也许会说，喝完酒，吹吹牛，也不算是什么大事吧？犯不着那么小题大做吧？其实，这并不是什么小题大做。宴席上炫耀自己，尤其是过度地炫耀自己很容易给自己带来不必要的麻烦。

炫耀是一种不成熟、不自信的表现

人都需要别人的肯定，所以在别人的面前表现自己是可以理解的行为，也是人之常情。但是过多地炫耀通常会被理解为不成熟、不自信。因为你自己过多的肯定自己，别人也就不想再多说什么了。就算你什么都比别人强，也没有理由炫耀。炫耀只能说明你自己肤浅，却无法得到别人的认同，同时也会把你发展的路堵死。

炫耀自己往往会给别人钻空子的机会

宴会中人大多是“人精”，抓住机会，利用机会的能力一般都不错；宴会中人又往往是有所求的，没有机会也会创造机会，更何况你把机会摆在人家的面前。有没有意识到，当你炫耀自己的时候，宴会中人的第一反应往往是随声附和，接踵而来的就是一串令人心旷神怡的小“马屁”，拍得你飘飘欲仙、心神俱醉。

不过，“马屁”过后，往往就是令你犯难的事情了。“有件事情很难办，不过您这么神通广大，对您当然是小菜一碟了，您看是不是可以……”这时候拒绝是很丢人的事情，答应又往往很难为自己，怪也只能怪自己给了人家机会了。

炫耀自己只会令人生厌

炫耀自己的过程也往往是打击别人的过程。石崇炫耀了自己的财富，王恺当然是被打击的第一对象，宴会里也是如此。你在宴会里夸夸其谈，成了宴会的“中心”，自然有人会觉得受到冷落和打击，心中也理所当然的会对你产生恶念。

要知道，“和光同尘”才能对周围的人带来影响，才能让别人接受你、容纳你并且在进一步信赖你。如果你始终摆出一副高人一等的姿态，就一定会和别人产生距离，进而渐行渐远。一个不能融入人群的人，无论干什么都很难成功。

总之，宴会交流要以和为贵，要选择有共同语言的话题，不可过于突出自己。就算是必须要谈自己的时候，也最好点到为止，不要给别有用心的人利用或者嫉妒的机会。

千万不要谈隐私

宴会中可选择的话题很多，但千百年来，关于隐私的话题总是为人津津乐道。其实，这很不好。当众谈及别人的隐私和不对的地方，很容易让自己陷入非常尴尬的境地。在宴会上，我们要有所忌讳，不能谈及领导和朋友的隐私与过错，更不能随意披露自己的秘密。下面我们就来逐个说说。

酒桌上谈领导隐私，当心祸从口出

酒桌上聊天，特别是和同事聊天的时候，很容易谈到领导。如果不注意说到了领导的隐私或者坏话，就有可能传到领导的耳中，那么你就大祸临头了。

小张在公司和某领导走得很近，领导也颇为赏识他，不过机缘未至，一时间也没有得到提拔的机会。小张虽然心有不满，却也无可奈何。

在一次公司宴会上，小张大醉，口无遮拦地讲起这位领导的一些秘密，讲起了自己为领导鞍前马后地操劳，讲起了领导的铁面无情，还说了许多人身攻击的话。酒醒后，小张隐隐感觉到自己办了件傻事。

果然，自此以后，领导再也不安排小张去办事了，就连正常的工作汇报也少了很多。不久以后，小张只好黯然辞职。

点评：

有句话叫做“屁股决定脑袋”，处在不同的位置想法自然不同。对领导的一些决定有看法，有意见是可以理解的，心里有牢骚也是难免的，但是四处宣泄绝对是不妥当的做法。哪怕是公允、客观之词传到领导耳中也往往会变了味道，更何况是小张这种毫无道理的抱怨呢？

抱怨的话通过别人的嘴传到领导那里，你在领导心中的印象很容易就被抹黑了，就算你工作再努力，成绩再突出，也很难得到赏识。所以，最好的解决办法还是直接去找领导去谈，把你的想法面对面地谈清楚，即使得不到领导的认可，至少也表明你是一个胸怀坦荡的君子。

另外，同事往往是最不可以信任的一个团体，因为同事之间存在的利益关系实在是太复杂了。你可以把同事当做好友，可以无话不谈，但你是否想过，当你们之间发生利益冲突的时候，你说过的话是否可能被对方当做攻击你的武器?

生活中总是少不了爱说别人坏话的人，就算你自己不说，也总会有人跟你说。宴席上听到同事议论领导的时候又该怎么办呢？拂袖而去显然不妥，积极参与也不是可取之道，最好的办法还是尽量回避，点到即止。当然，如果你是个厚道人，规劝几句也不是不可以，但要注意分寸。

宴席中搬弄同事、朋友是非，终成孤家寡人

每个人都有隐私，每个人也都有朋友，朋友知道自己的隐私也是在所难免的。但朋友之所以是朋友，就是因为朋友不会随意搬弄自己的隐私，反之，也就不是朋友了。办公室的同事圈子也是同样的道理，喜欢搬弄同事隐私的人也没有多少人会喜欢。

小王和小李两人是“发小儿”，从小一起长大，无话不谈。

小李结婚了，小王也很高兴，在婚宴上喝得很多，拉着新娘子聊天。

“你知道吗？当年，我们可是一起追校花呢？”小王突然冒出来一句。

新娘子很感兴趣，“能给我说说吗？”

“是这样的，当年我们一起上高中时……”

后来，慢慢地，小王和小李两人开始疏远了。

点评：

隐私之所以称为隐私，就是不愿意让人知道，是秘密。作为朋友，你有权利知道对方的一些隐私，但绝对没有权利传播出去。没有人可以容忍揭穿自己心中“秘密”的“小人”。通常在朋友妻子面前应该以“报喜不报忧”为主，要尽量避免谈朋友的感情生活，像小王这样自恃关系密切，触及了朋友的心理底线，难怪小李不高兴。

宴席上，不仅不能随便谈起别人的隐私，最好连问也不要问。当你准备问对

方某些问题的时候，最好在脑中先过一遍，琢磨一下是否涉及了对方的隐私，如果是，就尽可能避免。一般来说，对女士的问题应该避免诸如年龄、体重、婚姻等；对男士应尽量回避收入、身体、社会关系、银行存款等；询问同行的经营情况也不是明智的问题。

酒后谈个人隐私，愚蠢之至

如果说酒桌宴会上喜欢谈别人的隐私还可以理解的话，那么泄露自己的隐私就实在是有些不可理喻了。但遗憾的是，这样的蠢人不但过去有，现在有，将来也不会缺少。

婷婷是个文静的女孩子，前些日子失恋了。为排解心中的苦闷，她请同事中的好友吃饭。酒醉之后，她把一切都向同事倾诉。不久，这件事传到了老板耳朵里。

老板在会上说："连男朋友都摆不平的人，公司的事怎么可能放心交给她处理呢？自己的私事都四处宣扬，又怎能放心将公司的秘密交给她呢？"

点评：

自己的隐私不可以随便说，有些事情落到有心人的耳朵里，很难讲会演绎成什么，也很难讲对你会产生什么样的影响。案例中，婷婷失恋的事情本来没有什么，可落到了老板的耳朵里，就有了不一样的解读。

职场是个残酷的竞技场，每个人都是你潜在的对手，就算是看上去的好朋友也不例外。而隐私是你自己的底线，别人不知道你的底线在哪里，也就无从伤害你。假如你的私事过多地暴露，别人知道的越多，也就越容易击中你。

很多人都有个毛病，心中有话，不吐不快，甚至会憋出病来。如果是这样，那就去向你的至亲好友倾诉吧，至少他们害你的概率会相对小很多，或者去找心理医生或者牧师也可以。千万要记住的是：务必保留自己的隐私，别做愚蠢的透明人。

一个人要想在事业上取得成功，一言一行都不可掉以轻心。宴会中的谈话要会把握分寸，该说的话要说得充分，不该说的话一句话也不能说，涉及个人隐私、避讳的内容更是绝对不能谈论。

宴会上可以谈论的话题实在是太多了，大到宇宙万物、国家大事，小到山水花草、鸟兽鱼虫，什么不可以拿来谈谈呢？又何必拿隐私来说事呢？谈论隐私只会使别人以为你人格低下，缺乏修养，破坏与他人的和睦关系，甚至可能落个身败名裂的下场。

倾听是一种美德

宴会交流，大部分人往往把精力更多的花费在如何能够更有效陈述自己的看法上，而对倾听有所忽视。其实。交流沟通的另一半就是倾听，倾听也是收集、整理对方信息，分析其真实意图并策划对策的过程。

和女友初见，是在朋友安排的宴会上。当时的她看起来并不起眼，不算丑，也谈不上漂亮，只是有点温柔可人的样子。

席间朋友谈到了我曾经在多个国家工作过的经历。她问道："我一直想到国外看看，能给我讲讲吗？"看着她渴望的眼神，我不忍拒绝，于是开始讲了起来。

她很少插话，只是认真地听着，偶尔发出几个感叹词，还有的就是那双会说话的眼睛。

一口气讲了两个多小时，记忆中我好像从来没有这样滔滔不绝过。

宴会结束了，我忽然发现自己好像喜欢上了这个普普通通的女孩子。再后来，她成了我的妻子。

点评：

希腊有一个哲人说过："上天赐给人以两耳两目一口，欲使其多闻多见而少言。"简简单单的一句话形象而深刻地说明了"听"的重要性。良好的倾听，是一种艺术，也是一种技巧，更是一种美德。

良好的沟通从倾听开始

人际沟通中存在着许多障碍，而倾听不足则是影响沟通的主要原因之一。沟通的大忌就是只顾自己滔滔不绝，不顾对方的感受，甚至不给对方说话的机会，这样的沟通一般都是没有结果的，即使勉强有了结果也往往只是碍于权势和地位的口服心不服而已。

倾听只是良好沟通的开始，要想保证沟通的效果还必须要做到有效倾听。什么是有效倾听呢？有效倾听就是要认真倾听当事人表达的内容，注意观察当事人的眼神、动作、语气等非口语行为，弄清楚其中隐含的意义，在倾听过程中适当给予简短的反应。有效倾听是高效沟通的最基础元素，只有做到有效倾听，才能保证沟通的顺利进行。

一般来讲，人的倾听有五个层次：一是忽视；二是假装听；三是选择性倾听；四是留意地听；五是同理心倾听。同理心倾听是有效倾听的最高表现形式，是正确了解他人的感受和情绪，进而做到相互理解、关怀和情感上的融洽，将心比心。

要做到这些并不容易，首先要做到就是要站在你的谈话对象的立场考虑问题。每个人在谈话的时候考虑最多的肯定是自己的利益，在这里建议你适当的考虑对方的想法，这样你会更了解对方，你所说的话也更有针对性，也更有说服力，沟通的效果才能达到最佳。

认真地倾听，是一种教养

酒桌上常听到别人抱怨的话语，这个时候，不要不耐烦，不要不屑一顾，要认真的对待。因为倾听本身就是对对方的一种褒奖，如果你能耐心倾听对方的谈话，等于告诉对方“你是一个值得我尊敬的人”，对方又怎能不积极回应、表现出对你的好感呢？心理学研究表明，越是善于倾听的人，与他人关系也就越融洽。

歌德曾经说过，“对别人述说自己，这是一种天性；认真对待别人向你述说他自己的事，这是一种教养。”这话不错。倾听是一种关怀，是一种默默地支持与力量，倾听不需要太多的技巧，只需要一些耐心，一些爱心，足够让你不会对唠叨厌烦，不会对啜泣反感，而这些，都是有教养的体现。

倾听是一种能力

当然，倾听也不是没有原则的，也需要智慧和策略。生活中，我们往往会听到许多评价和意见，你不想听也不行。它就像我们周围的空气一样，不管你喜欢不喜欢，它一样存在。这时，就需要你理性地对待了。

“兼听则明，偏信则暗”，这是老祖宗的至理名言。倾听，最难得的是听取不同意见甚至是反面的意见。齐威王听邹忌谏言，下令奖赏进谏者，以至“燕、赵、魏闻之，皆朝于齐”。唐太宗李世民善待犯颜直谏的魏征，广开言路，虚心纳言，才开创了贞观盛世。

所以，当我们在倾听时，不能把自己当做“垃圾桶”，而是要有选择性，要弃其糟粕，取其精华。要擅长从对方的倾诉中总结出对方的真实意图，要善于倾听各方的意见和建议，要让对方感觉到被理解和尊重，这也是一种可贵的能力。

做一个优秀的倾听官

现代社会，每个人来自各方面的压力都很大，如果你有办法成为他人倾诉的对象，那他一定会成为你的知心朋友。让一个人开放心怀地谈论自己，可以给你大好的机会去挖掘共同点，赢得好感，从而增加你达成目标的机会。

不过，做好一名“倾听官”可不是那么简单的，还需要一定的技巧，下面的几个注意事项可供参考：

1. 倾听时随时都要保持专注。
2. 倾听时要注意从中分析总结自己需要的信息。
3. 以一种不带任何威胁的方式，适时向对方提出问题。
4. 留心观察对方的表情和肢体语言。
5. 要有耐性，不要随意插嘴，不能干扰、中断对方的话。
6. 不要以自我为中心，要能跟对方产生共鸣。
7. 对于没听懂或者不了解的事情，可以要求对方重复或者澄清。
8. 为了表示对对方的尊重，可以记笔记。

“社交达人”们大都有一个共同的特点，那就是善于倾听。从某种意义上说，听比说更加重要。因为“说”的目的是让别人接受你的观点，而“听”则往往可以让别人接受你这个人。当你能够沉静地坐下来，目光清澄地注视着对方，抛弃自己的傲慢和虚荣，那么你就能倾听到心灵的信任与支持。在你倾听的同时，对方也感受到了你的教养，你的爱心和美德。

表情可能会出卖你

记得郑智化的《水手》里唱到："说着言不由衷的话，戴着伪善的面具"，其实这可以说是宴会中的常态了。据说，一般人每10分钟的对话里，就会说3次谎。不管是大谎还是小谎，不管是善意的还是恶意的。经常出没于大小宴会的"食客"们更是如此。不过，说谎归说谎，若是轻易被人识破就不免尴尬了。

最近，美剧《别对我撒谎（Lie To Me）》风行网络。剧中男主角测谎专家莱特曼是善于辨别谎言的高手：眉间的一皱或是嘴唇一瘪，在他眼中都是对方内心活动的流露。他比测谎仪更精确，任何人任何事在他面前都无法隐瞒……

点评：

了解并学习如何识破谎言，或已成为眼下许多人最紧要的社交功课。除了《LIE TO ME》之外，还有就是港剧《读心神探》，以及一本网络上很流行的《FBI教你读心术》，说的都是一回事，即如何通过细小的肢体动作来看穿人的真实想法。

能读懂别人的"心"很重要，但是怎样才能不让自己的心也被别人读走则更为关键，于是很多人就开始练习，以求控制自己的"微表情"。所谓微表情是指在瞬间发生的非常强烈的隐藏表情，会持续1/5秒。

通过《LIE TO ME》，我们知道了在和别人交流时有93%是非语言的传递，只有7%是通过实际语言的表达，表情、语气、手势……都有机会直指你心，一次挑眉，一个扁嘴，都可能泄露你的心事。笔者无意也没有本事将每位读者都训练成为"测谎专家"或者"撒谎大师"，但是熟悉一下常见的表情所代表的含义，对我们日常生活以及宴会交流还是会有一些好处的。

挑高右边的眉毛——表示你很疑问

嘴唇向左边撩起——假笑

眼睛向右看——回忆

眼睛向左看——思考谎话

紧抿嘴唇——窘迫

撇嘴——不屑

眼神不集中、左顾右盼——害怕

略抬头、眼睛向上看——迟疑

揉鼻子——掩饰真相

鼻孔外翻，嘴唇紧闭——生气

把玩领带或饰物——心神不宁

手插裤袋里、肩部耸起——紧张

手扶眉骨——羞愧

挠头——不知所措

双手反复搓——焦虑、自我安慰

双手抱臂——自我保护、不安

单肩抖动——不自信

看了上面介绍的内容，相信你对如何解读别人的表情以及如何控制自己的表情已经有了一定的想法。但是做到一一识破想必是很难，那么有什么方法可以相对简单地识破对方和掩饰自己呢？下面的三点应该对你有所帮助。

面部表情对称原则

由于右脑控制左脸的许多肌肉，而左脑控制右脸，所以一些科学家认为，情绪在左脸上表现得应该比较强烈。至于扭曲的表情，即当一边脸的动作比另一边来得大时，显示情感可能并不是真实的，即不对称可以视为一种说谎线索。

只有故意装出来的、按别人要求摆出来的表情才会发生不对称，若非如此，如发自内心欢喜的一张脸，就很少出现不对称。因此，不对称可以说就是假表情的线索。

所以，闲暇时不妨多对着镜子练习一下自己的表情吧！让自己左右脸的表情尽量趋于一致，让自己的目光中正平和。这样在交流的时候就不会那么容易的被识破你的内心想法了。

时间原则

时间原则指的是面部表情的持续时间，以及出现快慢和消退快慢。一般来说，超过5秒的长时段表情，差不多都是假的；真正的惊讶，出现、持续与消退都很短暂，为时通常不到1秒。真正发自内心的表情都不长，除非情绪达到了极点，如欣喜若狂、怒气冲天或悲不自胜等，此时真正的情绪表情在脸上顶多停留几秒种。

所以，当我们和其他人进行交流的时候，配合说话的表情不要维持的时间过长，稍纵即逝就可以了，过于做作的表情容易露出马脚。

相对顺序原则

相对顺序即表情相对于语言、声音变化及身体行为的先后次序。一般来说，表情的次序应该是最高的，换句话说，也就是表情应该比语言和动作更先出现。

打个比方，一个人在很生气的时候可能会有生气的表情，说出相对应的语言以及做出相应的动作，如果语言或者动作早于表情出现，那么他的生气就很可能是假的。反之，如果是先做出表情，后有语言和动作，那么就极有可能是真的。

除了上面的三种原则之外，控制表情很重要的一点是控制自己的情绪，心平气和的时候表情自然也就平和了，也就不会有那么多的天机可以泄露。如果在谈话前你觉得自己的心情比较紧张，不妨可以试试478呼吸操，吸气4拍、屏气7拍、呼气8拍，或者嚼一块口香糖。

虽然并非绝对，但人的面部表情的确可以出卖人的内心世界，所以我们在宴会谈话的时候，尤其是在参加商务宴会的时候更应该对此有所注意和提防，一方面努力从对方的面目表情以及动作上分析对方的真实心理活动，同时也要注意不要让表情泄露自己的底牌。

微笑愉悦的不仅仅是你自己

对于社交宴会中人来说，微笑是一项投资最少、回报最大的行为。微笑可以缩短人与人之间的距离，化解令人尴尬的僵局，沟通彼此的心灵，使人产生安全感、亲切感以及愉快感。微笑是最奇妙的礼物，得到它的人会因此更加富足，给予它的人却不会因此变得贫穷。

雯雯第一次参加社交晚宴就捅了篓子，她不小心将一杯酒洒到了一位客人的身上。雯雯有点儿紧张，也有点儿害怕，因为那位客人不依不饶、大发雷霆，狠狠地教训了她。雯雯记得临行前公司前辈告诉她的话，一直在向那位客人道歉，几乎每个人都看到了雯雯含着眼泪的微笑。

终于，在其他客人的劝说下，那位客人不再追究了。雯雯长出了一口气，有解脱的轻松，但不免有些遗憾。雯雯想，“出了这么大的糗，估计这次晚宴应该没有什么收获了。”但出乎雯雯意料的是，晚宴上不断有客人主动过来和她谈话、握手、交换名片。

一位客人说：“其实没有什么，只是想认识一下那位含着泪水还能保持微笑的温柔可人的小女孩。她看上去给人的感觉很善良，很有礼貌，如果能和她有所合作应该比较放心。”

点评：

微笑可以使客人感觉到你的诚心，原谅你的无意之失；可能会给客人带来愉悦，使他有个好的心情；也可能会给客人一个好印象，给自己带来机会。但一定要牢记的是，只有真诚、友善、自然、大方的微笑，才会给客人一种愉快、舒适、幸福的感觉。

那么，什么样的微笑才是理想中的微笑呢？要达到这样的效果又应该经过怎样的训练呢？

微笑时，目光应当柔和发亮，双眼略为睁大；眉头自然舒展，眉心微微向上扬起，这就是人们通常所说的“眉开眼笑”。除此以外，还要避免耸动鼻子与耳朵，并且可以将下巴向内自然地稍许颔起。要切记不要使自己的微笑，变成假笑、媚笑、冷笑、窃笑、嘲笑，更不能是怪笑、大笑、狂笑等。一定要让它体现个人内心深处的真、善、美，要用心灵去微笑。微笑的训练可以分下面的六个阶段来进行。

第一阶段，放松肌肉

微笑练习的第一阶段就是要放松嘴唇周围肌肉。可以从低音哆开始，到高音哆，大声地清楚地说三次每个音。这个练习也叫“哆来咪练习”。

第二阶段，增加嘴唇肌肉的弹性

形成笑容时最重要的部位是嘴角。如果锻炼嘴唇周围的肌肉，能使嘴角的移动变得更自然，也可以有效地预防嘴角产生皱纹。微笑的表情就给人有弹性的感觉，人也会显得更年轻。

具体练习方法是，伸直背部，坐在镜子前面，反复练习嘴部最大地收缩和扩张。

首先是长大嘴，要使嘴周围的肌肉最大限度地伸展，并保持这种状态10秒。

然后闭上张开的嘴，拉紧两侧的嘴角，使嘴唇在水平上紧张起来，并保持10秒。

接着慢慢地聚拢嘴唇，出现圆圆地卷起来的嘴唇聚拢在一起的感觉时，再保持10秒。

最后，保持微笑30秒，并反复进行这一动作3次左右。

第三阶段，形成微笑

这是在放松的状态下，分大小练习微笑的过程，练习的关键是使嘴角上升的程度一致。如果嘴角歪斜，表情就不好看了。练习各种笑容的过程中，你就会发现最适合自己的微笑。

小微笑

把嘴角两端一齐往上提，稍微露出2颗门牙，保持10秒之后，恢复原来的状态并放松。

普通微笑

慢慢使肌肉紧张起来，把嘴角两端一齐往上提，露出上门牙6颗左右，眼睛也笑一点。保持10秒后，恢复原来的状态并放松。

大微笑

一边拉紧肌肉，使之强烈地紧张起来，一边把嘴角两端一齐往上提，露出10个左右的上门牙，也稍微露出下门牙。保持10秒后，恢复原来的状态并放松。

第四阶段，保持微笑

微笑是需要保持的，一旦寻找到自己满意的微笑，就至少维持那个表情30秒以上的训练，而且这个练习需要每天都至少练习5次以上。

第五阶段，修正微笑

虽然认真地进行了训练，但你的笑容还不一定完美，还要寻找是否有问题。常见的问题主要有两个嘴角不对称以及笑的时候露牙龈太多，这些都需要进行修正。

修正的方法是，以各种形态尽情地试着笑。在其中挑选自己最满意的笑容，也可以请家人朋友帮忙。修正之后要照着镜子，试着笑出前面所选的微笑，然后反复练习。

第六阶段——修饰有魅力的微笑

前面的练习主要集中在脸部的训练，要想拥有真正有魅力的微笑，还要肢体动作的配合。所以这一步就是要伸直背部和胸部，用正确的姿势在镜子前面边敞开笑，边修饰自己的微笑。

微笑本身就是打招呼的一种方式，但无论以哪种方式打招呼，都应该微笑。不论在什么时候，打招呼时都要面带微笑，眼睛看着对方，这样会给人真诚的感觉，让人感觉你不是例行公事。

微笑是令彼此都感觉愉快的面部表情，是直通人心的世界语，是人际交往的润滑剂。是灿烂生活的添加剂。微笑有着无穷的魅力，虽然只是惊鸿一瞥，却可以留下永恒的痕迹。微笑不仅仅代表了你发自内心的喜悦，同时也愉悦了他人。

第十章

酒，人类最伟大的发明

酒是全世界各民族共享的人类物质文明之一。
中国的酿酒历史可以追溯到商代，
经过几千年的发展演变，
酒已经融入到人类的日常生活，
酒可以传达人与人之间不同的情感。
人生百态，万般情怀都可以化为杯中美酒；
酸甜苦辣，悲欢离愁，
唯有饮者自知，斟者会意。
正像李白说的：
“三杯通大道，一斗合自然。
但得酒中趣，勿为醒者传。”

酒是维系友情的纽带

中国人的好客，在酒席上被发挥的淋漓尽致，人与人的感情交流往往在敬酒时得到升华。以酒迎客、以酒待客的风俗习惯更是比比皆是。故友重逢，好友相见，尊敬领导，礼让前辈，都难免要饮上几杯。

“诗仙”李白非常好酒。汪伦想请李白去自己的家乡玩，向他学习，可是又怕被拒绝，于是给李白写了一封信：“先生好游乎，此地有十里桃花；先生好饮乎，此地有万家酒店。”

李白看到信，很高兴，兴冲冲地赶来。到了却发现，那里只有一个清澈见底的水潭，潭边有家酒店，根本没有信中所说的十里桃花、万家酒店。李白有些生气，就责问汪伦。汪伦指着水潭和酒店不慌不忙地说：“这个潭叫桃花潭，有十里长，所以有十里桃花。这家酒店的老板姓万，所以就叫万家酒店。”李白听后哈哈大笑，两人就在这家酒店里把酒言欢。

离别依依，李白乘着船正要离开的时候，忽然听到汪伦唱着歌为他送行。李白听后，也非常感动，于是写了一首著名的《赠汪伦》。“李白乘舟将欲行，忽闻岸上踏歌声。桃花潭水深千尺，不及汪伦送我情。”

点评：

李白素以“斗酒诗百篇”闻名，可见其好酒、爱酒了。汪伦于是投其所好，以美景好酒相邀，李白哪能不来？而痛饮之后，本来的普通朋友，点头之交，也变成至交好友了，这都是酒的魔力所在。

古往今来，好酒之人数不胜数，可不仅仅是李白自己。几乎是不论哪位名人雅士都有几段与酒相关的故事，杜甫写有著名的《饮中八仙歌》；曹操有“何以解忧，唯有杜康”的佳句；柳永写过“忍把浮名，换了浅斟低唱”；陶渊明有《饮酒》诗20首……

既然好酒的人众多，求人办事的宴席自然少不了酒的存在。于是宴席也往往被称之为酒局、酒席、酒宴、酒会等，宴席上更少不了推杯换盏、觥筹交错。那么，酒到底有哪些好处，可以惹得“无数英雄竞折腰”呢？

酒是打破隔阂、拉近感情的最佳工具

如果说烟能打开局面，那么酒则能打破界限。消除人与人之间的界限与隔阂的最佳选择就是酒。没有酒，两个熟悉的朋友都怕没有话说。有了酒，什么事都能办，因为即使刚才还是陌生人，现在也什么事都能说！

在酒席上往往是没大没小的，一杯下肚，全身放松；两盏入怀，宠辱皆忘。酒喝到一定程度，气氛便会空前热闹，不分宾主，不分贵贱，人人平等，剩下的只是不分彼此的和睦融洽，而我们要的就是这种平等和融洽。融洽过后，下次再见面便是轻车熟路，称兄道弟了。

另外，在酒场中，你可以获得许多甜头，有物质的，也有精神的，而这些甜头是正常渠道根本不可能得到的。在酒场中，也可以解决许多棘手的问题，这些问题是你曾以为永远解决不了的。

酒是添力壮胆的催化剂

酒是人们增进感情的媒介，好朋友相聚，少不了要小酌几杯。但，酒也是添力壮胆的催化剂，有的人，三五杯下肚后，在酒精的作用下，情绪、行为就会失控，难免会生出祸端。

不过，很多英雄豪杰却是凭借酒力添力壮胆的，像《水浒传》中的鲁智深，借着酒力，硬是把柳树连根拔起；还有那景阳冈上打虎的武松，不是十八碗酒垫底，哪来的胆力去打杀那吊眼白额的大虫；《红灯记》中的英雄李玉和也知道要喝酒壮胆。

人们常说“酒壮英雄胆”或是“酒醉误事”，其实真正起作用的还是喝酒的人，酒不过起了个催化的作用而已。不过喝酒的确能让你在某些方面的反应迟钝一些，不那么在乎得失，从而更容易说出想说的话，做出想做的事。比如借着酒劲，对暗恋已久的女孩倾诉衷肠，对公司企业的某些决策直言相谏等。一般来说，只要酒喝得恰到好处，对人对事还是有所裨益的。

酒是奖善罚恶的常用手段

电影里经常说："不要敬酒不吃吃罚酒！"可见酒是有敬酒和罚酒的区分的。古时候皇帝对有功之臣经常用赐御酒作为奖赏，比如霍去病大败匈奴，于是就有了汉武御酒，酒泉也因此而得名。公司的酒会上也经常见到领导或者老板对取得突出贡献的员工当众敬酒，这也是一种精神上的奖赏和鼓励。

宴会迟到，或饮酒时说错了话，也常有"罚酒三杯"之说，看来酒不仅仅可以用来敬神、敬祖、敬尊、敬长，还可以用来惩罚人的。自古以来，我国就有鸩酒赐死的说法，这也是最严厉的一种罚酒了。

酒是一种推诿拒绝的替代品

正像前面提到的，有了酒，什么事都能办，酒桌办事可以说是国人的常态了。现在有很多交易都是在酒桌上完成的，酒桌成了谈判桌。如果双方在轻松友好而清醒的状态下完成签约手续，便意味着大功告成。

当然也有很多交易只是在酒宴上达成协议，也许酒醒之后某一方觉得自己吃亏了，第二天可能不认账，说"当时喝多了，我怎么什么都不记得了！"，或说"那是酒话，你别当真"之类的话，也让人无可奈何，只好重新来过。这个时候，酒就是一种推诿拒绝的借口了。

当然，酒的功能作用还有很多，限于篇幅，这里就不能一一详述了，比如，像曹操说的"何以解忧，唯有杜康"，酒可以是消愁避世的发泄物；像古诗"不信且看筵中酒，杯杯先劝有钱人"描述的那样，酒也是世态炎凉的测试仪。不过作为宴席中不可缺少的酒，已经成为联络感情、体味亲情、增加友情的最佳纽带。

斟酒和饮酒的礼仪

中国的酒礼、酒俗几乎与酒同步诞生，周代就有"乡饮酒礼"的饮食礼仪，

《左传》里也有“酒以成礼”的说法，其中一些风俗习惯仍保留至今。现代人斟酒和饮酒虽没有古代礼仪那么复杂，也还是有些讲究的。

关于斟酒的礼仪

客人入席后，主人应当首先为客人斟酒，酒瓶应当场打开，斟酒时应右手持酒瓶，将商标朝向宾客。如果在座的有年长者或职务较高的同事，或远道而来的客人，应先给他们斟酒。如果没有这种情况，斟酒可按顺时针方向进行，一般从左侧的客人开始，最后才轮到主人自己。

斟酒的姿势要端正，应站在客人右后侧，身体既不要紧靠客人，也不能离得太远。斟酒时左手拿稳酒瓶的下部，右手大拇指和食指轻轻夹住酒瓶的颈部，然后再倒酒，记住不要单手斟酒。斟酒时，酒杯应放在餐桌上，瓶口不要碰到酒杯口，距离约2厘米为宜。酒杯不可斟得太满，以八成为好，免得客人喝不了浪费，也免得使客人无法端杯。若是啤酒，斟酒要慢，使之沿着酒杯边流入杯内，避免产生大量泡沫。

如果你同时准备了多种酒，如红酒、白酒、啤酒等，要记得绝对不要让客人用同一个杯子喝多种酒，这是起码的礼貌。斟酒时可以先行询问客人喜欢哪种酒，如果客人不喜欢喝这种酒，最好不要强人所难，可代之以其他酒或饮料以表示对客人的尊重。

饮酒的基本礼仪和注意事项

在饮第一杯酒前，主人应致祝酒词。祝酒词要围绕聚会的中心话题，语言应简短、精练、亲切，有一定内涵，最好能为宴会的进行创造良好气氛。

碰杯时，主人和主宾先碰，然后再与其他客人依次碰杯。如果人数较多，则可以同时举杯或者敲桌示意，不一定要一一碰杯。祝酒时注意不要交叉碰杯，避免给客人高低尊卑的错觉。对宾客劝酒要诚恳热情，但不可强行斟酒。更要避免喝酒过量，以免失言、失态。

主人斟酒时，客人应该行“叩指礼”，就是主人在给客人斟酒时，客人要把拇指、食指、中指捏在一块，轻轻在桌上叩几下。相传这种“叩指礼”是乾隆下江南时为了照顾礼数和掩饰身份而流传下来的，现在主要是为了表示感谢主人的斟酒。

宴席中总免不了敬酒，如果是下级给上级敬酒一定要掌握好机会，准备好祝酒词，以免届时有失分寸；如果上级给下级敬酒则要表现出自己的掌控力，要既不失风度又照顾下级的面子；同级之间敬酒最好主动，反正早晚都要喝的，赶早不赶晚，主动敬酒既给了别人面子又表现了自己的风度，何乐而不为呢?

一般席间的干杯或共同敬酒以一次为宜，不要重复敬酒。勉强别人喝酒有时不但达不到传递敬意和友情的目的，反而会使对方感到为难而不悦。碰杯和喝多少亦应随各人之意，那种以喝酒多少论诚意的做法是不通情理的，当然领导敬酒除外。

如果是社交酒会，与会者之间不要竟相赌酒、拼酒、猜拳行令、强喝酒。如果客人用手遮掩杯口并说明不想喝了，则不必相强。“舍命陪君子”绝不是有礼的行为，劝酒不成而恼羞成怒则是劝酒者的无礼无德。

喝酒要有度，千万不可贪杯，更不可酒后无德，言行失控。酒能麻醉人的神经，使人思维紊乱，使其一部分神经亢奋，言语行为失控。很多人酒品不佳，常借酒发疯，胡言乱语，说一些平时难以出口的话，做一些丑态百出的事，事后追悔莫及。

虽然说，酒是越喝越厚，但在酒桌上也有很多学问讲究，稍有不慎也可能无意间就得罪了人，到头来酒没少喝，钱没少花，事情却没办成就遗憾了。以下总结了十条酒桌上的小细节，以供各位朋友借鉴。

1. 领导相互之间敬完才轮到你来敬酒。敬酒一定要站起来，双手举杯，说些好听的话。

2. 除非你是领导，敬酒只可以多人敬一人，决不可一人敬多人，那样很失礼。

3. 有人讲话时不可举杯敬酒，这样对发言者来说是很不礼貌的。

4. 敬别人酒时，如果不碰杯，自己喝多少可视乎情况而定，但不可比对方喝得少；如果碰杯，最好说一句，我喝完，你随意，方显大度。

5. 有人给你敬酒，一般不要拒绝，那样比较伤人面子；但也不要傻乎乎地一饮而尽，可以态度诚恳地向对方说明你不能多喝，让那些“感情深，一口闷，感情浅，舔一舔”之类的话见鬼去吧！

6. 一定要记得多给领导或客户添酒，不要瞎给领导代酒，就是要代，也要先确认领导确实想找人代，最好装作自己是因为想喝酒而不是为了给领导代酒而喝酒。

7. 跟领导或同僚喝酒，记着自己的杯子永远低于别人，以示尊敬。但你自己如果是领导，就不要放太低了，不然下面的人就不好做了。

8. 如果没有特殊人物在场，碰酒最好按时针顺序，不要厚此薄彼。碰杯，敬酒，一定要有说词，要给别人和你喝酒的理由。

9. 桌面上最好不谈生意，点到为止即可。很多事情大家都是心照不宣，不要随意破坏规矩。喝好了，生意也就差不多了，大家心里面都有数。

10. 可以装醉，但千万不能真喝醉。一旦发觉自己不胜酒力，要注意自己的形象，不能借酒撒疯。

“水酒于杯叙衷情”，酒作为一种沟通人际关系的桥梁，在迎来送往，聚朋会友，彼此沟通，传递友情中，发挥着独到的作用。宴会中以酒作联络感情、增进友谊的媒介也未尝不可。但从酒对人健康的作用来看，还是少饮有益，多饮有害的。所以，宴会中饮酒一定要做到“有礼”“有节”。

酒好词更好，宾主尽开颜

中国人喝酒讲究酒兴，有酒兴才能尽饮，饮酒才是一种生活乐趣。“酒逢知己千杯少”恰恰体现了中国人重视人与人之间和谐相处，愿意与他人分享快乐的人生态度。猜拳行酒令、即席赋诗、唱和、起舞，更是自古以来常见的酒席助兴之法。

某人在宴会中敬酒，大声喊：我再提三杯！

第一杯：谁不喝，我是谁爹！众人忙饮尽。

第二杯，谁不喝，谁就是我爹！众人皆干。

第三杯，喝者是不喝者爹！众人烂醉！

点评：

这当然只是个笑话，朋友之间闹闹尚可，放到正式宴会上就有失体统了。不过也侧面道出了祝酒词丰富和精妙，以及在宴会中的作用。祝酒词是在酒席宴会中，主人表示热烈欢迎，亲切问候，诚挚感谢，客人进行答谢并表示衷心的祝愿的应酬之辞，是招待宾客的一种礼仪形式。

从结构形式上看，祝酒词主要分为“简约型”和“书面型”两种。简约型多用一两句精粹的词语，把自己最美好的祝愿表示出来；书面型是一种文章体，主要用于正式的大型宴会上。不论是哪种祝酒词，大都具备以下一些特点。

1．用词精辟，文采考究

正式场合的祝酒词对文采和用词都是相当考究的，既要讲究文采华丽，又不能词不达意，可以引经据典，但不可引起误会。

1972年2月21日，在人民大会堂举行的欢迎尼克松国宴上，周恩来总理致了祝酒词，说道：“美国人民是伟大的人民，中国人民是伟大的人民，我们两国人民一向是友好的。由于大家都知道的原因，两国人民之间的来往中断了二十多年。现在经过中美双方的共同努力，友好往来的大门终于打开了。”

点评：

据说，这短短的几句话曾经数易其稿，从最初的“由于美国方面的原因”，改为“由于不是中国方面的原因”，最后定稿为“由于大家都知道的原因”，可见其中用词的严谨和精辟了。

尼克松回答周总理的祝酒词时，特意在结尾时引用毛主席的诗词，“一万年太久，只争朝夕。现在就是只争朝夕的时候了……”可见尼克松也是为他的祝酒词做了充分的准备的。

胡锦涛主席2008年在北京奥运会欢迎宴会上的祝酒词也是祝酒词中的经典之作，数千字的祝酒词涵盖了国内外重大事件，奥运会的历史与现在、对奥运精神的理解、中国人民对奥运的期待和准备等，用词也相当精辟。只是限于篇幅，这里就不引用了，有兴趣的朋友可以找来看看。

2．热情洋溢，幽默诙谐

一般来说，除了某些特定场合的祝酒词外，绝大多数祝酒词或热情洋溢，或幽默诙谐，亦或两者兼而有之。

参天之树，必有其根；怀山之水，必有其源。今天，我们××公司最优秀的精英在这里共聚一堂，使这里成了家的世界，情的海洋。在此，我谨代表公司总部，对出席今天晚宴的领导和精英表示热烈的欢迎和衷心的感谢！

岁月不居，时节如流。在即将过去的一年里，我们××公司，在全体伙伴的共同努力下，生命力、凝聚力、影响力进一步得到巩固提高。借此机会，我再次代表公司总经理室对一直以来热心公司事业的各位经理、各位主管、各位精英们，再次表示衷心的感谢！

充实、成功的2011年已在××公司的发展史上写下了浓墨重彩的一笔，新的、充满希望的2012年正向我们迎面而来。美好前景，催人奋进。我们坚信，公司明年的各项工作一定会更上一层楼！

拂去岁月之尘，笑迎新的曙光，让我们把过去的一切，欢笑也好，苦恼也罢，都当做是盘中五味吃下去！当做是瓶中醇香喝下去！然后把它们转化成无限的热情、无限的能量，待到来年我们齐心协力、众志成城，让××公司永远的、更坚毅的屹立在××事业的顶峰！更祝愿我们的全体干部伙伴和所有的家属，在新的一年心情好、工作好、身体好。我提议，为了灿烂的明天，为了大家的家庭幸福，干杯！

点评：

这样一篇祝酒词，既表达了对过去工作的肯定，又饱含对未来的期颐，既热情洋溢又不乏幽默诙谐，算得上是同类祝酒词中的精品了。

3．借景生情，得体自然

在某些特定场合下，可以根据环境和人物的不同，借景生情。这种祝酒词会让人觉得更真实、更自然、更得体。比如给某人的送行宴上，你可以这么说：

您要离开家乡了，有这样一句古诗“劝君更尽一杯酒，西出阳关无故人。”在此我代表在座的诸位给您敬一杯酒，祝愿您一路平安，鹏程万里，并希望他日当您荣归故里的时候，我们还能有幸为您接风洗尘。

4．以菜为媒，以食会友

其实，敬酒的说辞到处都是，你完全不必为此担心。比如说桌子上的酒菜，都是可以借题发挥的。比如：

吃鸡头，一鸣惊人；吃鸡脖，承上启下；吃脊背，不负众望；吃胸脯，胸有成竹；吃大腿，脚踏实地；吃鸡爪，步步登高；吃鸡肫，义无反顾；吃鸡翅，展翅高飞！

吃鱼头，出人头地；吃鱼眼，高看一眼；吃另一只鱼眼，叫做暗送秋波；吃鱼鳍，棋高一着；吃鱼尾，委以重任；吃鱼鳞，连年有余；吃鱼籽，财富无数；吃鱼腮，好运连连！

根据场合的不同祝酒词还可分为：商务宴席祝酒词、家庭聚会祝酒词、朋友聚会祝酒词、生日祝酒词、结婚祝酒词、晚宴祝酒词等。各种场合需要的祝酒词各不相同，要根据时间、地点、场合、人物而定，更要合情合理，这就需要细细琢磨了。

关键的前三杯

中国人喝酒讲究三杯，诸如敬酒三杯、罚酒三杯、连干三杯、酒过三巡等，就连景阳冈也有“三碗不过岗”的说法。而对于宴会的组织者来说，前三杯酒更是有着莫大的意义，是无论如何也逃不掉的。前三杯酒是宴会气氛的基础，喝好了万事顺利，喝不好虽然不能说万事皆休，但也会给宴会蒙上一层阴影。

1943年，周恩来率中共代表团由重庆返回延安，途经西安，国民党西安最高军事首领，第八战区副司令胡宗南为周恩来洗尘。饭前，胡宗南刻意安排，想要把周恩来灌醉。这个消息被周恩来事先得知了。

酒会由王超凡主持，王在祝酒词的结尾时说："在座的黄埔同志先敬周先生三杯酒，欢迎周先生的光临，请周先生和我们一起，为领导全国抗战的蒋委员长的身体健康，先干头一杯。"

周恩来举起酒杯，微笑着说："王主任提到了全国抗战，我很欣赏。全国抗战的基础是国共两党的合作。为了表示国共合作抗日的诚意，我作为中国共产党党员，愿意为蒋委员长的健康干杯；各位都是国民党员，也请各位为毛泽东主席的健康干杯！"

胡宗南闻听此言愣住了，王超凡和其他作陪者也都不知所措。周恩来举目四顾，继续微笑着说："看来各位有为难之处，我不强人所难，这杯酒就免了吧！"国民党众将官无言以对，此番敬酒只好作罢。

点评：

王超凡的目的是要灌醉周恩来，但也不能明目张胆地"灌"，毕竟是宴会，还得按照宴会的规矩来，所以才有了三杯酒的提议。如果这三杯酒进展顺利，宴会也就有了喝酒的气氛，那时参宴的人纷纷敬酒，周恩来也就很难摆脱被灌醉的下场了。

而周恩来洞悉敌情，在第一杯就给了胡宗南和王超凡果断地回击。你不是要为蒋委员长干杯吗？那我就索性提议为毛主席干杯。二人在国内的政治地位相仿，大义上也过得去，但国民党的诸君哪里肯喝这杯酒，又哪里敢喝这杯酒呢？于是前三杯的计划被毫不留情地打断了。整场宴席的气氛被打破了，节奏也打乱了，宴席的目的自然无法实现，也成全了周恩来。

道家有"三生万物"的说法，所以"三"也就代表了多的意思。古人倡导饮酒有节，有"饮不过三爵，过则违礼"的说法，这里的"三爵"即三杯酒的意思，中国传统的敬酒三杯大抵上是从这里来的。现代的酒宴当然不会有"过三爵，非礼也"的限制，但主人的前三杯还是有着不可忽视的意义的，主要原因如下：

敬酒三杯，代表着主人的情已满

上面刚刚讲过，"三"代表了一个很大的数字，"三"在中国人的心目中有着特殊的位置，《史记·律书》中说："数始于一，终于十，成于三。"所以古人认为"三"是最圆满的数字。敬酒用"三"，则是表明了主人的态度，表示了主人的客人欢迎和感谢的程度已经达到了极致，说明主人的情已经很圆满了。

敬酒三杯，没有什么固定的说法，但宴席中自然形成了一些套路，下面的例子可供各位宴席组织者们参考。

第一杯是最重要的，敬好了有开门红的意思，敬不好，即使后面的礼仪再完美，安排得再周到，也很难弥补过失。通常这杯酒是要敬所有嘉宾的，要感谢所有嘉宾的参与，如果人数不多最好把所有嘉宾都点到。

第二杯通常要点出宴席的主宾，对主宾的赏光和到来表示诚挚的感谢。这杯酒的主要目的就是把主宾介绍给大家，让参宴的人员明白主宾的身份地位，也让主宾感受到主人的尊敬和重视。

第三杯酒，一般用来点出宴席的主题。宴席通常都要有个缘由，可以是庆祝、恭喜、缅怀、欢迎、送别等。表达的语言可以参考一下有关的祝酒词，语气则要根据宴席的特点而定，或庄重、或热情、或欣然、或幽默，不一而足。

敬酒三杯，表示了主人不过分劝酒、逼酒的态度

敬酒三杯，少了不合适，少于三杯往往意味着主人的态度不够积极、热情；多了也同样不合适，不仅有些失礼，更可能会吓坏客人，古人讲的“过犹不及”就是这个意思。

“无酒不成礼、无酒不成宴”早已约定成俗，但我国很多地方的酒俗实在有些令人不敢恭维。笔者曾到西北某地做客，当地的风俗讲究“三六九”，也就是视客人的尊贵程度在宴席刚刚开始的时候就要敬三杯、六杯乃至九杯。享受了一次至高的九杯待遇后，我就再也不敢去那里了。

据说有些外国人甚至把中国人在酒桌上的过分热情看做“侵犯人权”。本来敬酒是为了表达敬意、增加气氛、增进了解，但敬酒居然敬出了敌意，就未免得不偿失了。

敬酒三杯，有抛砖引玉、烘托气氛的作用

一般来说，三杯过后，宴席基本就进入了一个比较活跃的时期，气氛也烘托起来了，在座宾客之间也会相互之间频频敬酒，这个时候主人就要功成身退了。

虽然你是宴席的主人，有主导宴席的权利，但过多的表现自己也是一种失礼的行为。宴席是集体活动，还是有必要把宴席的主导权交给大家，作为主人的你

只是需要在必要时候把宴席向合适的方向引导就可以了。

“万丈红尘三杯酒，千秋伟业一壶茶”。敬酒三杯源自古礼，但现在的宴席上也并不少见。良好的开始是成功的一半，宴席也同样讲究个“头彩”。宴席的前三杯对于整个宴席来说至关重要，开好这个头对宴席的组织者来讲也是必须要研究的一个课题。

酒量不好怎么办

对于某些酒量不好的朋友来讲，宴席可以说是一种灾难了。自己的酒量就是天生的瓶颈，无论是上级的赐酒，还是下级的敬酒，或是客户的请酒，朋友的劝酒，如果你不接招，可能就此埋下隐患。但是如果你来者不拒，那就每一次都是竖着走进来，横着抬出去，既伤身体，又损形象。

有个朋友叫小白，东北人，五大三粗的样子，可是偏偏有个毛病，酒精过敏。酒精过敏也就罢了，可是偏偏他的工作是在西北做销售经理。

他刚刚来公司报道的时候，我一直认为他是不可能做好这个职务的。原因很简单，西北人太好酒了，我这个自诩酒量不错的人也往往一周要醉上个三五次。出乎意料的是，小白在西北的工作异乎寻常的好，他的工作业绩在办事处稳进前三，这让我有些费解。

后来，小白告诉了我他的三大诀窍。

第一，证明。首先解释给客户听，如果客户怀疑，那就真的喝酒证明给客户看，只要真的醉一次，客户也就不会再强逼我喝酒了。

第二，热情。要真心实意的为客户着想，不论是工作上还是酒桌宴会中都是如此。客户如果想喝酒，就是拿饮料也得陪着，虽然喝饮料也会涨得肚子难受。

第三，融合。要与客户打成一片，就必须要真心实意地与客户交往，把自己完全当做西北人看待。学着和西北人一样划拳、吃面，学说西北话，找个西北的女朋友……虽然喝不了酒，但西北的客户还是慢慢地接受了我。

点评：

小白的例子是个特例，他的经验也未必能适合所有人，所有场合，但毕竟也给我们带来了一些启示。车到山前必有路，没有什么过不去的河，只要敢想、敢做，事情总能想出办法解决的。酒精过敏的人都可以纵横酒场，何况我们这些还有些酒量的人呢？下面是笔者总结的一些酒场上的策略，或许可以助你度过这一难关。

会喝不如会说，找个合适的理由避酒

初涉酒场的时候，仗着年轻力壮，身体好，总是很鄙视那些端着酒杯聊天，东拉西扯好半天却偏偏不肯喝酒的人。随着年龄的增长，身体素质的下降，才知道这才是真正会喝酒的人。再后来，我也变成了这种人。于是，我总结了喝酒的一大心得，那就是“会喝的不如会说的”。

老天赐给我们一张嘴，不是只用来吃吃喝喝的，更重要的作用是说话。说话的时间多了，喝酒的时间自然就少了。所以当别人向你端杯敬酒的时候，不要太爽快，总要多说几句话。表示感谢也好，委婉相拒也好，借题发挥也好，先和对方聊聊天，套套交情，然后视具体情况再喝。这种做法的好处是，通过聊天可以增加相互的了解，又拉长了时间，也未必喝的比预想的多。但要记住的是，若是领导敬酒，还是爽快些，酒到杯干为妙。

当然，喝酒前还可以预先准备些拒酒的台词和理由，不过限于篇幅，还是放到后面再详谈。

与其被动挨打，不如主动出击

很多人喝酒往往喜欢遵循以守为攻的策略，当然也不能说不对，但以笔者多年的经验，感觉有时候还是以攻为守的效果更好些。为什么说以守为攻不好呢？主要有以下几个理由。

第一，以守为攻的确可以少喝些酒，但未免失去了气势。尤其是当你自己做东请客的时候，或者是要求人办事的时候，总不能老是以守为攻吧？主动敬酒更能体现你的热情和诚意。

第二，人们总是有一种心理，柿子要拣软的捏。你已经以守为攻了，给人的印象就是那个“软柿子”，不欺负你欺负谁呢？所以，主动出击，制造战火，给人以先入为主的印象，给有心灌醉你的人以威慑，在某些场合下是比较合理的。

第三，以攻为守，主动出击也要掌握好度，千万不能超出自己的酒量。一般来说，喝到自己酒量的三至五成就要适可而止了，否则还没有取得战果自己就倒下可要贻笑大方了。

掌握一些喝酒的诀窍

喝酒不能太莽撞，除了有策略还应该掌握一些必要的技巧，这些技巧如果运用的合理至少可以让你少遭不少的罪。

1. 上座后先吃一些肥肉、淀粉类食品垫底，或者提前吃些解酒药，如RU21安体普复合片，或者牛奶、酸奶、纤维素片等，喝酒不容易醉。

2. 与自己切身利益关系不大的宴席，不要主动出击，慢慢喝，后程发力。

3. 掌握节奏，不要一下子喝得太猛，更不可几种酒混着喝，这样特别容易醉。

4. 喝到五六分醉时，找点儿醋来喝，可以解酒。

5. 每次干杯时，在喝前假装没有拿稳酒盅，或者喝时动作猛一些，适量洒出去一些酒，累计起来可以少喝不少。

6. 干杯后，不要马上咽下去，找机会用餐巾抹嘴，把酒吐餐巾里。

7. 面前放半杯茶，喝了酒不要马上咽，拿起茶杯，借喝水的工夫把酒吐进酒杯里，吐满了换水。

8. 准备一杯矿泉水，待到酒桌上主客基本都喝七八分醉时，可以以水代酒，主动出击。

9. 喝到差不多的时候可以先去洗手间吐掉，与其先遭点儿罪，也不能在酒桌上失态丢人。

10. 必要的时候，该装醉也要装，身体要紧。

在中国式的宴席上，不喝酒是比较失礼的行为。酒量差只是意味着你不能多喝，而不是代表不喝。其实，这要你能够熟练掌握一些喝酒的策略和技巧，完全可以做到该喝的少喝，不该喝的不喝，酒量不好未必就不能纵横酒场。

如何敬酒不失礼

中国人常说："无酒不成席""酒逢知己千杯少"，把酒言欢是加深感情、建立友谊的必要手段。中国人喝酒，喝的不仅仅是酒，更是一种意境。常常在推杯换盏之间，达成我们喝酒的目的。于是，中国人的宴席上，劝酒与敬酒就成了重中之重。

2011年，英女王伊丽莎白二世设国宴款待到访的奥巴马伉俪，席上奥巴马起立发表简短致词说："女士们、先生们，请起立并举起你的酒杯……"话未说毕，场内乐队便奏起英国国歌《天佑女王》，但奥巴马未有停下，继续道："让我们敬女王陛下。"

根据王室礼仪，奏国歌时所有人必须起立，唱完第一段后保持肃静，直至国歌结束。对于奥巴马失礼的行为，英女王并没有制止，只是报以尴尬的微笑。发现自己唐突的奥巴马随后放下酒杯，直至国歌唱完，所有宾客才举杯敬酒。

点评：

其实，酒场上，总不免有些磕磕碰碰的事情，又有几个人没有过失礼失态的经历呢？只不过奥巴马是名人，失礼的场合又是公众场合，更加引人关注而已。但是，其他环节的失礼基本上都是私底下的行为，未必惹人关注，而敬酒一般都是在众目睽睽之下的，最好妥善处理，不要闹出奥巴马那样的笑话来。那么，怎么样敬酒才能既达到效果，又不失面子呢？

了解当地的习俗、礼仪

像案例中奥巴马一样，很多时候我们做出失礼的事情往往是因为不了解。我国幅员辽阔，民族众多，素有"十里不同音，百里不同俗"的说法，各地的风俗习惯各不相同，酒场的礼仪也大相径庭。所以，初到异乡的时候难免会有些不适应，若是不刻意了解，难免不会在酒桌上出丑。

其实，酒场上的风俗礼仪虽然千奇百怪，可有一点却始终不会变，那就是主客之间的尊重和热情。只要把握好这个基本原则，对不懂的事情多问、多学，基本上不会出什么问题。敬酒的基本礼仪大同小异，一般都是按着主人敬主宾、陪客敬主宾、主宾回敬、陪客互敬，这样基本的原则和顺序进行的，只要不喧宾夺主就可以了。

再有就是各地的酒俗与当地人的性格有很大关联。一般来说，南方人文雅，所以大多喜欢小杯慢酌；北方人豪迈，所以喜欢大口吃肉大碗喝酒。

有了这些基础，一般只要再了解当地有哪些与众不同的特殊礼仪就可以了，尤其是特殊的忌讳和禁忌。比如有哪些不能说的话，不能做的动作等。

敬酒要把握适时适度的原则

酒桌上的形势一般不会是一成不变的，无论是主人还是客人，心态和情绪随时都处于变化之中。同一句话，提前一分钟说和滞后一分钟说，起的效果往往会有所不同，甚至截然相反，劝酒敬酒也一样。

一般来说，宴席的任何时刻都是可以敬酒的，前提是不要影响其他人的敬酒和讲话。这里所谓的适时和适度指的是要观察客人的情绪变化。当你观察到客人心态不佳的时候，敬酒则最好只谈风月，不要太急功近利；若是发现客人情绪不错，求人办事的意图也可以适当表露一二。

敬酒可引经据典，即景生情

敬酒未必每个人都会接受，所以想一些办法或者花招还是很有必要的。最容易被客人接受的劝酒莫过于引经据典的雄辩和即景生情的发挥了。当然，这里的引经据典和即景生情未必是要求你有多么高的文学修养和才华，但适当地背诵几首与酒宴相关的诗词歌赋还是有些必要的。比如李白的《月下独酌四首》《将进酒》、曹操的《短歌行》、杜甫的《饮中八仙歌》、苏轼的《水调歌头》等。

一般来说，客人喝不喝，喝多少，主要取决于主人会不会说，说的好不好。如果主人能言善辩，侃侃而谈，语惊四座，酒通常会喝的比较愉快，事情也往往办得比较顺利。

敬酒要灵活多变，无招胜有招

中国人在宴席上喜欢劝人多饮，这种做法一方面是为表达自己的真诚，同时也可以活跃气氛。不过敬酒劝酒并非是一件简单的事情，也不是学了三五招散手就可以轻易做到的，最重要的还是要活学活用。

所谓灵活多变，也就是说你可以根据客人的状态、喜好、心情等因素，采用一切合理的手段劝酒、敬酒。你可以采用文劝的方法，即物生情也好，即景生情也罢，实在不行说几句顺口溜、俏皮话，甚至讲些不太入流的段子也未尝不可；同样你也可以用武劝的办法，先斩后奏也好，连干三杯也行。反正目的只有一个，就是让对方喝酒，酒喝好了，事情也就好办了。

其实，“礼”这个东西，说大也大，说小也小。客人不满意，你就是三拜九叩也不能说是“合礼”的；客人若是满意，什么失礼的事情都可以原谅。毕竟我们不是研究礼法的学究，我们的目的还是通过宴席这个媒介去办事。所以，敬酒这件事，一般来说，只要客人肯喝你的酒，基本上就不算失礼。当然，奥巴马先生除外。

拒酒有妙招

不仅是酒量不好的人在宴席上难以应对，其实就算是酒量好的人在宴席上往往也苦不堪言。“感情深一口闷，感情铁喝出血”的中国式友谊的表达方式未必是所有人都可以承受的。在主人的殷勤相劝下，不要说不喝，哪怕就是想少喝一点儿也很难做到。但酒量再大的人也不能无限制地喝酒，饮酒伤身的道理没有人不懂。

人在江湖，酒不由己！对于某广告公司企划部的李经理来说，频繁赶场子喝酒是家常便饭，既有客户应酬，也有亲朋聚餐、同事聚会，练就了一身海量。但时间一长，李经理的身体还是被拖垮了，最近被酒精性脂肪肝缠上了。

现在，只要宴席上遇到劝酒之人，他就会拿出随身携带的诊断书给对方看。绝大部分人都很理解，也就不再劝酒了。

点评：

李经理的拒酒是何其无奈啊！他用了一种最不得已，也是最笨的一种方法拒酒。效果虽然还可以，但是在付出了身体的代价才找到的，如果李经理可以早些聪明一点，也许就不会有今天了。

许多人不得不喝酒多是因为应酬的需要，他们担心如果不喝会得罪人。所以总想寻求两全齐美的绝招。鉴于国人在酒桌上劝酒的手段日新月异，防不胜防，所以绝招基本上是没有的，不过妙招倒是还有几个。

以静制动，不逞一时英雄

宴席上被人进攻甚至围攻应该是平常的事情，主人频频举杯，马仔纷纷上阵，一时间各种手段纷至沓来，什么文劝、武劝、苦肉计、激将法，数不胜数。敬酒者各个理由充分，壮怀激烈，仿佛你不喝他一杯酒就犯了什么天大的罪过一样。如何才能全身而退呢?

面对这种情况的第一选择就应该是冷静，千万不要架不住中人的苦劝，一时间豪兴大发，举杯迎战，更不可逞英雄，来个独战群豪。要知道，英雄是做不得的，不论是战场上还是宴席中。和战场上的英雄一样，宴席上的英雄大多也是要被抬出去的，除非你真的有千杯不醉的本事。

在胡宗南的宴会上，一位夫人走到周恩来桌前，笑着说：“周先生在黄埔军校倡导了著名的黄埔精神，为了发扬黄埔精神，为表达我们的敬意，我们每人敬周先生一杯。”

只见周恩来不慌不忙：“今天来的各位夫人都很漂亮。这位夫人讲的话更漂亮。我想问，我倡导的黄埔精神是什么？谁答得对，我就同谁干杯。”这些夫人们哪里清楚什么黄埔精神，只好悻悻而去。

点评：

不论怎么劝酒，终归是要说话的，当对方滔滔不绝时，你务必要冷静下来，不动声色，从对方的言辞中寻找破绽，然后一击制敌，从而达到拒酒的目的。

礼貌周到，无懈可击

宴席中有些人，专门盯着别人的一举一动，如果发现漏洞，接踵而至的便是罚酒了，相信这样的人大家都见过。对这样的人，往往很无奈，一般遇到只能自求无过了。与之相反，还有些人，往往都会彬彬有礼地前来敬酒，礼数之周到常常令人拒无可拒，只好乖乖就范。

为了给夫人们面子，胡宗南见夫人们受挫，赶忙出来打圆场："周先生，今天我们只叙友情，不谈政治。"

轮到将军们上场了。"周先生，当年我们在黄埔军校学习，你是政治部主任，同我们有师生之谊，作为弟子，我们每人敬老师一杯！"

周恩来未端酒杯，而是转身对身边的胡宗南说："胡副长官刚才说了，今天我们不谈政治，这位将军提到我当过黄埔军校政治部主任，政治部主任岂能不谈政治？请问胡副长官，这杯酒该不该喝？"胡宗南没想到周恩来把"政治"同"政治部主任"两个概念联系在一起，无话可说，大家只好纷纷喝了杯中酒。

点评：

不论是"棒杀"还是"捧杀"，这种敬酒都是从"礼"上来的，若是想妥善应付，也要从"礼"上做文章。原则只有一条，那就是，你说我失礼，我也找你失礼的地方；你对我有礼，我就表现得更加有礼。至少要和对方扯平，不能处于下风，就能免则免，不能免也得少喝点儿。

以情还情，酒浅情深

自古以来，酒就是催人抒情的东西，以情敬酒通常都是很难拒绝的事情。喝了，可能就此醉倒，不喝则是既不领情，又不给面子，以后就难混了。

将军们刚败下阵来，夫人们又前来敬酒。一位夫人说："周先生，我们久仰周夫人，为表敬意，我们各为周夫人的健康干一杯。既然周夫人没来，就请周先生代劳了。周先生一向尊重妇女，我想一定不会不尊重我们的请求吧。”

周恩来收起笑容，严肃地说：“延安人民生活异常困难，如果让邓颖超喝这样的好酒，她会感到于心不安的。我尊重妇女，也尊重邓颖超的心情，请各位各自喝了酒，我代她喝茶。”夫人们听罢此言，无言以对，只好各自喝了酒，而周恩来只喝了茶。

点评：

夫人们用对邓颖超久仰之情敬酒，周恩来以对广大人民群众的关心体谅之情却之，绝妙之至。以情敬酒通常是很难拒绝的，这也是为什么酒桌上人们喜欢以感情为幌子敬酒的原因。虽说酒桌上的感情大多是虚情假意，但生硬地拒绝也是不妥当的事情，还是以情还情的好。

除了上面介绍的几种见招拆招的做法之外，常参加宴席的人还应该准备几个妥帖的理由作为最后的“核武器”。常见的理由主要分下面几类：一是客观原因，诸如刚刚喝过一局、开车不能喝酒等；二是身体原因，如酒精过敏，犯胃病了，用了与酒精冲突的药等；三是特殊原因，如准备要孩子，女性生理周期，哺乳期等。

总之，桌上劝酒无非吹捧、打压、忽悠、讲段子等，手段虽千奇百怪，但万变不离其宗，总有一定之规。只要沉着应对，不紧张，不害怕，不骄傲，不冲动，不上当，外加一点点狡黠，一点点聪慧，一点点准备，纵横酒场也不是什么太难的事情。

我是最好的陪酒员

参加宴席，不一定是有求于人，也不一定是被人求。酒场上有句话常常被提起，“提前一天预约是真的请你，提前半天约你是想让你作陪，到点了才通知你则完全是由于人数不够而让你去凑数。”虽是笑谈，却也有几分道理。收到宴席邀请的时候，弄清楚自己在宴席中的定位是很有必要的。

韩硕是职场新人，小伙子长得文文静静，颇能博取别人好感，于是单位有什么活动，大都都会叫着他。开始的时候，他认为这是同事的爱护，领导的信任，于是场场不落，宴席上也力求表现自己。

过了一段时间，韩硕有些厌倦了，他发现自己俨然就是个“饭托”，是宴席上最可有可无之人，再加上他本来就不是什么好酒之人，于是他开始逐渐淡出酒场，很多可有可无的应酬就找借口推辞了。就是不得不参加的应酬，也大都不怎么喝酒，也不乐意和其他人交流。

又过了一段时间，韩硕发现，自己已经被“遗忘”在“圈子”之外，很少有人再邀请他参加宴席了，他自己有意请客也很少有人给面子了。

点评：

陪酒也好，凑数也罢，但只要出席宴席，就应该加以重视，不能认为自己只不过是个配角，可有可无。因为只要你参与了宴席，同样可以借他人所设宴席获取更多信息，从而达到交际的目的。

另外，需要指出的是，如果你有幸被列入了陪领导喝酒的大名单之中，说明了你可能被发展成领导小圈子里的人，这个时候，宴席中的表现常常成为被领导确认的最后一关。只有被领导认可的人，才有发展前途。

所以说，陪酒虽小，意义甚大。那么，陪酒应该怎样陪呢？陪酒又应该注意些什么呢？

1．分清主次，不做喧宾夺主的事情

赴宴时不要单纯地为了喝酒而喝酒，这样会失去交友的好机会，更不能做出哗众取宠、喧宾夺主的事情。敬酒时不能急功近利，一定要把握好敬酒的顺序。

若是有求于某位客人，对他自然要倍加恭敬，但是要注意，如果在场有更高身份或年长的人，则不应只对能帮你忙的人毕恭毕敬，要先给尊者长者敬酒，不然会使大家都很难为情。

另外，只有领导们相互敬完才可以轮到自己去敬，除非你是领导，否则敬酒时最好逐个按顺时针秩序方向敬酒，避免出现厚此薄彼的误解。

2．严守陪客的本分，不要过分劝酒

在酒桌上往往会遇到劝酒的现象，有的人总喜欢把酒场当战场，想方设法劝别人多喝几杯，认为不喝到量就是不实在。但是，“以酒量论英雄”并不可取，过分地劝酒，反而会将原有的朋友感情完全破坏。

酒场有句玩笑话是：“会敬酒的靠语言艺术，善斗酒的靠游击战术，装醉酒的善于玩骗术，灌不醉的肯定防身有术。”其实陪酒也是门艺术，陪得好，主客都满意，人脉也得以拓展，借别人的酒，办自己的事，何乐而不为呢？陪不好，既得罪了主，又得罪了客，两头不讨好，不是智者所为。

3．碰了杯就应该干杯，千万别把“我不会喝酒”挂在嘴上

敬酒时，不要瞻前顾后，说一句豪爽之言，我喝完，你随意，既显得自己大度，又可以给对方适当的压力。敬别人，如果不碰杯，喝多喝少可以随意，要是碰了杯那还是喝完杯中酒为好。

4．酒后不要失言，要保持清醒的头脑

宴席上，主人殷勤待客，酒醉可以理解；客人豪爽承情，过量也不算难堪。但作为陪客，逢酒必醉就不是什么好事了，尤其是酒醉失言、失态，就更不可饶恕。借着酒意，可以向领导表态，可以向朋友言情，但不要说大话、空话，更不可以失态。酒喝到七八分就是极限了，一定要保持自己头脑清醒。

5．察言观色，酒场上要记得保护领导

要想在酒桌上得到大家的认同，就必须学会察言观色。跟领导出去应酬一定要记得少给领导添酒，添酒也不要添得过满，也不要乱给领导代酒，如果得到领导代酒的指令，则要拿出趟地雷的那种舍己救人的勇气。

假如发现领导不胜酒力，一定要想办法把准备敬领导酒的人给拦下；或者冲到前面跟敬酒者先干几杯，先消耗掉敬酒者的大部分酒量，你多喝几杯领导就可以少喝几杯。酒场上的舍命相助，领导一般都会领情的。

6．如无必要，不要随意动领导的酒

如果酒桌上是按瓶喝酒的，则未经允许不要从领导的酒瓶中倒酒。一方面是因为领导的酒瓶可能是有玄机的；另一方面，如果领导没有让你代酒而你自己很踊跃，可能会起到适得其反的效果。

7．领导跟你喝酒，是给你脸，要接着

酒场上有在领导面前表现的机会一定要把握，尤其是跟初次见面又能够主宰你命运前途的大领导喝酒，表现一定要积极，能留下深刻印象最好。不管领导要你喝多少，一定要先干为敬，同时也要记着自己手中的杯子永远要低于领导。

8. 醉酒后的照顾要妥帖

若是宴席中有人喝醉，尤其主人或者领导，那就是你的机会来了，一定要好好照顾。对于醉酒的领导可以嘘寒问暖，可以送上一杯酸奶，一杯热水，一条热毛巾，可以显得你关怀备至。但是，如果是主客喝醉了，就不要自告奋勇了，因为那是主人的义务。照顾醉酒者一般要注意以下几个方面：

首先应该注意不要让其跌倒，防止跌打损伤；其次是注意保暖，尤其是在北方的冬季；对醉酒较严重者，可以用手指，棉棒等插入其咽喉部位来催吐，更严重者则应该拨打120或者马上送医院急救；最后要记住的是，不要让酒醉者单独回家，以免发生意外。

酒场上，陪客的作用是为了帮助吃饭的各方建立亲密的关系，以中间人的身份，起到融洽气氛的作用。所以，一般来说，作为酒场陪客，应该守本分，守规矩，识时务，不张扬，做一个让主客都满意的最好的陪酒员。也许，你还能收到意外的惊喜！

第十一章

宴会应酬，在舌尖上跳舞

局外人看来，
宴会总是歌舞升平，把酒言欢，
总之是好得不能再好了。
局内人则大都知道，
宴会是手段，不是目的，
宴会要的是结果，不是过程。
世上没有办不成的事，只有不会办事的人。
宴会是一个大舞台，
里面不仅有觥筹交错、风花雪月，
还有钩心斗角、刀光剑影。
宴会，犹如舌尖上的舞蹈，
是恢弘还是纤柔，
都在你一念之间。

宴会，是宴是会也是局

钱钟书先生在《吃饭》一文中说：“吃饭有时会像结婚，名义上最主要的东西，其实往往是附属品，吃讲究的其实不只是吃菜，正如讨阔老的小姐，宗旨倒并不在女人。”宴会不是在家吃饭，“饭”只是个定语，宴会的重点显然是个“局”字。吃的是饭，还是局，有时连宴会中人自己也不一定知道。

有人说，请客吃饭可以说是中国人不可缺少的交际方式，“不管你是企业老板、公司员工，还是政府官员，也不管你是男是女，只要想在中国混，就少不了请客吃饭。一个人宴会的多寡，基本可以代表他社会关系的宽或窄”。

尚敬导演的《宴会也疯狂》一片中，事业遇到坎坷的功夫明星家明想找国学大师改名破运；暴发户蔡哥为“大老总”准备了一份大礼，因为他想当他们村的村长；歌手小柯请女友的父亲吃饭，因为老人家不同意二人交往……总之，每个人来吃饭都是有目的的。这真实的体现了当前中国社会的现状：“宴会不是万能的，没有宴会却是万万不能的”。

透过宴会，我们看到的是局里千姿百态的红男绿女，再透过他们，我们看到的却是饮食之道里的政治利益、社会关系、人际规则和文化滋味。所谓宴会之妙，不在“饭”而尽在“局”也，正是，“宴会千古事，得失寸唇知”。

啰嗦了这么多，可能有人会急着问，到底宴会是“饭”还是“局”啊？

借用佛家一句话：“心中有佛，万物皆佛”，我觉得：“心中有局，饭亦是局；心中无局，局亦是饭”。呵！可能有点儿唯心了。但六祖慧能曾经讲：“菩提本无树，明镜亦非台；本来无一物，何处惹尘埃。”心在局中，自然有局，心中无局，局亦非局了。

在《三国演义》第四回中，有这样一则故事：

曹操刺杀董卓失败逃出洛阳城后，途经中牟县时不幸被县令陈宫所擒。但陈宫慕其忠义，竟弃官随曹操逃回东郡故乡，准备“召天下诸侯兴兵共诛董卓”。

逃窜到曹父好友吕伯奢住处，两人就前往投宿。吕伯奢诚意待操，外出置酒，家人杀猪接风，不料磨刀声惊醒曹操。结果曹操就起了疑心，来到草堂观察动静，但闻人语曰："缚而杀之，何如？"曹操吓出一身冷汗说，"是矣！今若不先下手，必遭擒获。"接着与陈宫一起二话不说拔剑杀了吕家八口人，当看到厨房里绑着一头猪时才知道错怪了好人。

逃出吕家路上遇到吕伯奢打酒归来，倍感懊悔，但又怕吕伯奢回去看到家人惨死，心生报复，所以把吕伯奢也杀了。

曹操残杀吕伯奢一家九口人，是《三国演义》中描写曹操犯下所有的血案中，最令人发指的一桩，因此，曹操也就成了千古遭人唾骂的枭雄！为此陈宫也认为操不义，弃操而去。曹操也说出了"宁教我负天下人，休教天下人负我"的"豪言壮语"。

点评：

很多学者都曾撰文驳斥，说这是罗贯中的臆造，并不符合史实；也有人从小说中寻找漏洞，探寻所谓东来西往是否合乎逻辑的事情。其实，这只是《三国演义》中的故事，是否属实并不重要，重要的是对故事中人物的分析。

首先，严格地说，这并不是什么宴会，因为宴会还没有开始就被曹操结束了。不过鉴于已经处于了宴会的筹备阶段，就勉强算成是宴会好了。

其次，曹操为什么害怕？就是因为他心中有局，所以听到磨刀声就心存疑虑，听到别人说"缚而杀之，何如？"就以为别人要动手了，因此犯下大错。

最后，陈宫为什么对这些没有反应呢？因为心中无局，换句话说，他根本就没长那心眼儿，根本就是个傻小子。

说这个故事，不是为了贬低曹操。是有局好还是无局好，并无一定之规，不过是见仁见智的事情罢了。不过笔者个人认为，混在滚滚红尘中，有局比无局更安全些，不是有句话叫做："害人之心不可有，防人之心不可无吗？"不然吕伯奢最后怎么会死在曹操刀下呢？一般来说，心中无局的人，最好还是远避红尘为好。

金庸先生的《倚天屠龙记》就有，"他强任他强，清风抚山岗，他横由他横，明月照大江。"我觉得描述的不应该是武功，更像是一种人生的境界，而且是一种极高的境界，可惜很少有人能做到。《三国演义》里诸葛亮舌战群儒的故事大家都知道，周恩来总理在处理各种善意和恶意的提问和挑衅的时候或温文尔雅，或机智百变的故事相信大家也听了很多，他们就属于这种人。

在他们心里，有局无局已经不是很重要的事情了。你若有局，我胸中自有沟壑，你若无局，我亦可泰然处之，就像“见山是山，见山不是山，见山又是山”的道理一样。心中无局是淳朴，心中有局是世故，心中又无局就是洞察了。

总而言之，宴会宴会，自然有“饭”有“局”，至于是饭多些，还是局多些，自然要随机应变，灵活掌握。如果是你给别人设宴会，自然要在局上多下些工夫；如果是出席别人的宴会，善意的局也可以适当的入一下，有恶意的局，不妨像毛主席说的一样，“把糖衣留下，炮弹打回去”。

开门见山，直达主题

宴会社交的目的就是要办事，这一点估计请客者或是被请者都不会有异议。那么，求人的事情应该什么时候提出来，怎么样提出来呢？方法很多，对于不同的人，不同的事情，策略各有不同。开门见山，直达主题也是常用的一种。

一位南方朋友到东北来出差，耽搁了几天，事情也没有办成，很是苦恼，于是给我打电话诉苦：“和你们东北人真的没法交流，说不清楚。”

“你可以请他吃饭啊！喝两杯什么事都解决了。”我提建议。

“请了三次了！第一次没等说话就被灌醉了！第二次他带了两个朋友，说给我接风，当着外人没法说。第三次还没等说到关键之处，他有急事先走了。你说我该怎么办？”他很苦恼。

“有话直说，不要拐弯抹角了。和东北人办事可以爽快一些，何况你的前期铺垫也足够了，再请最后一次。”我帮他想办法。

“好吧，试试看！”朋友答应了，但听得出来，他底气不足。

第二天，朋友打电话给我，“多谢你指点，谈成了。”“那位客户和我说，他还纳闷为什么我光请客吃饭不办正事呢？还说我请了四次才办事，可真够客气的！郁闷啊！”

点评：

这可能就是南北方人思维方式的差别了，这位朋友办事的过程生动地体现了南北方宴席风格的冲突，若是那位北方人到南方去办事，估计受到的刺激会更大。其实，两种风格没有什么对错之分，也不存在什么永远正确的手段，只要能办成事，都是好办法。

在很多与本书风格类似的资料中，对开门见山这种办事方式都不太看好，其实，在特定的场合，针对特定的人群，开门见山，直达主题也未必是件坏事。

宴席上，对直爽之人行直爽之事

一般情况下，宴席上的谈判谈话风格应该与被宴请人的性格特征相符，像案例中描述的那样，和大部分北方人谈话最好直来直去，因为他们比较吃这一套。北方人大都性格比较直爽，当然南方人也未必都性格温婉。对性格直爽的人，如果委婉行事往往效果不好，主要原因如下：

首先，过于委婉，容易被性格直爽的人看不起，认为你没有气概，不男人；其次，性格直爽的人，对于说话过于委婉者容易产生提防的心理，这种看法很容易导致合作的延误或失败；最后，性格直爽的人，可能看不懂某些复杂的表演，也许你颇为自得的表演其实是对牛弹琴呢，浪费了表情不说，还可能耽误了事情。

对某些性格多疑之人，在没有其他办法的时候也可以采用这种“当头一棒”式的谈话策略，也可能会受到奇效，不过要慎用，可能会弄巧成拙。

对有充分理由说服对方的事情还是开门见山比较好

宴席办事，如果双方比较熟悉，而且你又有足够充分的理由说服对方，那么采用开门见山的方式也是比较合适的。这是因为双方熟悉，就不用浪费表情在迎来送往的虚礼上了；而充分的理由，则大多指的是双赢。

所谓双赢，就是指一件事情办完，参与的双方都有好处，而且利益差别不大。宴席办事也是一样，有时候彼此之间的关系不一定要单方面赠与才能够加深。你要得到足够的好处，就要付出足够的代价，不劳而获，空手套白狼的行为是智者所不为的。双方比较熟悉，就少了一些信用的担忧，面前又有足够的利益诱惑，大多数人最终还是会选择合作的。

这个时候如果还要耍花枪，来些云山雾罩的事情，耽误时间不说，让对方误会你还有其他底牌就不好了。所以，不如把双方合作的内容、责任、利益分配等条款直接摆在桌面上，开门见山地沟通更好些。若是让对方知道，自己不但能够给对方好处，但也同时需要对方的帮忙，那么这种利益上所产生出来的结盟才能够真正的长久维持下去。

开门见山的谈话方式可以彰显你的光明磊落

宴席上，开门见山的谈话风格可能会令人震惊，可能会让人觉得你缺乏谈判技巧，但不可否认的是，这种风格如果运用得好，也会彰显你光明磊落的人格魅力，会让客人感受到你的真诚。

求人办事往往很难开口，这也是宴席上为什么人们往往东拉西扯，欲言又止，三缄其口的原因了。其实大家都是聪明人，明白人，宴席中的那些能办事的客人们更是如此，类似的桥段见得多了，直截了当的风格反而可能令人眼前一亮。

但是要注意的是，谈事情可以开门见山，但涉及某些不足为外人道的细节和秘密的时候最好还是要隐讳一些，低调一些，尽量用暗示的方法道出，除非客人主动把这些摆到桌面上。主要是因为，这些事情如果太直白地说出口，一则客人可能会有担心落下把柄的想法，再则也会让人有些落不下面子，有被收买的感觉。

像前面提到过的一样，谈判的风格应该是因人而异，因事而异的，开门见山也不是“万金油”，难以包治百病，其不足之处也是很明显的。对于比较陌生的人，开门见山往往令人感觉唐突；对于某些性格比较温婉的人，开门见山的风格可能让他感觉过于粗俗；对于某些特别重大的事情，开门见山又会让对方觉得草率；对某些敏感的事情，开门见山则比较容易被对方一口回绝。

尽管有着许多的不足，开门见山仍然不失为宴席谈判的一种打破沉默和暧昧的有效手段，合理地使用这种方法在很多场合下已经被证明是一种明智之举。

投石问路，由浅入深

长城不是一天就可以修成的，事情也往往不是一顿饭就可以办好的，就算是一顿饭就可以办好，也要讲究策略和技巧。除了上节提到过的直爽、熟悉的人和有把握的事情之外，开门见山的方法未必有效，这时候不妨投石问路，采取由浅入深的方法，先用比较程式化的言辞探探对方的底再说。

小李最近一直在做一位客户的关系，但饭请了几次，每当要提起具体问题时，客户总是含糊其辞，小李很是苦恼。一天，小李又约这位客户吃饭，席间，小李看似无意地聊起了某家同类型的公司，客户显然对这家公司也比较熟悉，一时间话题比较投机。

“张哥，你知道吗？我一个哥们在那家公司任职，据说他们可以给客户提2个点呢！”小李颇为感慨地说。“差不多吧，一般都是1.5到2个点之间。我和他们打过几次交道，不过不算太厚道，返点总是拖拖拉拉的。”客户终于接招了。

“张哥，你看我们怎么样？产品质量一点儿也不必他们的差，2个点，款到即返，3天以内到账。”小李趁热打铁。“干杯！”客户终于同意了。

点评：

对于不熟悉的客人，或者比较有城府的客人，开场时，不可急功近利、直接道明请客目的，还是先找话题熟悉一下，过渡一下为好。宴席中，谈话内容一定要有弹性，不要硬性表明自己的目的。因为在饭桌上，重要的不是你做了什么，而是人们对你的这种方式是否接受。

案例中的小李几次碰壁后终于想出了这个办法，效果也算不错。两人都是圈子内的人，对行业内的事情比较熟悉，所以从行业内的其他公司谈起，看似不涉及利益关系，大家都可以放心地谈。然后小李聪明地找到了机会，谈起了其他公司的营销手段用以投石问路，又摆出了自己的条件，客户也就顺理成章地“上钩”了。

宴席中，这种由浅入深、循序渐进的方法经常使用，在遇到困难的时候，投石问路的办法也十分有效，其主要特点和作用可以参考下面几条。

由浅入深有利于消除对方的顾虑

没人会平白无故请人吃饭，受邀者当然也明白这个道理。所以一般来说，在接受邀请的时候客人就不免会有一些顾虑：首先是邀请者的身份、地位，与自己的关系如何，值不值得与对方建立联系；其次是邀请者是否有眼色、懂分寸，会不会在对酒当歌之际，向自己提出难题；最后，在时间上，这个邀请和自己的其他安排有没有冲突。

成功地邀请到对方意味着至少已经初步打消了别人的顾虑，但有些顾虑依然还会存在。所以，宴席初见的时候，我们最好把理由说得动听些，这样一来，对方的顾虑就小得多了。至于言外之意，要等感情联络好了，才有发挥的余地。宴席很长，以后的时间更长，完全没必要刚一接触就急功近利，否则很容易吓跑你的客人。

由浅入深便于灵活掌握谈事情的时机

什么时候谈正事至关重要，吃饭之前谈可能会让对方公事公办，还会让人觉得你不见兔子不撒鹰，有太过功利之嫌。因此等大家关系融洽了再谈比较保险，所以要在吃饭的过程中灵活掌握时机，不能太早也不要太晚，时机和火候的把握很重要。

太早了，往往关系还没有处好，感情还没有到位，提出某些需求过于唐突，容易遭到别人的拒绝。而求人办事这种事情，是很讲面子的，一旦被拒绝往往就很难挽回了。而过晚，往往已经喝得差不多了，不清醒状态下的承诺很容易被忘记，也很容易被当做理由拒绝。要是宴席上拍胸脯答应得好好的，一觉醒来却翻脸不认账，或者以酒话为由拒绝，那就欲哭无泪了。

宴席上最传统的谈话方式还是喝酒。喝酒的好处不言而喻，如果能把酒喝到七分，似醉非醉之际，大脑意识一模糊，大家不分彼此，就可以勾肩搭背、称兄道弟了。这时再谈事，对方一般是很难驳你的面子的。俗话说：“酒过三巡，水到渠成”，也就是这个道理。

投石问路可以有效避免尴尬

投石问路原指夜间潜入某处前，先投以石子，看看有无反应，借以探测情况。宴席上应用投石问路，主要是适时地抛出一个看似与宴席主题无关的问题，借以观察对方的反应，从而判读出对方对要谈的事情的基本态度，然后再调整自己提出问题的时机和技巧。

宴席上，如果直接向对方提出要求，那么得到的往往只是“行”或者“不行”两种答案之一。一旦得到的是“不行”那么就比较麻烦了，因为人都是要面子的，虽然不是什么“金口玉言”，但改口总是比较尴尬的事情。

上面的案例中，小李不急于摆出自己的条件，而是拿别人说事，煞有其事地和客人讨论其他公司的条件，这就是投石问路的一个应用。用一个假设的概念来谈，在这个假设的概念基础上双方达成了共识，回过头来再谈真实的交易就比较容易了，既不会出现谈崩的尴尬，又比较容易达成一致。

投石问路，由浅入深的办法主要适用于邀请比较陌生客人的宴席中，或者是谈比较敏感的话题时。这种状态下，宴席的双方都有一些诚意，但又都存在一些戒心，所以一个合适的过渡是双方都比较需要的，也就只能由浅入深了。而对某些敏感话题，由于双方都不方便主动提起，于是虚拟一个大家都能理解，但又不会触及对方底线的问题，更有利于达成一致。

声东击西，出奇制胜

声东击西本来是军事上的术语，说的是有意造成要攻打东边的声势，实际上却攻打西边，其精华是使对方产生错觉而出奇制胜的一种战术。其实，这一手段在社交宴会这个战场上也经常被使用，效果也还不错。

2002年，我在某通信公司任销售经理，公司推出了一项新服务，主要是帮助客户解决网络优化的问题。于是我也开始就此项目和所负责的客户展开谈判。谈判进行了一段时间后，公司传来消息，该项服务在其他地区的试运行期间出了多次故障，公司正在组织研发部门升级以解决问题，预计需要3个月左右的时间才能完成。

这给了我当头一棒，谈判已经差不多了，客户的报价和我们的已经达到了公司的授权，合同随时都可以签，这个时候怎么和客户解释？说自己的技术出现了问题是肯定不行的，那将严重影响公司的形象。要是有意拖延，也很容易被客户察觉。

某日，我邀请了客户的谈判代表吃饭，酒酣耳热之际，我们又开始对价格问题展开了探讨。争论了几个回合之后，我故作无奈状，“张经理，你也太小气了，你们家大业大，也不差这么点儿吧？”张经理也不示弱，“不是钱多钱少的问题，关键在于这项服务的价格太虚高了。其实，用不了两年，你们这项服务的价格还得降一半。”

我又故意争取了几次无功之后，假作投降，“好了，我算是服了你们了，就这个价格吧！你们的报价也太低了！不过这个价格公司通过的难度很大，我去争取一下。”

过了一周后，我答复张经理说：“公司终于通过了我们的价格，不过，由于最近全国都在做这个项目，人手很紧张，估计实施可能要拖一段时间了，我尽量争取了一下，估计要等3个月后才能实施，您看怎么样？”

张经理想了想，答复我说：“好，就这样吧！”

点评：

案例中，客户最注重的是价格，而我方最关心的是实施时间，于是“我”故意在价格上和客户纠缠不放，这样就把对方的注意力引到次要的价格问题上。当最后我方终于同意了客户的价格要求的时候，客户也不好意思再和我方就具体实施时间纠缠了。从案例中，我们不难看出声东击西的魅力之所在。

声东击西要分清主次

作为一位成功的谈判者，最重要是事情就是要弄清谈判的目标，分清主次。价格、时间、运输、回款、后续服务等，都是商务谈判中重要的问题，到底哪一项才是自己真正最关心的问题，哪一项是客户最关心的问题都必须要弄清楚。在谈判中，务必要把自己的首要目标隐藏起来，而把一些次要的目标故意描述成很重要的问题。当谈判进行到一定阶段后，再表示很“勉强”地让步，继而顺势将自己最关心的问题抛出来解决。这时，即使对方已经有所觉察也不便追究了。

求人办事也是一样，可以先提出一件令对方比较难办的事情，多次恳求无果后不妨再退一步。比如，“这件事情我也知道您不方便，对您的帮助我也十分感激，不过您是不是可以帮忙给某某人打个招呼，剩下的事情我自己去处理，绝不让您犯难，您看怎么样？”一般效果都会不错。

声东击西可以提高客人的满足感

声东击西这一策略的精华在于把对方的注意力吸引到我方不甚感兴趣的地方，而最终通过有限度的让对方实现目标来增加对方的满足感。这是谈判中常常使用的重要策略之一，可以在谋得我方利益的同时，也使对方感到最大的满足。

宴席上求人办事，办成了自然是宾主尽欢，若是办不成，“买卖不成仁义在”是很难做到的，不落得个反目成仇就不错了。而声东击西则可以在某种程度上让客人感觉到，“虽然那件事情我帮不了你，但毕竟我还是有能力，有作用的。”从而在心理上产生一种愉悦感。

有的时候，即使我们的目的并非是“西”，但为了继续和客人保持关系，就算编，也得编出个“西”来。这也算是声东击西的演变形式之一吧！

声东击西可以降低谈判的风险

声东击西这种策略如果运用得很熟练，一般来说对方是很难反攻的，因为它已经在两条路上都把对方的退路给堵死了。“东”是您所关心的，所以求您“东”不行，但是“西”要是还不行，那还怎么合作呢？你吃饭，总得给我们留些粥喝吧？

宴席上也是一样，酒过三巡之后，大家的关系往往已经拉得很近了，作为客人总得给主人留些面子。已经拒绝过别人一次，对方也很给面子的让步了，若是再拒绝第二次，主客双方的脸面都不好看，何况人家求自己的并非自己最关注的原则问题呢？所以说，声东击西，出奇制胜可以在很大程度上降低谈判的风险。

声东击西是谈判桌上的法宝之一，也是酒桌中的常用策略。这种策略成功实施的基本原则是：首先要清楚的认识到双方关注点的区别；然后要就对方的关注点死缠烂打，继而给予策略性的让步；最后适时地抛出己方的最后要求。这一策略对实施人员的要求很高，不仅要谨守原则，还要擅打感情牌、悲情牌，也要擅长察言观色，洞察客人的心理。否则，落得个鸡飞蛋打就不好了。

蛇打七寸，抓住要害

宴席并不总是温情脉脉的，口蜜腹剑甚至唇枪舌剑也并不罕见。尤其是利益攸关的商务宴席中，双方为了各自的利益缠斗不休，彼此都各不相让，致使宴席谈话陷入僵局也是平常之事。这个时候，是否可以打破僵局，取得进展，一般就要看你是否能适时地使出自己的“杀手锏”了。

小周是公司的最佳销售人员，最近他遇到了一位极其难缠的客户。因为客户的需求量很大，对于这位客户小周着实下了番工夫，但遗憾的是，客户总是谈，却没有签单的迹象。于是，小周决定请这位客户吃饭，然后趁机让他签单。

吃饭前，小周通过同学关系了解到这位客户的一些传闻，又做了一些调查，心中基本形成了一个计划。双方本来就比较熟悉，小周也比较顺利地邀请到了客户，酒至半酣之际，小周和客户的一轮“纠缠”终于开始了。

点评：

不愧是最佳人员，压力之下没有乱方寸，懂得收集客户信息，又会根据客户信息制订计划，正是“知己知彼，百战不殆”。

“田总，考察了这么久，您也该下决心了，不能总这么耗着不是？再说了，我们的技术、能力、产品质量您都现场看过了，还有什么不满意的呢？”

“小周啊，别的都没有什么问题，就是价格确实有点儿偏高了，要是价格再能优惠10%，马上就可以签了，你看怎么样？”田总狮子大开口。

小周咬咬牙，推心置腹地答道：“价格估计很难了，您也知道了，我们给区域代理也不过是这个价格，能给您这个价格还是因为您所在的城市还没有与我们长期合作的代理商，公司有意打开市场才同意这个价格的。”

“那就麻烦了，我们公司董事会意见不统一啊，我也不好贸然决定，还是再谈谈吧！”田总俨然是个老狐狸。

点评：

先打感情牌，试图最后争取一下客户签单，毕竟“杀手锏”偶尔用之尚可，常用风险很大，做生意还是堂堂正正最好。

“我着急啊！咱们好歹也谈了这么久了，我对您很有好感，很想和您合作，这个价格还是我好不容易才争取到的，您要是不同意我也真的没有什么办法了。”小周语重心长地对田总说，然后话题一转，听说您那里有位××公司的陈老板，不知道您认识吗？

“老陈啊，认识，当然认识了，怎么你也知道？”田总眼神中露出一丝慌乱。原来这位陈老板和田总一直不对付，两家公司也处于竞争状态。

小周终于决定抛出自己的“杀手锏”，“办公室的秘书小李是我女朋友，刚刚接到了××公司陈老板的电话，说有意做我们公司产品的省级代理，过几天来谈。她知道我在谈你们省的项目，偷偷告诉我的，也不知道是真的还是假的。要是真有这位陈老板，就麻烦了。您能不能和陈老板谈谈，不行你们两家平分市场也可以啊！要是只有他们成了省级代理，现在的价格也不能给您了。”

“什么？”田总很震惊，“这个老陈，总是和我作对，实在是讨厌。这样吧，我再和董事会谈谈，你给我降5%，省级代理我来做，毕竟也有个先来后到嘛！”

“降5%肯定不行，不过您要是做省级代理，可以拿公司的返点，如果销售量较大的话，估计最后算下来离5%也差不多，明天我拿份省级代理的明细给您看看？”

“好，就这样！谢谢你了小周。”田总终于不再推诿了。第二天，谈判继续，又过了几天，合同终于签订了，小周成功地发展了一家省级代理商。

点评：

利用了田总合作的愿望，利用了田总商务上的对手，小周成功地编了一个故事，发出了致命一击，让田总落入圈套。不过这个办法着实有些行险，一旦被识破就是万劫不复了，难怪小周前面再三的恳求。

俗话说，“打蛇打七寸”，才能给蛇以致命一击；反之，如果不得要领地乱打一气，就会“打蛇不死，反受其害”，最终不仅消耗了更多的时间、精力与体力，甚至可能赔上自己的性命。把这一思想运用到谈判中来，就是要善于拨开笼罩在关键问题上的迷雾，找出问题症结所在，并抓住要害进行突破；否则，无休止地在表面问题上争执，既会伤双方和气，又会使问题变得更加复杂，如果不小心，还会给对方抓住破绽，使自己陷入极其被动的境地。

当然，不难看出，这种方法在某种意义上说是玩火的行为，万一被对方发觉或者成功化解，那就是大问题了。像案例中的小周，就是实在没有办法了才做出的最后一搏。如果可以选择，还是和气生财比较好些。

这种手段在商务谈判中经常被采用，在宴会谈话中也屡见其身影，在谈话中要善于抓住本质的问题，抓住对方的破绽，这是突破僵局的一种策略。问题的核心是如何抓住要害，这就要靠深刻清醒的分析与判断，以及果断及时的出击。当然这些都不是天生的，要靠生活的积累及实践的磨炼。但是，只要注意了这一点，天长日久必有收获。

最后送给各位读者一句话，“真正有实力的人，有智慧的人，通常不是急着要划清界限，不是急着获取利益，而是在不动如松的情况之下，一招出手，就能改变整个局势！”这就是传说中的“射人先射马，擒贼先擒王。”

狐假虎威，借题发挥

狐假虎威出自《战国策·楚策一》，用来比喻借着有权者的威势欺压他人、作威作福，是个贬义的词语。但从另一面讲，也不可否认狐狸的聪明。谈判中，弱小者，劣势者为了求得最大的利益，狐假虎威的事情偶尔做一下，有时也会收到奇效。

《三国演义》里的诸葛亮就是善用这一计谋的高手，还记得鲁肃与诸葛亮讨还荆州的谈判吧？虽然只是小说，但也挺有意思的。

当年刘备兵败新野，几乎走投无路的时候，孙权为了抗拒曹操而收容了刘备，并借荆州给刘备暂驻。可当刘备打下西川，拥有了两蜀之地，实力增大之后，硬是装聋作哑再也不提还荆州之事。

直到孙权听说公子刘琦病故，想起当年有“公子不在，即还荆州”的承诺，就请鲁肃以致祭为由，前来催讨。接风宴上当鲁肃提出讨还荆州时，诸葛亮答道：“刘皇叔是当今皇上的叔父，又是荆州太守刘表的弟弟，弟承兄业，有什么不对？孙氏兄弟素无功德，凭空占领六郡八十一州，居然贪心不足，还要侵吞汉朝土地？这一次赤壁之战，如果不是本人借东风，周瑜还不是一筹莫展？江南一破，什么都没有了，还来讨什么荆州？”

鲁肃这大老实人半天无言以对，只好窝窝囊囊打道回府。

点评：

本来东吴的确是有理在先，当初就是暂借给刘备的，现在凭什么不还？要不是当初借给刘备荆州，给了刘备根据地发展壮大，哪里会有刘备现在的基业啊？可诸葛亮实在是太聪明了，真是巧舌如簧，完全是一套歪理。拉出了病入膏肓的大汉做老虎，荆州是大汉的江山，刘备是大汉的皇亲国戚，凭什么把荆州给你一个诸侯啊？

然后，诸葛亮又以赤壁之战自己的功劳借题发挥，要是没有我，周瑜和孙权现在早就完蛋了，现在还有脸找我要荆州？诸葛亮的说辞将狐假虎威和借题发挥表现得淋漓尽致，但表面却情理兼备令人动容，让鲁肃无可奈何。

某地搞开发区建设，欲引进某大型汽车企业投资建立分厂，几轮谈判过后，由于条件比较苛刻，一直无法达成统一意见，谈判陷入僵局。

开发区的招商负责人牛局长心急如焚，压力很大，决心冒险一试。

点评：

被政绩逼上梁山的绝不仅仅是牛局长一个，摆在他面前的出路不多：一是谈判失败，政绩受损；二是降低条款，同意对方条件，国家利益受损；三是选择幕后交易，行险未必是最好的选择。

牛局长安排人手联系广东、江浙一带的汽车配件厂商到上海开了一个招商会，联系了几十家厂商参加。

接待宴席上，牛局长特意安排了一名接待员假装喝醉，含糊不清地说了一句，“我们和××厂已经达成协议，马上就要签约了，你们要发财也要快点儿来啊，晚了就没有好地方了。”

各家配件厂商听到这个消息后纷纷向牛局长确认，牛局长不置可否，只是说：“还在谈判，快有结果了，你们等消息吧！”

配件厂商又联系该汽车企业，得到的答案也是：“在谈判中。”

点评：

借大型汽车厂这只老虎的威风，吸引配件厂商这群百兽，“老虎要来了，你们快来朝拜，晚了就没资格了”。而当牛局长接受配件厂商询问时，回答的又比较暧昧，虽然是实话实说，却有诱导的倾向。绝妙的是，即使以后真相大白也没有人可以追究牛局长的责任，我又没有骗你们，怎么理解可是你们自己的事儿。

抱着“宁可信其有，不可信其无”的考虑，一些配件厂商主动与开发区谈判，并签订了投资意向协议（不是正式合同）。

点评：

老虎的威风借到了，百兽也成功地被诱惑到了，手里终于有了些资本，万里长征走出了第一步，下面就看如何使用这些资本了。当然，配件商也不傻，协议签也就签了，反正不花钱。

拿到协议后，牛局长大喜，带着协议继续和汽车厂商谈判，提出：“你们来我们开发区投资是最好的选择，现在我们这里又新增了十几家配件厂商入驻，连同我们原来的配件厂商，已经有三十多家了，基本形成了完整的配套产业链，对你们今后的发展十分有利。比你们其他的合作对象条件好多了。”

点评：

拿着一些无法在法律上生效的协议，反过来诱惑汽车厂，标准的借题发挥，真是翻手为云覆手为雨啊！其实，汽车厂也未必不知道其中的奥妙，但应该能感觉到开发区的积极和诚意。

终于，经过艰苦的谈判，汽车厂商同意了开发区的条件，正式签约。而那十几家配件厂商也纷纷将协议落实为正式合同。

点评：

多赢，汽车厂得了便利，配套厂得了利益，开发区得到了投资，牛局长得了政绩，皆大欢喜。妙就妙在牛局长在宴席中安排人说的那句“醉话”。

狐假虎威这一招是在行险，是以弱胜强的手段，不到万不得已的时候还是要慎用。因为一旦被老虎识破，可能不但威风借不到，反而会落个葬身虎口的下场。像历史上宋朝利用蒙古人打击辽国，末代皇帝溥仪利用日本人复国等，都落得个“驱虎吞狼，反被虎咬”的下场。

以退为进，瞒天过海

以退为进出自汉代扬雄的《法言·君子》：“昔乎颜渊以退为进，天下鲜俪焉。”意思是过去颜回一箪食，一瓢饮，居深巷陋室，而怡然自得，正是把退让看做前进，世上少有比得上他的人。这一策略在政治、军事乃至商务谈判中都经常被采用。

蒋介石通过两次退位而获取巨大利益，毛主席“诱敌深入”而打破四次围剿，越王勾践的“卧薪尝胆”，朱元璋的“广积粮，缓称王”，胤禛的“夫不争，是争也”都是以退为进的典范。

瞒天过海的意思是瞒住上天，偷渡大海，比喻用谎言和伪装向别人隐瞒自己的真实意图，而在背地里偷偷地行动。

“退一步海阔天空”，后退并非是消极避让的“逃跑”，而是为了看出矛盾的根源，积蓄力量，果断出击，从而更好地解决问题。“瞒天过海”也并非一定要真的“过海”，主要作用还是威慑对方，防止对方有“鱼死网破”的想法。在宴席中，在谈判中，这两个计策分别或者联合使用往往会带来极佳的效果。

台湾的一家企业集团为扩展业务，计划在某地建立一个分支机构。他们先找到当地某工程公司，要求以优惠的价格承包开发方案，但对方自恃是当地唯一的一家有能力的工程公司，要价很高，谈判很快陷入了僵局。

点评：

世界上什么最厉害？垄断。和处于垄断地位的人或者企业的谈判是最艰难的，因为没有人可以威胁到他的地位。案例中这家工程公司可以说是处于一种半垄断地位，和他们打交道真是难为了这位谈判代表。

此时，集团的谈判代表通过其他渠道，了解到该工程公司其实对此次谈判十分重视，一旦双方签了合同，便可使其由濒临破产的窘境起死回生。据此推论，此次谈判对该公司应该是非常重要的。于是，集团代表充分利用了这一信息，在谈判桌上亦表现出毫不退让的模样。

点评：

世界是什么最值钱？信息。当今社会，信息远远比资本更有力量，掌握了信息就掌握了对手的底牌，一切也就尽在控制中了。

僵持不下时，工程公司的老板出面安排了宴席进行沟通。酒过三巡后，谈判代表略带酒意的对工程公司老板说：“其实我个人是很想和你们合作的，你们技术力量不差，而且就在当地，应该是最好的合作伙伴。可惜公司总部对你们的态度不太满意啊！”又意味深长地说：“我们董事长和邻县的××工程公司关系不错啊！”

点评：

问题解决不了，还得落到饭桌上来，可背后起决定作用的仍然是实力，实力占优的人腰杆永远是硬的。否则谈判代表间的互请就可以了，哪里需要老板亲自出面呢？老板出面就意味着快要妥协了。

谈判代表的“醉话”其实是以退为进，首先点出合作的前景可能很难了；其次暗示了公司总部可能要考虑其他公司进入，从心理上打破了对方处于半垄断地位的心理优势，让对方不由自主地想：“企业集团是不是采取了瞒天过海的手段，要引过江龙打破僵局呢？”

第二天，谈判代表道出：“好吧！既然我们无法达成共识，我看再谈下去也是没有希望了，与其花这么多钱，还不如自己开发建设划算。”说完，便离席而去。

点评：

这次不是酒话了，也不提什么邻县的公司了，完全做出了一副公事公办的“退出”姿态，更让自以为套出了部分信息的工程公司感觉对方要用“瞒天过海”的手段了。

工程公司的人一下被对方的举措震住了，原先的优势姿态一扫而光，他们马上请回离席远去的谈判代表，一改初衷，立即同意给集团最优惠的价格，谈判成功。

点评：

谈判中，有时候即使双方都做出了让步，但彼此间的要求仍然相距甚远，谈判就有陷入僵局的危机。如果我们还确信双方之间存在着共识，有合作的可能，而且主动权操控于我方手里，此时便可以采取“以退为进”的技巧，迫使对方接受条件。

所谓“以退为进”是指以已方暂时退让为先决条件，然后把握时机，伺机反扑的战术。在此过程中关键在于：“退”要做得恰到好处、不温不火，灵活掌握对方的心理底线，这就需要谈判者有老练的经验和娴熟的口才了。

而“瞒天过海”在配合“以退为进”时所起到的作用主要有两点：其一是在退的时候起威吓作用，告诉对方我已经退了，你要是再步步紧逼我就要采取其他手段了；其二是准备备选方案，如果对方实在不识时务那就对不起了。

由上面的案例可以看出，谈判中“以退为进”技巧的“退”是暂时的、假意的，目的是退一步、进两步，效果往往会比一点一点磨下去的更好。“瞒天过海”主要作用是威慑，当然，也并非没有实施的可能。这种手段是具有一定冒险性的，它不仅对谈判者自身提出很高的要求，必须经验老到、技巧娴熟，而且也只适用于一些特殊情况的谈判活动，更离不开谈判者在谈判中的实际操作。

以理服人，以情感人

宴席谈话因人而异，对偏理智的人，不妨和他认认真真地讲道理；说服重情义的人，那就掏心挖肺地和他讲感情。求人办事，还要因事而异，道理上站得住脚的可以讲道理，道理上站不住脚的就不妨谈感情。总之，世界上没有办不成的事，只有不会办事的人。

公司要全面推行售后有偿维护服务，为了免遭客户大量投诉，建议客户购买公司的维护保障服务。作为区域内客户经理，小李与自己负责的客户逐一商谈，大部分客户都表示理解，但还是遇到了一个“刺头”。

某公司设备维护负责人姓郑，是个50多岁的老头子，性格十分倔犟，对小李的建议不屑一顾。用他的话来说，收费维护不可能，要是设备出了问题你们就得无偿处理，否则我就投诉你们。公司对客户满意度要求很高，小李一时犯了难。于是，决定请郑主任吃顿饭，协调一下。

刚刚落座，郑主任就一本正经地说：“我知道你的目的是什么，你也知道我的态度是什么，本来我是不想来的，但看在这么多年合作的份上，我来听听你的解释，如果你能说服我，签维保也没有问题，否则还是维持原样吧！”

小李很为难，苦笑着说：“主任，白天去处理了几个故障，中午都没来得及吃饭，现在实在是坚持不住了，我们还是吃饱饭再谈，您看怎么样？”酒菜很快上来，两人也喝了几杯，气氛不像刚刚开始那样紧张了。这时，小李才把话题向合同的事情上引。

点评：

不论是商务谈判，还是求人办事，在双方心态完全对立的时候是很难取得进展的，这个时候还是先吃饭为好。酒足饭饱之后，气氛融洽之时，才是谈事情的最佳时机。如果顺着客户的意见，也许饭还没开始吃，两人就已经闹崩了。

“主任，您是看着我们公司一步步发展到现在的，也应该知道，我们公司现在售后服务这块也有好几百号人了，公司认为这么多人不能创造利润是个很大的负担，所以才开始推行有偿服务，也请您理解。”

“理解归理解，不过也要讲道理，你们当初销售设备的时候可是承诺了终身免费维护的，怎么能出尔反尔呢？我看就是你们公司做大了，店大欺客！”郑主任反驳道。

“也不能这么说，其实现在IT行业都是这么做的，国内的华为、联想等，基本上都是这么做的，不少小公司也开始推行有偿服务了，也不单单是我们一家。”小李继续解释。

“做人不能忘本，做公司也是一样，当年你们老板背着个破包来推销的时候，可没有说过还要维护收费！反正设备出了问题你们要是不来，我就直接找你们老板问问，是不是要他自己亲自来修？”

点评：

道理这件事，往往谈判的双方都认为自己是正确的，很难分清孰是孰非。但哪怕是自己知道有些站不住理，道理仍然还是要讲的。理由很简单，讲道理的过程也是表明自己立场和态度的过程，是向客户倾诉自己难处的过程。通过讲道理，虽然未必能让客户同意你的观点，但至少要让他理解你的处境。

如此，唇枪舌剑了好久，双方谁也说不服谁，一时陷入了僵局。小李暗想，只好打感情牌了。

“郑主任，我给您服务已经快两年了，您觉得我怎么样？”小李问道。

“你这个人还不错，技术好，也挺热心的，我们部门上下对你感觉都不错。”郑主任想了想，答道。

“您也知道我们公司对客户的投诉往往是一票否决，您要是投诉我，估计我也就混不下去了。再说，现在整个区域就剩下您这里一家没有谈好，您说，要是栽到这上面我该多冤啊！”小李开始诉苦。

“你们公司也不能不讲道理啊！又不是你的责任，再说，我可以帮你解释！”郑主任口气有些软了。

“没用的，我们老板您也认识，他那性格，定下的规矩哪里容得下别人违逆？唉！现在找份工作多难啊，我还想明年和女朋友结婚呢！看来是没什么希望了。”小李哀叹，“就当您帮帮忙吧！其他公司都签了，您就是再有道理又能坚持到什么时候？等我离开后，别人来还得要求您签，看在两年来的交情面上，您还是便宜我吧！”

“说的也是，不过签了合同你们的服务可得比以前更好，可不能拿了钱就翻脸不认人啊！”郑主任终于妥协了，“再多说一句，明年你结婚可得请我喝喜酒！”

“当然，那是一定，这么大的事情，怎么能少了您呢？明天我就拿合同去您那里，至于服务您就放心吧！有我在这里，差不了的。”小李马上承诺。

点评：

道理讲不通，做不到以理服人，那就只好以情感人了。人是一种复杂的动物，往往游走于理智和感情之间，对于某个特定的人在特定的时间段来说，很难断定是更偏向于理智还是感情，这也给宴会攻关带来了一些障碍。为了达到我们的目的，有时也不妨像案例中小李那样，干脆来个双管齐下，或许也能收到出人意料的效果。

宴请固然是要求人办事，但也不能只顾一味谈自己的事情，那样只会令别人感觉不耐烦；而某些常用的计策固然有效，但一旦被人识破，就难免尴尬且遭人厌恶，而说情论理却不会有这样的风险。

天下万事都出不了“情理”二字的范畴，合情合理的事情自然好办，情理不通的事情当然难办，但绝大多数事情都是介于两者之间的，就需要细细斟酌了。如果能在情理之间找到一个绝佳的平衡，从情理之间着手，做到以理服人，以情感人，那么大部分事情就好办得多了。

怎样应付别人的刁难

人生不如意事十之八九，并非所有人都对你和好友善。宴席中，难免碰到一些刁钻古怪之人，他们往往由于各种原因会对你有意刁难。如果你恼羞成怒，对其进行指责、反击，一场言语大战就在所难免。可是如果你表现得过于温和，又会让对方觉得你软弱可欺，没准还会找机会再刁难你。

宴席上，面对别人的有意刁难，既要保住自己的面子，又不至于因回敬过头而显得无礼，其中的度是很难把握的。一般来说，下面化解危机三部曲在面对被人刁难的时候会起到一定的作用。

面对刁难，我们应该怎么办

在生活中，总有一些自以为是的人，他们喜欢对他人指手画脚，挑三拣四，乐于否定别人，甚至当面诋毁别人。有人当面刁难你时你该怎么办呢？一般来说，逃避是不行的，冲动也绝对不可以。

1．假装糊涂，一笑了之

如果有人当面刁难诋毁了你，又立即当面补救，对你先贬后褒，让你有苦说不出，这是常有的事情。如果你反唇相讥，就显得不够大度，索性假装糊涂一点，一笑了之吧。

2．温和一点，轻轻推回

如果有人当面刁难了你，又没有任何悔意，也没有任何补救措施，这时就不能一笑了之了，必须给予适当的反击，但这种反击必须保持在一定限度内，不可以过激。彬彬有礼地轻轻推回是最理想的选择。

3．面对侮辱，强硬反击

如果他人当面刁难你的同时，又涉及了与你交往的其他朋友，你就不能太大度、太软弱了。为了维护你和你周围朋友的声誉，务必要奋起自卫、强硬反击。但要注意的是，强硬不等于蛮横，要适可而止、有礼有节。

消除误会，化解刁难

人生中，被误会是一件很寻常但又十分恼人的事。很多时候，我们遭到别人的刁难，其主要原因是来自于误会。误会存在，刁难不断，误会若是被消除了，刁难自然也就化解了。

1．不等闲视之，心底无私天地宽

我们身边会经常发生误会，如果放任不管，那么误会累积多了，就变成误解，容易引起各种关系发生根本改变，本来是好朋友可能关系疏远，甚至反目成仇。不等闲视之，是指对经常发生的小误会，不做刻意的解释，而是靠自己的人格力量，心底无私的品质去化解。

2．不急于辩解，以平常心待之

有时候，你越是急于表白自己的不幸、无辜，越是说的头头是道、天花乱坠，对方越是认为你心虚胆怯。要用平常心对待误会，用自己的实际表现来澄清误会。

3．不耿耿于怀，以一颗忍辱负重的心赢得友谊

对待别人的误解，不要耿耿于怀，要以一颗忍辱负重的心面对误会你的人。要坚信，只要一如既往地付出爱心，总会使对方翻然醒悟，最终你必将从他那里得到真诚的友谊。

4．不急躁鲁莽，以一颗细致的心呼唤对方猛醒

生活中，总有些自私的人，喜欢在朋友之间、上下级之间扇阴风点鬼火，制造误会、挑拨离间，达到满足私欲的目的。所以遇到误会，千万不能急躁鲁莽，要平心静气、细心思索、及时沟通，不要受小人蒙蔽。

修补关系，拒绝刁难

除了误会之外，还有些刁难可能是来自于自己的一些过失，可能你有意无意中做了某些事情得罪了人，如果是这样的话，就有必要着手修补关系了。关系修补好了，刁难自然也就不存在了。

1．**平静说理，理性分析**

时过境迁之后再将事情冷静分析，最好能够双方坐到一起，心平气和地分析，如果结果证明你是正确的，可能会赢得对方主动道歉。

如果事后冲突双方处于一种冷战的状态，你也可以高姿态找对方说清原委，寻找分歧原因，自我批评。若是放不下面子，也可以物色双方都信赖的中间人调解。

2．**婉言道歉，负荆请罪**

如果分析的结果是你的错误，那就不要推诿，该道歉就一定要道歉，要让对方看到你的诚意。假如矛盾冲突已经到了难以饶恕的程度，请求对方原谅不成功，那只好仿效廉颇负荆请罪，亲自向受害方请求惩罚自己，勇敢承担一切责任，负责一切后果。

3．**补救过失，主动示好**

发生冲突后，往往会发现双方都有过失，都应自我检讨。如果你能检讨在前面，对双方关系积极加以补救，将是再好不过的。而主动示好则需要选择好的时机，这样才会让对方有更深切的体会，也更容易被对方接受。

比如对方有困难时你有分寸地帮他一把，对方生病住院你随大伙一同看望他。这样的示好方式会让对方比较容易接受。

4．**容忍理解，旧事不提**

双方翻脸，对方可能没有责任，也可能是无意的，即使有责任，你也要容忍、理解。容忍对方的过失，理解对方的行为，保持良好心态，努力实现与对方关系的重建，使对方更容易被你的人格魅力所折服。

很多时候，双方本来关系很好，却因为一点小事闹翻了，两人都有重归于好的愿望。这种情况下，两人最好你我依旧，就当没那回事。旧事就让它淡忘，孰是孰非，也不深究，过去的事情就让它过去，这样也就忘了不愉快。

有些人被他人当面贬低、刁难，甚至侮辱，往往是自找的，如狂妄自大，喜欢在人前吹嘘、炫耀自己，这实际上就是在当面贬低别人，一旦有了机会，人家当然就对你不客气了，对让你尴尬，出你洋相这种事自然是乐此不疲。所以，真正的聪明人往往很低调，默默无闻地工作、谦虚和气地待人，自然会得到公众的喜爱和认可。

其实，宴席上被人刁难并不可怕，可怕的是面对刁难，失去了平常心，或者过于软弱，或者过于激动，这些都会有损你的形象。当然，该还击的时候也不能手软，做事情就不要瞻前顾后，前怕狼后怕虎，最后还得被狼咬被虎吃掉，不如前打狼后打虎，也许还会有一条活路。

妥善应付酒桌上的小人

宴席中，大多数人中都遭遇过小人。小人无情无义、无信无德，擅长搞阴谋诡计，时常以暗箭伤人。设陷阱、使绊子、搬弄是非、挑拨离间、阳奉阴违、造谣生事、信口雌黄、无中生有、口蜜腹剑、出卖他人、见利忘义都是小人的看家本领。与小人相比，那些站在明面上恶意刁难你的人算是好对付的多了。

老李年近不惑，最近终于升职为处级领导，在朋友的一再要求下，本来想保持低调的老李还是不得不摆宴庆祝。酒桌上推杯换盏，宾主尽欢，只有老李的妻子神色不愉，似乎有些不满意。

回到家里，老李的妻子一直眉头紧锁，欲语还休的样子。老李很关心，再三询问之下才知道，原来酒桌上听到别人讲，“人到中年，升官、发财、死老婆”，还说老李在外面有“外遇”。老李的妻子十分委屈，老李也火冒三丈，但却无可奈何，也不知道是谁在背后造谣。

点评：

有句话叫做“卑鄙是卑鄙者的通行证”，而小人一般都是极端个人主义者，他们往往会不惜采用最卑劣的手段来达到个人目的。案例中这种刻意给别人造谣的人并不罕见，其目的也不难分析，无外乎嫉妒、抹黑、恶意竞争之类的，只是手段有些下作。

生活中的小人有很多，宴席也是一样，不过在这个特定的场合中，小人最主要还是有四种表现，那就是笑里藏刀、自私自利、搬弄是非、尖酸刻薄。下面让我们逐一进行分析，试图找出应对之道。

对笑里藏刀之人应滴水不漏

宴会上不乏笑里藏刀的人，他们往往显得温和谦恭，和蔼可亲，但实际上并非如此。他们就像黑暗中潜伏的毒蛇一样，观察着你，伺机而攻。一旦有可乘之机，他们就会在暗处狠狠地捅你一刀。

如何识破笑里藏刀的人呢？如果仔细观察，通常可以从言谈举止中发现些许端倪。如果你发现宴会上有些人在和你交流时喜欢低着头，不正视你的眼睛，目光闪烁，笑容僵硬，说起话来总是会有诸多修饰之词，有时又异乎寻常的热情，那你就要当心了。

如果在他们评价其他人的时候又比较愿意用“那人是个好人，就是……”后面的话往往和隐私、邪恶有一些关系。这些人在和你交流的时候往往又有特别多的共同点，有许多“惊人”的巧合。这个时候，基本上就可以断定，他是一个笑里藏刀的人了。

对付这种人，不要和他闹翻，表面上还是要维持和谐的关系，暗地里却要加紧防范。个人隐私以及与其他人交往的琐事最好都守口如瓶，工作和生活都尽量在他面前滴水不漏，长此以往，他就对你无可奈何了。

对自私自利者要敬而远之

人都有私心，这可以理解，但心中只有自己，没有他人，个人利益天大，完全没有集体的概念就不应该了。在地球上任何一个角落里，这种人都不会缺少，宴席中自然也不例外。一般来说，这种人对你并不会造成多大的危害，往往与你也相安无事，可是一旦你们之间发生了利益冲突，你就要做好准备面对他的反扑了。

这种人的主要表现是，与人交流时喜欢挑错，喜欢嘲笑别人犯错而不自知；为人处事面面俱到，喜欢精打细算；很少请客，偶尔自己结账埋单时一定要逐一检查；喜欢和人讨论发票、报销、财务空子之类的话。

识破这种人，并非为了防范，只是为了提醒而已。和他们打交道时，你完全没有必要全心投入，也不要梦想着可以和他们成为真正的朋友，你们之间的关系只要维持在利益交换的层面上就足够了。对于这种人，还是敬而远之为妙。

对搬弄是非之人要泰然处之

搬弄是非之人也喜欢把个人利益放在首位，但与自私自利的人不同的是，他们的利益似乎要“广泛”得多。除了一般意义上的利益之外，通过挑拨别人关系，干涉别人隐私，制造和传播小道消息等手段，让别人不快、倒霉，也是他们所津津乐道的。如果能从别人的矛盾分歧中获取实际利益最好，就算不能也可以落得个精神上的变态满足。

宴席上，搬弄是非的人往往表现极为活跃，和每个人都有话说，话题也往往离不开别人的隐私。当然，他们也是最擅长打听消息的人，信息交换的工作做得炉火纯青，他们最常用的办法就是把别人的隐私告诉你，再从你这里获取其他人秘密。

宴席上应对这种人最好的办法就是只带耳朵别张嘴，听听就可以了，也可以适当地对他的消息灵通表示赞赏和惊叹，但千万别说，更不要告诉他什么隐秘的事情，因为这种人的心中是留不住任何秘密的。当然，如果你需要扩散消息除外。

对尖酸刻薄之人要宽厚平和

宴席中，免不了会遇到尖酸刻薄之人。这种人或言行刁钻，举止无礼；或傲慢无礼，出言不逊；或心胸狭窄，言语刻薄；或缺乏教养，出语伤人。总之，尖酸刻薄之人，表现在嘴上的居多。这种人，为人处世一定是差劲的，宴会中很少有人愿意与其交往，正所谓“蚊虫遭扇打，只为嘴伤人”。

遇到尖酸刻薄的人，最好不要把他的话当真，大可一笑了之。顺水推舟，应付两句也是可以的，但万万不可与之理论，因为那样你在别人心目中也就成了同样的人了。当然，多读读书，养养性，修一修浩然之气，让自己的心态更加宽厚平和，回过头来再看看这些尖酸刻薄的小丑，可能就有看笑话的感觉了。古人说，“腹有诗书气自华”，道理是不错的。

小人，共同的特点就是阴险奸诈，居心叵测。除了上面提到的，小人还有很多种，这里也无法一一列举。但古语有云：“君子坦荡荡，小人长戚戚。”胸怀是否宽广是区分君子和小人的最重要标准，不靠近、不得罪、不相争是应对小人的基本手段。当然也不能有“妇人之仁”，必要时也要“该出手时就出手”。

酒可以喝满，话不能说满

酒桌上的事情很简单，无非是吃饭、喝酒、谈事情。饭可以吃饱，最多不过是“吃人嘴短”；酒可以喝满，充其量一醉而已；但话绝不能乱说，就算说也不能说满。古人说：“覆水难收”，讲话就像泼水，泼出去的水无法再收回，讲过的话也一样收不回来，所以一句话要出口以前，不能不考虑周详。

小张接到朋友电话，前去赴宴，赶到后发现在座的还有一位陌生人。“估计是有什么事情，今天说话可得小心些。”小张暗中猜测。

小张平素自控能力不错，酒桌上少有失态的时候。不过今天请客这位可谓是道行高深，酒量也好。一串串“马屁”滚滚而来，没用多久就熟练地和小张称兄道弟了，又花了一点儿时间，小张就有些不知东南西北了。这时，客人才开始道出请客的目的，原来他是想进某公司工作，而小张的姐夫是这家公司的人事经理。

“放心，交给我了，都是自己兄弟，小菜一碟！”已经被捧上云端的小张大包大揽起来。随之而来的又是一段阿谀奉承之词。

第二天，酒醒后的小张不由得有些后悔起来，还没有问过姐夫自己就做主答应了，有些冒失了。可是话已出口，不办也不行了，只好打电话给姐夫，说了这件事。

“你们关系很好吗？”姐夫问，“要是关系很好那就办吧，现在我们这里招人要求很严的，竞争很激烈，要是一般朋友就算了吧。”

事到如今，小张也只好咬着牙承认了这个只见了一面的“好朋友”。

点评：

说话是一门语言艺术，善于交流的人，话往往说得稳妥、严谨、有余地，不善言辞的人，话常常说得偏激、绝对，宴会交流，也是如此。案例中的小张，就是犯了这个错误，话说得太满，把自己推入尴尬的境地。其实，如果小张这样说也许效果会好得多，“这件事情主要看公司的需要，我也会和姐夫推荐你，不过你要有思想准备，还是要先做好自己目前的工作。”

不过还好，小张也没有受到太多的损失，如果利用的好，或许以后真的会多了个好朋友也有可能。但是，很多人就未必有小张那么幸运了，酒醉误事，祸从口出的例子并不少见。那么，宴会交流应该如何说话呢？网上流传着一首人生感悟诗，其中有几句还是很有借鉴意义的。

知人不必言尽，责人不必苛尽

原话是：“知人不必言尽，留三分余地于人，留些口德于己；责人不必苛尽，留三分余地于人，留些肚量于己。”意思是即使你很了解别人，也不要全说出来，给人留些隐私；责罚别人也不要把对方的过错全部说出来，给人留点面子，也给自己留点肚量。

宴会上，人们往往喜欢夸夸其谈，谈起某个人时，总愿意“知无不言，言无不尽”，好像不这样不足以表现自己的消息灵通似的，其实这不太好。话说尽了会给人以刻薄的感觉，让正直的人不敢再接近你，让聪明的人对你有所防范，话题也失去了继续下去的意义。

对待下属的错误也要正确以对，可以批评，但也不要过分，尤其不要当着众人的面批评。把下属骂个狗血淋头也不是不可以，不过却很容易让人寒心，对团结不利，也影响团队的战斗力。

才能不必傲尽，锋芒不必露尽

原话是：“才能不必傲尽，留三分余地于人，留些内涵于己；锋芒不必露尽，留三分余地于人，留些收敛于己。”意思是就算你再有本事，也不要全部用出来，做人要有内涵，懂收敛。

宴会上，我们经常发现某些人总是一副颐指气使的形象，特别是酒喝得差不多的时候，更是“老子天下第一”，俨然没有他办不成的事儿了。虽然这种人往往都很有能力，但也经常吃亏，上面案例中的小张不就是这样吗？

有功不必邀尽，得理不必抢尽

原话是：“有功不必邀尽，留三分余地于人，留些谦让于己；得理不必抢尽，留三分余地于人，留些宽容于己。”意思是你已经立功或者有理了，也就站在道义的制高点上了，就不要和那些落于下风的人继续争论了，放人一马，给别人留些面子，也可以显示你的谦让和宽容。

宴会上谈话避免不了争论，既然有争论也就一定会有胜负。但最好不要真的决出胜负，占了上风最好及时收手，赶尽杀绝是要不得的。懂得及时收手既可以让旁观的人欣赏你的风度，也可以让对手心存感激，而揪住不放只能激起民愤。

得宠不必恃尽，气势不必倚尽

原话是：“得宠不必恃尽，留三分余地于人，留些后路于己；气势不必倚尽，留三分余地于人，留些厚道于己。”意思是，如果你气势正旺，又得到了上司的信任，也不必恃宠而骄，最好给其他人留些余地，也给自己留些退路。

酒桌上很讲究势，得势的人未必是那些身份地位最高的人，而是那些圈子内的宠儿。要认清他们很容易，那些最招蜂引蝶的就是了。不过即使你现在得势了，也不要因此看不起别人，说话也不要太过分，一定要懂得“三十年河东，三十年河西”的道理。

富贵不必享尽，凡事不必做尽

原话是：“富贵不必享尽，留三分余地于人，留些福泽于己；凡事不必做尽，留三分余地于人，留些余德于己。”意思也很简单，不过是要人们赚钱做事留有余地罢了。

这是这段人生感悟的最后两句，对于宴席谈话意义并不大，这里列举出来一则是为了完整，再则也是对前面的话的一个总结和概括。

宴席中，不论是求人还是被求，或者仅仅是个看客，都是一定要说话的。但话怎么说，说多少都是有学问，是有讲究的。“逢人只说三分话”似乎过于寡情，“话说七分留三分”又可能有些过了，不过，酒桌上谈话，留些城府是很有必要的。

会吃会喝，更要会装

所有人都知道，宴席是要办事的。吃饱喝足之后就是办事的时间了。但是，别人求你办的事，你是否都能做到？你求人办事的时候，别人要是不理你，你又该如何处置？“装”，有时候也是一种选择。

1945年7月，苏、美、英三国首脑在波茨坦举行会谈。一次会议休息时，美国总统杜鲁门对斯大林说，美国研制成了一种威力巨大的炸弹。这是用暗示的方式来试探斯大林对原子弹所持的态度。斯大林却像没有听见一样，未露出丝毫的异常表情，也没有作出任何回答，以致许多人回忆说，斯大林好像有点聋，没有听清楚。其实，斯大林听得清清楚楚，会后，他告诉莫洛托夫说：“应该加快我们工作的进展。”两年后，苏联成功地爆炸了第一颗原子弹，打破了美国的核垄断。

点评：

宴席谈话中，有时也需要沉默，沉默运用得好，会起到“此时无声胜有声”的效果。沉默在宴席交谈中，在社会生活中，都有着妙不可言的独特作用。人们常说的沉默是金，就是因为它与冷静和思索联结在一起，是胸有成竹的表现，是在特殊环境中高人一等的处世方法。

斯大林在这里成功地运用了“装”的手段之一，那就是装聋作哑，效果也非常理想。其实，除了装聋作哑之外，宴席上还有许多“装”的策略，比如说装疯、装傻、装牛、装熊等。

装疯

装疯是指故意装做疯癫的样子，是宴席中常用的手段，主要目的是用于掩饰自己的反悔、说谎、失态等行为。但是，疯当然不能凭空而来，装疯还需要一个道具，那就是酒。人们常说的“发酒疯”指的就是这个，至于是真疯还是假疯也只有他自己知道了。

古往今来，酒醉误事者不乏其人，借酒装疯的人也比比皆是。李太白借酒羞辱高力士被传为美谈，曹孟德借酒发疯杀刘馥也为后人所铭记。今天的宴席里借酒装疯，以求达到自己目的的人也并不少见，比如说：

①“我答应了吗？不好意思，昨天喝得太多了。这事儿还得再琢磨琢磨。”

②“哥们儿，我告诉你，还有家公司也要来谈这买卖，你们可要小心哟！千万别说是我告诉你的。”

这都是典型的借酒装疯的桥段，目的都很明确，手段都很下作，但效果一般都还可以。这里讲这些，也不是教唆你使用这种手段，但至少也要了解一些，以防备别人这样对你。

装傻

虽然装疯和卖傻两个词经常连在一起用，但和装疯这种下作的手段相比，装傻有时候就显得可爱许多了。所谓装傻，是指出于某种目的，通过像傻子那样的行为来使别人忽视自己，从而掩盖自己所处的真实状态或真实意图。

装傻是宴席里经常使用的方法，但为什么要装傻呢？人不是越聪明越好吗？其实遇到某些问题时，装装傻也是挺不错的。宴席上被别人无意冒犯的时候，装傻可以化解矛盾；当不小心做出失礼的事情的时候，装傻可以缓和尴尬，还能让人觉得比较可爱；当别人言语出现纰漏的时候，装傻可以帮助他维护面子；当有人提出非分之想的时候，装傻可以蒙混过关。

但是，装傻并不是让你唯唯诺诺，忍气吞声，只是换一种方式，把生活中的某些小事模糊处理。装傻也绝对不能真的犯傻，那就得不偿失了。

装牛

装牛，是一种增强客人信赖感的手段，运用得当，对办事成功会有很大帮助。宴席上经常可以见到某些人口若悬河，滔滔不绝，最终说服客人乖乖就范，心甘情愿地签下合同。这是为什么呢？难道他的嘴真的有什么魔力吗？

其实，装牛的核心思想就是要给自己包装上一层专业的外衣。面对病人，你就要表现的像一名经验丰富的医生；面对技术人员，你就要把己方的技术手段夸得天花乱坠，引起他的兴趣；面对管理人员，你就要大力渲染自己的组织架构和管理思想。总之，你要以专家的姿态出现在你的客人面前，利用客人的人性弱点，让他对你的话确认不疑，从而达到说服的目的。

但是，要记住的是，装牛装过了头就是吹牛了。装牛时要有牛的底蕴，说出的话即使现在不能实现，也至少在将来的某段时间范围内可以兑现。装牛的目的是增强客户的信心，进而培养忠诚客户，而不负责任的牛，那就是一锤子买卖，甚至是诈骗了。

装熊

宴席上有人装牛，自然也有人装熊，装牛是为了展现出自己的专业程度，而装熊却是为了韬光隐晦，避免是非争执。当你发现你所面对的客户性格执拗、无法说服的时候，那就不妨承认他的专业和权威，采用装熊的办法与之周旋，至少效果比硬碰硬来得要好些。

装熊在某种程度上就是以退为进的一种手段，具体方法可以参考前面的章节，这里就不再赘述了。

其实，无论是装聋作哑，或是装疯卖傻，抑或是装牛装熊，无非是隐藏自己的真实想法和目的，迷惑对手，从而更容易地实现自己的意图。所以，宴席上，我们不仅要会吃、会喝，更要会装。

诱惑面前，你要学会“刹车”

局无好局，宴无好宴，尤其是带有一些其他味道的宴席，往往是比较令人腻歪的，但从某些角度考虑，你却不能不赴宴。如果你是一名“被”宴席者，那么在宴席上往往会受到诸多诱惑。金钱、美色、权力、美酒、佳肴、亲情、友情之下，纵然你是铁打的金刚，也难免会为之动心。

为了破坏苏秦的“合纵”，张仪决心用“连横”来回报自己的同门师弟。首先通过软硬兼施的手段成功对付了韩魏两国之后，张仪的眼光投向了南方的楚国。

张仪来到楚国，楚王设宴款待，张仪对楚王说：“秦王极力想交好楚王。这次命微臣出访楚国，没有别的东西好奉送，就送上商於一带六百里的土地给大王作为寿礼。以后秦楚交欢，就不必担心那个毫无信义可言的齐国的威胁了。”

楚王看到张仪送上来的地图。他打算听从张仪的话。张仪一离开，楚王就派人和齐国绝交。但是，前去接受土地的人回来报告说秦国只答应了给楚国六里土地，没有听说过六百里的说法。而秦国的国相也换了人，因为张仪受伤在疗养。

楚王很生气，发兵去攻打秦国。但是，一时意气出师的楚军哪里是早已严阵以待的秦军的对手呢？八万楚军人头落地，楚国自己的土地还损失了三百里。楚王连续派人到齐国求援也被乱棒打出，楚王这才知道自己被骗了，而楚国和齐国以及和天下诸侯的联盟就算是彻底破碎了。

点评：

古往今来，诱惑面前栽倒的又何止楚王一人？近些年来，国内省部级高官因抵抗不了金钱、权力、美色的诱惑而锒铛入狱甚至一命呜呼的起码有数十人之多。至于商场上因诱惑而落入陷阱的更是数不胜数。

对男人来讲，诱惑是金钱，是权力，是女人；对于女人，诱惑同样是金钱和权力，其次还有感情。诱惑之所以能成为诱惑，是因为诱惑本身是我们很难拒绝的。诱惑代表着巨大的利益，而利益则是没有人不愿意拿到的。那么，在宴席中，在商场上，在生活中，面对诱惑，我们又应该如何处置，如何抉择呢？

诱惑面前应保持冷静

天下没有免费的午餐，诱惑面前，通常存在着陷阱。所以我们必须学会在诱惑面前刹车，冷静地思考一下，不要冲动，不要在利益的诱惑之下丧失理智。“冲动是魔鬼”，利令智昏说的就是这个。

宴席上保持冷静很难，尤其是酒过三巡之后，在酒精的刺激下人往往容易冲动，但越是这种时候，越需要控制自己。即使面临的利益诱惑再大，也不能轻率地下决定。如果要下决定，务必要把两件事情考虑清楚。

第一，给你诱惑之人的目的何在，他表面的目标下面是否还隐藏着一些不为人知的想法，而这些想法又会给你带来什么样的麻烦。

第二，这个诱惑为什么是给你的，和你身份地位相当的人还有哪些？为什么不去找他们，而偏偏找到了你。是你特殊，还是别人拒绝了，或者你是别人眼中的那个有缝的鸡蛋？总之，不要相信那些天上掉馅饼的事。

要有风险意识

经商的人经常谈论一句话是，收益和风险是成正比的。有时，我们很难分清诱惑与机会的区别，经常把诱惑当简单的机会看待。如果我们不能增加对诱惑的认识，没有认清诱惑背后的风险，那么很容易掉进别人为我们设置的陷阱而不自知。

但是，如果你可以觉察到隐密地方的风险，就可以从容面对了。即便无法拒绝也可以作好充足的准备，为自己留下退路，哪怕不小心掉进了陷阱，仍有逃脱的机会，仍然可以跳出陷阱，减少自己的损失。这对商场中人无疑是十分必要的。

或许是由于你不够聪明，或许是诱惑的力量过于强大，或许是陷阱过于复杂的而不易觉察，甚至是有人有意将其掩盖起来，以至于让你觉得机会就是那么的轻松而自然的可以得到，而丝毫察觉不到其中潜藏的风险的时候，请务必记得那句话，“有多大的利益，就有多大的风险”。

这句话不光在宴席上实用，在生活中也同样实用。不过需要指出的是，这句话是建立在已经意识到风险存在的前提之下的，如果当事人连基本的风险意识都没有的话，那么风险和收益将不再是简单的等比关系了，风险的概率将被放大很多倍。

勿以恶小而为之

古有明训：“勿以恶小而为之，勿以善小而不为。”一个人走向堕落，往往是从小事上撕开口子，逐步蔓延开来，最后身败名裂。宴席上面对诱惑也是这样，小诱惑上把不住关，面临大诱惑后当然也无法拒绝，而大诱惑当然代表着大风险。

所以，我们一定要慎独、慎微、慎初，从细微处做起，要把好“初始关”，做到防微杜渐；面临诱惑时要注意小节，保持大节，既要在大事大非面前保持清醒头脑，又要在生活小事上绝不含糊。一定要记住“千里之堤，溃于蚁穴”的道理，一定要树立正确的价值观、利益观，严守自己的本分，堂堂正正做人，认认真真做事。

总之，我们处在目前这个浮华的物质世界里，随处都是诱惑，随处也都是陷阱。因此，我们必须学会在诱惑面前刹车，不能让私欲迷失了你的本性。

第十二章

最后一课，埋单

结账是请客吃饭的最后一个环节，
也是一个重要的环节。
吃饭就得付账，
这是毋庸置疑的问题，
但由谁付账，怎样付账，
就需要引起我们的注意了。
处理得好则皆大欢喜，
处理不好就很容易前功尽弃。

和老板吃饭谁埋单

混职场的人都知道，和老板处好关系往往会给你的职业生涯带来意想不到的机会。而与老板共同进餐，则是拉近感情的纽带和维系关系的手段，相信大多数人都是乐此不疲的。不过随之而来的麻烦却是埋单的问题。

小张是公司的业务骨干，工作成绩突出，很受老板赏识。一天外出办事回来的路上，老板对小张和同行的司机说："到吃饭的时间了，前面有家水煮鱼，味道不错，今天我请客！"酒足饭饱之后，老板招呼服务员埋单的时候才知道，小张趁去洗手间的时候悄悄把账结了。老板有些不快，对小张说："不是说好了我请客吗？你呀，年轻轻的最好还是把心思用在正地方！"

点评：

小张应该是好心，小饭店，人数又少，请老板吃个饭既能联络感情，花费也不多，何乐而不为呢？不过他忽视了老板的想法，对于不听自己招呼的员工，老板多多少少都会有些不舒服，哪怕是他知道你也没有什么恶意。

和老板吃饭谁埋单的问题历来争论很多，支持老板埋单的人认为，和老板相比，你就是个穷人，没必要瞎显摆；支持下属埋单的人认为，主动埋单可以表示对老板的敬意，可以加深感情。其实，双方的观点都有道理，但是具体应该谁来埋单，还要分场合，看情况。

正式宴请埋单提前安排

和老板相关的正式宴请包括对客户的商务宴请以及公司内部的员工聚会两类。这两类宴请一般都是有固定的组织者的，如果你不是组织者，就不要考虑埋单的事情了，自然会有人安排妥当的。但是如果宴请由你张罗，埋单的事情就要提前安排了。

这种宴请完全是公事，所以不管谁埋单，其实都是老板最终付账，所以如果老板出席，最好还是提前和老板打个招呼。为了避免尴尬，宴请开始前首先要把钱准备好，然后向老板汇报一下准备工作，说些诸如“已经安排好了，钱也准备了，您看最后谁来结账合适？”之类的话，然后就听老板的决定就可以了。

摸透老板的心思很重要

与正式宴请不同的是，如果是临时决定的宴请，或者是案例中的那种工作餐性质的宴会，就需要费些思量了。这个时候最重要的是老板的心思，只有摸透老板的心思才能妥当地办事。

首先是看老板的态度，如果老板已经表态说他要请客，你可以客气几句，但也不要勉强。即使你真的想请老板吃饭，也要以老板的决定为主，不要过多的争执，更不要像案例中小张那样越俎代庖。当然，如果老板没有请客的意思，或者同意了你请客的想法，那就主动些吧！

其次，要看老板的身份。现在老板这个词已经被叫滥了，公司企业里自己的直接主管，官场上的上司，甚至学校的老师都往往被冠之以老板的名号。这种老板和真正的老板一样，是可以决定你的前途命运的，但是也有一点差别，就是他们往往是可以“收买”的。所以，和这种老板一起吃饭，主动埋单是值得的，也是必要的。

最后，要考虑的是老板是否会同意报销。一般来说，如果是临时安排的请客户吃饭，老板通常是不会介意公司报销的；但要是自己人内部的便饭，就不好说了，老板通常是不愿意这种钱还要走公司的账的。所以，如果你经济比较紧张，或者不愿意花冤枉钱，就最好不要埋单，免得最后自己委屈。

今天我请客

和老板吃饭，要拿出自己最好的状态，要表现得彬彬有礼、落落大方，重要的是要在老板面前展现自己的能力，至于到底谁请，其实反而无关紧要了。一般说来，和老板吃饭前，如果你能主动的说一句，“今天我请客”，最后埋单的人其实未必会是你。

老板总是会好些面子的，下属已经说了要请客，无论如何老板也不能没有表示，所以通常会说些：“这里我最大，还是我来请！”“你能有几个钱，还是我请好了！”之类的话。这时，你也不妨顺水推舟，既表现了自己，又给了老板面子，两全其美。

另外，老板对于自己麾下的能人、干将，通常是不会悭吝赞赏和奖励的。哪怕事先已经说好了由你请客，如果你在饭桌上的表现可以得到老板的认可，最后埋单的往往会是老板自己。

总之，和老板吃饭埋单的问题是个难题，但也不难解决。关键是要借助这个舞台尽可能地展现自己，以获取老板的认可和赞许，谁来埋单都无关紧要。只要察言观色，摸透老板的心思，面子送给老板，里子留给自己，那就足够了。

AA制聚会，不要忘了你那一份

在古代，吃饭是没有AA制的说法的，费用均摊在中国人眼里是没面子的。但随着中西方文化的融合，国人现在对AA制也越来越接受了。由于AA制聚餐既能体现公平的原则，又可以维护大家自尊，所以很多同学聚会、同事会餐、朋友聚餐都经常采用AA制的方式。

AA制的付账十分简单，无非是大家把钱交到活动组织者的手里，再由组织者统一付账；或者组织者付账之后再向活动的参与者收钱。不过其中还是有些细节，是值得我们注意的。

AA制聚餐，别忘了你自己的那一份

小李在某公司工作时，被分配到驻外机构工作。由于公司的同事大都不是当地人，所以同事们经常在一起聚餐，AA制也就在所难免了。

小李是新兵，薪水低，家境也不宽裕，所以和同事们一起出去吃，感觉压力还是蛮大的。于是找借口不参加聚餐也就成了常有的事情，甚至还有过几次“忘记”给钱的事情。慢慢地，同事聚餐就再也看不到小李的身影了，再过了一段时间，小李由于工作原因被调离了。

点评：

前面讲过，某些宴席是你一定要参与的，不参与这些宴席往往就意味着你被这些宴席代表的圈子淘汰出去了，其中就包括了同事、同学、朋友的宴席，哪怕是AA制聚餐也是一样的。

在AA制聚餐中，如果你不是组织者，那千万别忘记付账，不论你是有意还是无意，“忘记”都是不可原谅的错误。这个世界上好多人都说自己不在乎钱，其实能够做到这一点的微乎其微。每个人心里都有一笔账，谁欠我什么，我欠谁什么都清清楚楚。忘记付账也许可以给你省下几个钱，但带来的人际关系和名誉上损失却是难以弥补的。

如果你自己就是活动的组织者，不要忘记公开活动明细，更不要忘记付自己的那一份。最好把活动费用的详细明细整理妥当，收了多少钱，花了多少钱，还有多少余额或者亏空，都要通知参加活动的每一个人。

AA制聚餐，没必要抢着付账

我有个同学，最近发了些财，可能是想显示一下自己，抑或是要表示对老同学的热情，每次吃饭都要抢着去付账，哪怕事先说好了是AA制也不例外。用他的话说，“这点儿小钱，没必要整得那么麻烦。”

于是AA制的同学聚会就慢慢变成了大家轮流请，再后来就变成了他一个人的独角戏，最后就慢慢消亡了。

点评：

吃完饭后抢着付钱大抵有三重含义：一是对方回请的概率较高，所以自己吃亏的可能性较小；二是顾面子的需要，因为面子是一种社会评价，所以也是一种精神收益；三是由于有了面子，也为未来收益的增加提供了一个好的基础。

但规矩就是规矩，不要轻易打破。如果事先已经说好了是AA制，也就没有必要抢着去付账了。其主要原因是，如果这次你抢着付账了，既扫了组织者的面子，又在某种意义上给了其他参与者压力。

AA制可以被接受是因为它是一锤子买卖，而白吃了就要请回去，而回请自然档次不能比这次更低，于是给后面的回请者造成了不必要的压力。而且一旦这个请客的链条断裂，此类聚会也就随之寿终正寝了。

还有一种情况是作为一个刚刚加入圈子的新人，往往有表现自己的冲动。例如公司的新员工在结账的时候，往往喜欢抢着付账。其实这并不好，一个新人才有多少工资，抢付账的结果只能使老员工认为你是冤大头或者傻大款，只要安静地听完他们的分账计划，掏出自己那一份就可以了。

当心AA制陷阱

当今社会是个网络社会，很多人的QQ上总会有几个娱乐群，节假日的时候大家聚在一起“腐败”一下也是平常的事情。这种熟悉的陌生人圈子其实还有很多，如驴友圈子、业主圈子、论坛圈子等，参加这种聚会无疑是拓展人脉的好机会，不过也要当心其中的陷阱。

1．关于多退少补

一些网友反映，很多AA制聚餐都打着多退少补的旗号收钱，可是却从来没有退的时候。虽说你个人可能不在乎剩下的那几块钱，可是积少成多，参加的人多了，加起来也不是个小数目。

2．活动档次升级，现场加收费用

笔者曾报名参加某次网友组织的聚餐，原定是在某旅游景点吃农家饭，可到了地方组织者才宣布由于预定的地方客满，所以改去某四星级饭店，每人加收100元。很多人怨声载道，但也无可奈何。

3．账目混乱，费用缩水

参加完AA制聚餐后，组织者公布的费用清单经常让人感觉无奈甚至气愤，参加的人数、菜肴的单价、酒水的价格和数量往往都和实际的有很大出入。

中国请客吃饭的传统是轮流请客式拉长了时间周期的AA制，随着商品经济的进一步发展，人员流动性的增强，西方式的AA制在中国式请客吃饭中相信会占据越来越重要的地位。毕竟这种方式大家都吃的轻松自在，没有什么压力，但是，AA制聚会，不要忘记你自己那一份。

和女士吃饭，主动埋单显风度

社交，总少不了女性的参与。虽然在现代社会，女性已经摆脱了弱者、花瓶的地位，但不可否认的是，由于千百年来传统文化的影响，尊重女性、照顾女性，已经成为了人类文明的标志之一，酒桌也不例外。

一位女性朋友曾经对笔者倾诉过自己的困扰：

和男友在一起快半年了，这么长时间我们一起出去吃饭、逛商场、唱KTV，泡吧从来都是我埋单，他几乎一次都没有。一开始我总是心疼他工作辛苦，所以出去吃饭或者娱乐消费什么都是我埋单，但是我发现他根本已经养成了一种让我埋单的习惯。有一次我们去逛超市，东西都是他挑的，但到收银台他就干站着不动等我付钱。我是该继续和他保持关系还是离开？真的很迷茫！

点评：

其实，这位女性朋友的遭遇并非仅仅是她一个人的问题，这种情况并不少见。男女平等的口号已经喊了这么多年，女性的地位也有了实质性的提高，现代社会很多女性的收入都明显高于男性，女性为交际应酬埋单也不是什么罕见的事情。

案例中这位女性朋友的想法无可厚非，自己钱挣得也并不比男友少，如果处处要男友花钱，伤了感情还是小事，没准还遭人鄙夷，万一习惯成自然，就难免渐失独立意识。不过她显然处理的有些过了，要知道，男人的脾气是很容易“惯”出来的，有些毛病的养成，其实根源还在于她自己。

对于案例中发生的故事，我的看法是：男人普遍以为与女孩约会埋单是有面子的事情，所以首次约会时，男人埋单是必须的事情。但随后的交往，AA制或者双方量力而行是比较好的选择，大家都没有心理负担，也可以图个轻松。不过，要是碰上从约会开始，一次也不肯埋单的男人，还是趁早休了他为好。因为埋单在很大程度上可以体现一个人的金钱观，同时也间接体现出他的人品。

通常来说，找理由逃避埋单的人都比较重视金钱，自私且爱贪小便宜，习惯于耍点儿小心机，赚点儿意外之财。这样的男人是绝大多数女性朋友所不喜欢的，至少婚前不喜欢。

话题有些说远了，还是回过头来探讨一下男女吃饭埋单的问题，男女朋友之间，吃饭到底应该如何埋单呢？笔者认为，还是男性埋单比较好，当然聪明的女性也应该做自己该做的事情。

男性埋单显诚意

男女交往谁埋单？这似乎是一个古老的话题，但同时又是一个具有新意的话题。从习俗上讲，这个问题的答案是应该男方埋单，或者说男方在交往的过程中应该支付大部分费用。这样显得男方有绅士风度，也更有诚意，可以博得女方的好感。

一般来说，男方如果任由女方埋单而不反对，是一种没有诚意的行为，是不准备继续交往下去的表现。鱼都不准备钓了，还要喂鱼饵吗？虽然不能一概而论不埋单的男人就是坏男人，但埋单的男人才能让女性感受到诚意。

女人喜欢慷慨的男性

男女相处，慷慨是男人的本分。女性也大多会欣赏慷慨大方的男人，因为慷慨的男人往往性格爽快，做事有魄力，经济条件比较好，对金钱的概念不强。而且，对女性慷慨往往代表着这个男人对自己的体贴和爱护，对自己的另眼相看，女性往往比较乐于享受这种脉脉温情。“男人不埋单，女人不买账”，说的就是这个意思。

但是，这种男人性格一般都比较要强，不喜欢被别人支配，也不喜欢和小气自私的人打交道。如果你是一位比较有个性的女性，在和这种男人交往时，最好收敛一下自己的某些小脾气。

聪明的女性会给男性留面子

男人都是好面子的，没有哪个男性愿意看到自己的女友或者女性伙伴招呼侍者，掏钱埋单，因为这是一件很没有面子的事情。更何况，男士结账是请客吃饭的一个惯例，也是社交宴会的一个基本规则。所以，男女朋友之间吃饭，不但男士必须结账，连召唤侍者也必须要男士来做。这并不是大男子主义，而是礼貌，是绅士风度的体现。

当然，作为一位聪明的女性，也必须学会给自己喜欢的男性留面子。你的男朋友不是印钞厂，总是由他埋单总有入不敷出的时候。如果两人真心真意相爱，何必让他不堪重负呢？爱他就为他适当的减负吧！即使是已经事先约定好自己请客或者AA制，也应该是首先把钱给男伴，再由男士埋单。既为自己心仪的男性减轻了负担，也给了他面子，不是很好吗？

在中国文化中，请客吃饭时，男人为女人埋单是稀松平常的事。与之相反的是，如果一个男人埋不起单或不愿埋单，他的社会地位就会相应有所下降，常常沦为被取笑的对象。而很多女性朋友的态度就更直接了，“不埋单的男人，我就没当他是男人!”

请客者埋单，天经地义

某些宴席上，请客的和埋单的，往往不是一个人。比如说，张三请客，埋单的可能是李四，李四请客，埋单的可能是王五。尤其是那些有个一官半职掌握一定权力的人，请客很少会花自己的钱，因为他们总能找到埋单的“冤大头”。

某日，在市建设局工作的同学王力给我打电话，说已经在酒店定好包房，他请客，几个老同学一块出来坐坐，我欣然赴约。

到酒店时，几个同学已经到了，大家正在握手拥抱，寒暄问候时，一个陌生的面孔走了进来。王力热情地给大家介绍：“这位是房产开发公司的李总，我的好兄弟！”李总满脸堆笑，挨个递上了名片。

这时，服务员走过来，问要点什么菜，喝什么酒。不等王力说话，只见李总大手一挥，说：“别费劲点了，告诉你们老板，菜要最高标准，酒要茅台！”这时，我才明白过来，这顿饭请客的虽然是王力，埋单的却是这位李总。

点评：

这个社会上总有一些令人羡慕的“能人”，神通广大，无所不能，吃饭不花钱只是小事，大把往自己腰包里捞钱才是“真本事”。其实，这并不好，有道是“吃人嘴短，拿人手短”“出来混的，总是要还的”。在这里，笔者郑重奉劝一句，请客者埋单，天经地义。

为什么说要请客者埋单呢？原因很简单，无非是信用问题、诚意问题，以及面子问题。

首先来谈谈信用问题。《论语》里说：“人而无信，不知其可也。”意思就是人如果不讲信誉那怎么可以呢？可宴席上偏偏有一些人，请客吃饭时十分爽快，到埋单的时候却东躲西闪，总是想着推给别人，这就是没有信用的表现。

当我们对别人发出宴会邀请的时候，通常会说：“我请你吃饭。”这在某种意义上就已经构成了一个要约，该要约已经规定了双方的权利义务，也即客人要如约出席，而你要负责最后埋单。所以说，埋单的时候推诿抵赖，从道德上讲，是一种无信用的行为；从法律意义上讲，是一种违约行为。

其次，请客埋单代表着你对客人的诚意。一般来说，对别人发出邀请，是讲究心诚则灵的，如果不是真心实意地请人参加，往往未必能够请到，就算请到了也很难办成事。这在前面的章节已经说的很多了，这里就不再啰唆了。

如果像案例中的王力那样，在邀请客人吃饭的时候，找个“冤大头”来埋单付账，的确可以显示自己的能量、身份、地位，但在某种意义上说，也是对客人的不尊重，是一种没有诚意的表现。这样说的理由有二：其一是给客人一种炫耀自己的感觉，会让你的客人感觉心里不自在，饭也自然就吃不好了；其二是让客人觉得不够正式，会让客人觉得你不过是借花献佛而已，有一种被冷落的感觉。

最后就是面子问题了。请客吃饭总是要讲究面子的，对于宴席主人尤其如此。宴席中总有一些人喜欢显示自己的热情，做出一些喧宾夺主的事情来。比如说，宴席结束时，竞相埋单就是如此。看似对主人的尊重和感谢，其实这并不十分妥当。

因为请客吃饭，不论是为了办事也好，联络感情也罢，大都是主人自愿的。最后由主人埋单也是顺理成章的事情，可是你如果贸然冲出去埋单，既驳了主人的面子，又有可能耽误了主人的事情，绝对是一种花钱买骂，吃力不讨好的行为。

总之，不论是从主人一方也好，客人一方也罢，埋单的事情还是遵循请客者埋单的原则为好，既可以彰显主人的诚信和面子，又能体现对客人的尊重，是一件两全其美的事情，最好不要节外生枝。

不要成了别人请客的埋单者

对于中国人来说，面子是很重要的，所以宴席结束的时候，大家竞相埋单是常见的事情。尤其是在一些事先没有约定是谁请客的情况下，不主动上前埋单仿佛就是一件很失礼的事情一样。但是，参加别人的宴席，尤其是不太熟悉的朋友的宴席，还是要当心某些埋单陷阱。

老王接到新认识的朋友小李的电话，说和朋友吃饭，觉得人少不热闹，请老王前来参与。老王很高兴，兴奋地从家赶到饭店，坐下来就不客气地点了两个价格比较高的好菜。

小李嘴上没说什么，可是心里却有些不爽。酒过三巡之后，老王起身去上厕所，小李便领着朋友悄悄离开了饭店。老王回来后发现人都不见了，有些奇怪，但也没有多想，觉得小李可能是出去办事，一会儿就能回来。

等了很久没有见小李回来，于是老王起身也想走，这时，服务员拦住他的去路，要求他结账。老王很无辜地："我是他们请来吃饭的，怎么能让我结账呢？"他给小李打电话，可是对方电话一直关机。老王心里很委屈，拒绝付账。服务员没办法只好报警，民警赶来，经过反复劝说，老王无奈只好同意付账。

点评：

案例中的老王的确有做事不妥的地方，作为客人，点菜最好要征询一下主人的意见。别人好心邀请你前来赴宴，不是要你把他当"冤大头"来"宰"的，宴席上那些比较贵的菜和酒，通常是由主人点的。

不过小李的行为也的确有些不地道，这种事情做出来，以后别说是朋友，反目成仇也不在话下。如果你不认可老王，就不要请他出来，如果嫌老王点的菜太贵，当面说出来也不是不可以，最多面子上有些不好过罢了，何必弄成这样呢？

很难说小李的这种行为是不是早有预谋，不过我们在参加宴席时这种事情确实不可不防。多留个心眼儿，不要成了别人请客的埋单者，具体可以参考下面的几条策略。

参加宴席要有选择性

一般来说，别人邀请你赴宴，大多是有所求的，或是求你的权力，或是求你的关系，或是求你的钱财，大千世界，无外如此。

我在某公司任销售经理的时候，和一些客户的中低层也打过一些交道，这些人大多属于那种“成事不足，败事有余”类型的，所以我也只好刻意结交了几位。

自此以来，我就经常接到他们的电话，大多是“我们在××饭店吃饭，一起过来吧！”之类的邀请。不去抹不开面子，去了通常只有一个作用，那就是埋单。而且往往还不只是吃饭，还有后续的打牌、唱歌等，一时间弄得我苦不堪言。

后来我也渐渐学会了推脱，接到电话就说，“我在××地方出差，过几天回来再联系你！”“公司在开会，现在出不来！”“在陪××领导吃饭，要不你们先玩儿！”等。

点评：

俗话说，“宴无好宴”，其实挺有道理的。有些宴席不能不参加，不去会得罪人，但有些宴席也不能参加得太多，更不能去充当那位“冤大头”的角色。这类宴席偶尔为之就可以了，若是陷入局中不能自拔，耽误事情不说，自己的腰包也受不了。

要有识人之明，看人赴宴

除了对宴席要有所选择之外，参加宴席还要注意识人。圈子里总是有些人会背上小气、吝啬的名声，对于这些人发出的宴席邀请，你就必须要小心了。

曾经有位同事，我刚来公司的时候对我帮助很大，为了表示感谢，我也请他吃了几次饭，双方关系也比较好。后来，我听说了一些传言，说这位同事比较小气，总是喜欢到处蹭饭。

一天，我接到他的电话，说要请客，我欣然前往。席间，除了我之外，就是他在当地的几位朋友了。酒足饭饱之后，他悄悄把我拉到一旁，对我说："你是销售经理，可以报销，这顿饭你把单埋了吧！"我很是无奈，交往这么久，还是他第一次主动邀请我吃饭，居然还是要我埋单。从那开始，每次他再约我吃饭，我大多是找借口推脱了，双方的关系也渐渐疏远了。

点评：

传言虽不可轻信，但大多都不是空穴来风，总是有些根据的。对于那些风评不好的人的邀请，参与一定要慎重。另外，人在社会上混，不吃亏是不可能的，不过吃亏上当只能有一次，在同一块石头上绊倒两次就是愚蠢了。

不要冲动，只埋该埋的单

很多没有明确主人的宴席，结束的时候，往往是几个人同时站起来要埋单，大家推推搡搡，好不热烈，不过毕竟最后埋单的只有一个。如果你细心观察的话，往往会发现，竞相埋单的人很多，经常花钱的却往往只有那么几个人。

遇到这种情况，不要过于冲动，要理智对待。最好不要说出诸如："你要是不让我埋单就是不给我面子。"之类过于绝对的话。一般这种话一旦出口，最终埋单的人就可以确定了，和你竞争的人也可以体面的全身而退了，最终只能是你自己有苦难言。

总之，参加宴席要当心，不要总是过于主动地掏钱埋单。当然，不过于主动也不是要你每次都不掏钱，那样时间久了你自然会被圈子淘汰；而是说，主动埋单要适度，该是你的就是你的，不要逃避，不是你的也不要去争，不要成了别人请客的埋单者。

现金还是信用卡，埋单的魅力

随着社会的进步，人们的消费水平也日益提高，刷卡消费也渐渐流行起来。请客吃饭也是如此，酒足饭饱之后，轻声唤过侍者，优雅地从一叠卡片中抽出一张，的确是许多热衷于流行元素的时尚一族所追求的境界。不过在这里，还是要提醒一句，请客吃饭也不要忘记带现金。

前段日子，一位多年未见的老同学来我所在的城市出差，我当然热情款待。陪吃、陪喝、陪玩，过了几天“三陪”的日子。送行宴上更是举杯共饮，互诉衷肠。不料，酒足饭饱之后埋单的时候却被告知饭店的POS机坏掉了，不能刷卡。

白天玩了一天，钱包里只剩下300多元钱，同学也是马上就要上车，身上也没剩下多少现金，后来不得不大家凑了一下才勉强付账，实在是有些尴尬。还好是老同学体谅，若是请客户，就丢丑了。

点评：

虽然刷卡消费日趋流行，但在中国的饭店，往往还是更习惯于现金交易，况且刷卡也受限于机器故障、卡片损坏、网络问题等，未必保险。所以，请客吃饭时，尤其是请重要客人的时候，最好不要忘记提前准备好足够的现金，以免陷于无法刷卡的尴尬境地。

案例中的“我”，由于准备不足，又遇到了突发情况，不得不现场凑钱，的确是有些尴尬。如果是同学、朋友、家人等关系比较好的人吃饭，这也无所谓，充其量是茶余饭后议论的谈资罢了，若是请客户吃饭就不能这样了。

张老板为了某个项目，在饭店安排了一桌酒席，邀请几位客户参与。席间，众人对项目展开了磋商，大家一致表示，对该项目比较看好。

饭后结账的时候，张老板却被告知由于网络故障，暂时无法刷卡，可是张老板身上却只有不到1000元，一位客户见状赶忙掏钱埋单。张老板十分不好意思，赶紧赔罪："今天实在对不起各位了，下次一定赔罪！"于是，众人散去。

过了几天，张老板再想和客户商量合作的事情，却被告知，还要再商量一下，先等等看。一位平时和张老板关系比较好的客户偷偷告诉他："那天埋单的事情实在是太失礼了，好几位客人都问我，张老板的公司不会是个皮包公司吧？一个大老板身上怎么就那么点儿钱？那家饭店我们去了无数次，怎么就这次不能刷卡？"

张老板听了后悔不已，怎么就没多带点儿现金呢？这么好的一个项目就耽误在了这么一点儿小事情上。

点评：

张老板固然是有些倒霉，可问题还是出在了自己的身上，也怨不得别人，只能怪自己的准备不够充分。请客吃饭要从全局着想，也要心细，要考虑到宴席中的每一个细节，做好全方位的准备，才能抢占先机，达成自己的目标。

现实生活中，很多请客是临时决定的，钱不够也是常见的事情，如果结账时发现不能刷卡，现金又不够，不妨找个借口先让客户离开，然后再打电话让人送钱或是请饭店人员陪同一起到最近的取款机去取款，无论如何不要在客人面前丢丑。

宴席埋单也是展现个人形象和魅力的时候，除了准备现金之外，还有两个需要特别注意的细节，很多人都在这方面做得不够好。

招呼侍者埋单要举止文雅

如果你仔细观察，就会发现很多人在埋单的时候喜欢高声呼喝，或是敲盘子、吹口哨、打响指，看上去很是轻佻，严重影响了他的形象，是一种没有素质的表现。

正确的做法应该是大大方方，等服务员从自己身边走过的时候，轻声礼貌地告诉他："请帮我结一下账。"既体现了对服务人员的尊重，也会给同桌的人留下好印象。

很多人在服务员忙不过来的时候喜欢发牢骚，怒骂者有之；挥舞钞票，大叫"埋单"者有之；高呼"再不来就走了"者亦有之。在他们看来，顾客就是上帝，无论自己怎么表演都不过分。可是，你的这些表现落在同桌的客人眼里会是什么结果？也许刻意安排的一桌丰盛酒宴带给客人的好感，在你不经意中就被抹去了。

埋单金额要保密

一般来说，一名经过培训的服务员，是不会随意说出埋单金额的。所以，当服务员把账单递过来的时候，你需要做的是迅速拿过来看数目，而不要问服务员多少钱，除非你真的想让客人知道宴席的费用。

接过账单后，你可以大致核对一下账单，总数差不多就马上结账付款，不要一项项仔细计算，那样会给客人小气的印象。需要注意的是，结账时最好将钱放进盘子或者夹子里，再用账单盖上，不要让客人看到具体的金额。

同样道理，如果你是作为客人出席宴请，那么当主人结账的时候不要刻意询问是多少钱，更不要抢过账单查看，这样很不礼貌。请客吃饭不在于钱多钱少，关键是主人的一番心意。另外在主人结账付款的时候，你最好转身和其他客人聊天，不要看主人掏钱付款的动作，免得主人尴尬。

虽然说标准的埋单应该是把服务员唤来低声吩咐结账，但有时也可以变通一下，或者悄悄独自去款台结账；或者提前吩咐他人结账；又或者和服务员提前说好，先送走客人再回来结账，这些都是可以选择的方式，可以成功避免很多尴尬场面的发生。

要付小费吗

在多数欧美国家，付小费是很普遍的行为，而中国人通常认为服务员既然已经拿了我们间接付给他们的钱，也就是饭店给他们的工资，他们就理应为我们提供良好的服务，所以通常不付小费。不过随着国际交往的加深，在某些场合还是要适当的付点小费的，这是有风度的表现。

我曾经陪同客户去公司在深圳的总部参观，参观之余吃吃喝喝当然也是不可避免的事情了。某日，我们去深圳的一家很大的西餐厅吃饭，饭后埋单时却发现服务员站在我的旁边没有立即离开，我当即一愣，看着服务员手里的托盘才反应过来，原来是要小费啊。于是赶忙把手里刚刚找回的几十元放到盘子里，才目送服务员离开。

我觉得很尴尬，自我解嘲地说："在内地待久了，不知道现在中国也开始收小费了。"客户却觉得很有意思，惊讶地说："总听说要给小费，在我们那里还真没有这个习惯，这回算是见识到了。"我正愁没有什么话题好谈，于是抓住这个机会给客户讲起了在国外给小费的故事。

点评：

小费，是给服务生在消费数额之外的赏钱。在西方，小费被视为社交礼仪，虽然不是法定要给，数目也没有明码标定，但多数地区的行业都有不成文的规定。一般人们会付账而不取回零钱，把零钱当做小费付给服务人员。比如说：

2011年8月18日，正在访华的美国副总统拜登来到北京鼓楼附近小吃店吃炸酱面，一行5人共消费了79元，结账时支付了21元小费。

其实小费并非完全的舶来品，在中国古已有之，而且历史悠久，只不过那时不叫小费，而是叫赏钱。赏赐对象通常有店小二、奴仆、书童、跟班等。解放后，这种给赏钱的习惯被停止与取缔，改革开放之后受西方文化和历史习惯的双重影响，又在某些服务领域重新出现，并成为了一种潜规则。

那么，我们在宴席结账时是否应该支付小费呢？这个问题很难给出答案，要因时因地而定，也要因人而异。

一般来说，高级餐厅尤其是西餐厅以及酒吧往往是要付小费的。大多数情况下，国内的小费支付没有太多的规矩，如果你觉得满意，在结账的时候也可以把浅盘中的零钱留下来当小费。

如果按行规正式付小费，一般以账额的10%到15%支付就可以了。根据服务质量的高低也可以酌情增减，不过一般不要超过20%。一般来说，可以按如下规则支付：

服务质量很差，上菜慢，甚至上错菜，可以只付5%的小费。

服务质量一般，没什么大毛病，但也没有值得称道的地方，可以按10%支付。

服务质量良好，周到热情，食物也不错，可以给15%。

服务质量优秀，食物、环境、设施、建议都十分妥帖，有宾至如归的感觉，可以支付20%。

当然，小费的支付也要看所在饭店的规章制度，在中国，很多饭店是严令禁止服务员收小费的，所以支付前要打听清楚，如果付小费被拒绝，就比较尴尬了。

现在很多人都习惯于刷卡埋单，信用卡签购单上有三栏金额：基本消费金额（Base Amount）、小费（Tips）及总金额（Total）。您可在“小费”栏填写支付小费金额，与实际消费金额，加总后填入“总金额”栏内，确认无误后再签名确认。

支付小费的行为在中国还是刚刚开始，一切都很不规范，很多人对于付小费都感到有些不安，给多了觉得心疼，不给或者给少了又觉得失礼，其实大可不必为此担心。小费的支付首先是要入乡随俗，到了哪里就按哪里的规矩来；其次小费是表示你对服务员的一点心意和对他工作的鼓励，服务得好自然可以多给，服务不好，不给也没有什么。

别让埋单影响和客人的交流

埋单结账，通常意味着宴席的结束，所以大多数请客者会将注意力集中在账单、付款、发票、小费上，这没有错，不过也不能因此而忽视了和客户的交流。要知道，宴席毕竟还是个局，局中的任何细节都是可能影响宴席的成败的。

小张请领导吃饭，席间酒菜丰盛，小张招呼热情，领导很满意，也对小张的工作表示了赞赏。吃饱喝足之后，小张招呼侍者结账，却发现账单上有一道自己没有点过的菜，于是起身去和经理交涉。

过了大概有20分钟左右，小张终于和经理交涉清楚了，账单也如愿更改了回来。可是等小张回到房间的时候，却发现领导已经独自离开了。

点评：

小张的做法本也无可厚非，账单出错的确应该和饭店交涉清楚，钱再多也没有必要花那些冤枉钱。不过撇下客人不顾是无论如何也不能原谅的错误，是宴席交流的大忌之一。正确的做法应该是，首先和服务员低声说清楚问题，请服务员先去核对，如果无法核对清楚则应首先礼貌地送别客人，然后再回来和饭店交涉清楚。

宴席中，吃喝并不重要，重要的是人际之间的交流。如果你在宴席中的交流和沟通表现得得心应手，可是在埋单的环节却出了问题，那绝对是因小失大的事情。所以，宴席埋单的时候要注意时间、方式和方法，千万不要让埋单影响了正常的宴席交流。

选择合适的时间埋单

埋单是一个信号，它标志着宴席即将结束，所以宴席埋单的时间是很有些讲究的，早了不行，太晚也不行。所以，宴席中选择合适的时间埋单是很有必要的。

埋单过早，可能导致宴席还处在高潮甚至还没有到高潮的时候就匆匆散场了，就是勉强继续下去客人也会意兴阑珊。还有就是埋单之后，如果还要继续喝酒，走的时候还要再次算账，比较麻烦。而埋单过晚，则有可能使一些客人由于想要离席却不便明说而产生厌烦的想法，进而对整个宴席的效果产生不良影响。

那到底应该什么时候埋单呢？一般来说可以等到主食上了以后，在座的客人都不再喝酒，开始吃主食的时候埋单。一般喝酒之后大家主食都吃不多，速度比较快，等你埋单结束，大家基本上也吃得差不多了，只是可能影响你吃主食。不过作为宴席的主人，这也是没有办法的事情。

如果大家谈兴正浓，埋单之后也不必急于离开，稍稍坐坐，聊聊天，喝杯茶，也是可以的。当然，如果饭店很忙，或是时间太晚，也可以转移战场，到专门的酒吧、茶社继续聊天。

找个合适的人选去埋单

请客吃饭，未必所有事情都要你亲历亲为，很多事情都可以委托给其他人代为处理，一般来说，比较正式的宴席，都会安排一个专门负责埋单的“马仔”。他通常都坐在最靠近门的位置，比较年轻、机灵，是主人比较最信任的人之一。

安排这样一个人去埋单好处很多，首先可以避免打断你和客人之间的谈话，不会因为要去忙于埋单而影响到你和客人之间亲密热烈的交流；其次可以免于谈钱这种“俗事”，毕竟在客人面前算账、掏钱不是很雅的事情，也可能被客人看到账单而显得尴尬；最后由专人负责埋单，你可以亲热地扶着客人的手臂，礼貌地将其送出大门，而不必担心哪位服务员上来拦住你，说声：“先生，请埋单。”

当然，涉及钱的问题最好要慎重，所以这个埋单的人最好是比较值得信任的人，如果可能最好安排家人、密友，或者比较贴心的下属，埋单之后也要索要发票，以免产生某些误会和隔阂。

妥善处理埋单中的“意外”

宴席埋单时，类似案例中的意外也时有发生，对此我们要有所准备，随机应变，不能让这些意外耽误了你和客人之间的正常交流，更不要影响到客人的兴致。

宴席中常见的埋单问题主要有：账目纠纷、刷卡问题、发票问题、打折问题等。遇到这些问题的时候，不要急躁，简单的解释后如果不能达成一致的话，可以先委托其他人代为处理。自己首先把客人礼貌周到地送走后再回来交涉，而不能像案例中那样冷落了客人。

有些意外如果是无法和商家协商解决的，也可以求助有关部门或者消费者协会，最好不要大吵大嚷或者动手，不要在你的客人面前做出失礼的事情。

总之，宴席的最终目的是办事，办事的手段是交流，所以交流和沟通是宴席中最重要的事情。埋单不过是宴席中的一个小小的环节而已，若是因为埋单而影响到你和客人之间的交流，就未免有些因小失大了。

附：简明西餐礼仪

近些年来，随着生活方式的更新和社会交往的活跃，加之西餐独特的口味以及西餐厅的优雅环境，我国吃西餐的人也越来越多。尤其是在涉外活动中，为照顾国外客人的饮食习惯，往往会用西餐来招待客人。西餐十分注重礼仪，讲究规矩，所以，了解一些西餐方面的知识是十分重要的。

西餐的特点

西餐是我国对欧美地区菜肴的统称，大致可以分为两类：一是以英、法、德、意等国为代表的“欧式”，其特点是选料精纯、口味清淡，以款式多，制作精细而享有盛誉；二是以前苏联为代表的“俄式”，其特点是味道浓，油重，以咸、酸、甜、辣皆具而著称。此外，还有在英国菜基础上发展起来的“美式”西餐等。美式西餐讲究甜品，喜欢用水果做菜。

不过，相对于中餐来说，这几类西餐都有其共同的特点：

1. 西餐比中餐更重视各类营养成分的搭配组合，更加充分考虑人体对各种营养和热量的需求。

2. 西餐烹饪在选料时十分精细、考究，而且选料十分广泛。如美国菜常用水果制作菜肴或饭点，意大利菜喜欢将各类面食制作成菜肴，法国菜选料更为广泛，诸如蜗牛、洋百合、椰树芯等均可入菜。

3. 西餐烹调的调味品大多不同于中餐，如酸奶油、桂叶、柠檬等都是常用的调味品。法国菜还注重用酒调味，不同菜肴用不同的酒做调料；德国菜则多以啤酒调味。

4. 西餐的烹调方法很多，常用的有煎、烩、烤、焖等十几种，而且十分注重工艺流程，讲究科学化、程序化，工序严谨。除瓷制餐具外，水晶、玻璃及各类金属制餐具也占很大比重。

西餐餐具的用法

刀叉的使用：右手持刀，左手持叉，拿叉的姿式是，用左手拇指、食指、中指拿住叉。拿刀的姿式是，用右手食指压在刀背上以出力，其余手指拿住刀把。先用叉子把食物按住，然后用刀切成小块，再用叉送入嘴内。欧洲人使用时不换手，即从切割到送食物入口均以左手持叉。美国人则切割后，将刀放下换右手持叉送食入口。

匙的用法：用右手持匙，持法同持叉，但手指务必持在匙柄之端，除喝汤外，不能用匙取食其他食物。

餐巾用法：进餐时，大餐巾可对折，折口向外平铺在腿上，小餐巾可伸开直接铺在腿上。注意不可将餐巾挂在胸前。拭嘴时需用餐巾的上端，并用其内侧来擦嘴。绝不可用餐巾来擦脸部或擦刀叉、碗碟等。

西餐餐位的安排

西餐座位比较讲究礼仪，宴会座位遵守女士优先的原则，即男士主动为女士移动椅子让女士先坐。入座或离座均应从座椅的左侧走为宜，只有在左侧不方便的时候才可以从右侧入座或离座。

西方习俗是男女交叉安排，以女主人的座位为准，原则上男主宾坐在女主人右边，女主宾坐在男主人右边，而且多半是男女相间而坐，夫妇不坐在一起，以免各自聊家常话而忽略与其他宾客间的交际。在我国则依据传统，通常男主宾坐在男主人的右边，女主宾坐在女主人的右边。不管是参加中式还是西式正式宴会，都要找准自己的位置，不可贸然入座。

西餐进餐的礼仪

1. 餐具使用礼仪

西餐一般讲究吃不同的菜用不同的刀叉，饮不同的酒用不同的酒杯，所以吃西餐时，必须注意餐桌上餐具的排列和置放位置，不可随意乱取乱拿。进餐时，应先取左右两侧最外边的一套刀叉。每吃完一道菜，将刀叉合拢并排置于碟中，或者刀叉并列放在盘子的右边，表示此道菜已用完，服务员便会主动上前撤去这套餐具。

如尚未用完或暂时停顿，应将刀叉呈“八”字型左右分架或交叉摆在餐碟上，刀刃向内，意思是告诉服务员，我还没吃完，请不要把餐具拿走。不要举着刀叉和别人说话，不能发出刀叉相碰的声音。如果你暂时不会用西式餐具没关系，跟着主人或他人做就行了。

2．进餐的顺序

一餐内容齐全的西菜一般有七八道，主要由这样几部分构成：

第一，饮料（果汁）、水果或冷盆，又称开胃菜，目的是增进食欲。

第二，汤类（也即头菜）。需用汤匙，此时一般有黄油、面包。

第三，蔬菜、冷菜或鱼（也称副菜）。可使用盘子两侧相应的刀叉。

第四，主菜（肉食或熟菜）。肉食主菜一般配有熟蔬菜，此时要用刀叉分切后放餐盘内取食。如有色拉，需要色拉匙、色拉叉等餐具。

第五，餐后食物。一般为甜点、水果、冰激凌等。最后为咖啡。

3．几种常见食品的吃法

面包应用手指掰成小块食之。炸薯片、炸肉片、普通三明治等食物，跟面包一样，用手取食。取食时，仅限于用拇指和食指拈取，食后用摆在面前的小手巾拭手。肉饼、煎蛋、沙拉，都不用刀只用叉。肉盘内的肉汁，可用面包蘸着吃。吃甜点可以使用叉或匙。

4．用汤匙舀着喝汤

喝汤时，切不可以汤盘就口，必须用汤匙舀着喝。握匙的正确姿式为：用大拇指按住匙的把，其他手指轻轻托住另一边。舀汤时，应从盘子里向外舀，盘中汤不多时，千万不可端起汤盘吮吸，而应用左手将汤盘微微外倾，用匙舀尽。喝汤时不要发出吱吱的声响，也不可频率太快。如果汤太烫时，应待其自然降温后再喝。

5．吃鱼肉时，不可整块送到嘴里咬

吃肉类时有两种方式：一是边割边吃；二是先把肉块（如牛排）切好，然后把刀子放在食盘的右侧，单用叉子取食。前者是欧洲的习惯，后者则是美式的吃法。吃鱼时，应从鱼的中间切开，把肉拨到两边取掉鱼刺鱼骨，慢慢食用。千万不可用叉子将其整个叉起来，送到嘴里去咬。

6．水果的吃法

吃梨、苹果不要整只去咬，而应用水果刀将水果切成四至六块，剜去果心，用手拿着一块一块吃。吃香蕉则剥皮后整只放在盘子里，用刀、叉切开，一块一块吃。吃橘子用手把皮剥掉，一片一片地掰开吃。

7．酒杯不斟满，喝酒不劝酒

饮酒时，不要把酒杯斟得太满，也不要和别人劝酒。如果刚吃完油腻食物，最好先擦一下嘴再去喝酒，免得让嘴上的油渍将杯子弄得油乎乎的。不能拒绝对方的敬酒，即使自己不会喝酒，也要端起酒杯回敬对方，否则是一种不礼貌的行为。

吃西餐饮酒忌讳举杯一饮而尽，文雅的饮酒是懂得品评酒的色、香、味，慢慢品味。在西餐宴席上往往是敬酒不劝酒，即使是劝酒也只是点到为止。

8．注意水盂的用法

吃西餐应特别注意水盂的使用，弄不好会闹出笑话。一般每上一道用手取的食品，如鸡、龙虾、水果等，通常会同时送上一个水盂，水上飘有玫瑰花瓣或柠檬片，但这不是饮料，而是洗指碗，使用时要先把手浸入水中，轻轻洗一下，然后用餐巾擦干净。

9．需要服务请人帮忙

餐桌上的佐料，通常已经备好，放在桌上。用餐过程中如果自己够不着，可以请别人帮忙递过来，我们也可应别人要求传递给他们，传递要用右手。绝对不能自己站起来伸手去够，这是很难看的。

10．坐姿要端正，交谈不喧哗

吃西餐要注意坐姿。坐姿端庄稳重，挺直腰板，脊背不可紧靠椅背，一般坐于座椅的四分之三即可。不可伸腿过长，更不要跷二郎腿，手可以放在膝盖上，不要把胳膊支在桌子上。不要随便脱上衣、松领带或挽袖子。吃西餐时相互交谈是很正常的现象，但切不可大声喧哗，放声大笑，影响他人。